Other Titles by *Langaa* RPCIG

Francis B. Nyamnjoh
Stories from Abakwa
Mind Searching
The Disillusioned African
The Convert
Souls Forgotten
Married But Available

Dibussi Tande
No Turning Back. Poems of Freedom 1990-1993

Kangsen Feka Wakai
Fragmented Melodies

Ntemfac Ofege
Namondo. Child of the Water Spirits
Hot Water for the Famous Seven

Emmanuel Fru Doh
Not Yet Damascus
The Fire Within
Africa's Political Wastelands: The Bastardization of Cameroon
Oriki'badan
Wading the Tide

Thomas Jing
Tale of an African Woman

Peter Wuteh Vakunta
Grassfields Stories from Cameroon
Green Rape: Poetry for the Environment
Majunga Tok: Poems in Pidgin English
Cry, My Beloved Africa
No Love Lost
Straddling The Mungo: A Book of Poems in English & French

Ba'bila Mutia
Coils of Mortal Flesh

Kehbuma Langmia
Titabet and the Takumbeng

Victor Elame Musinga
The Barn
The Tragedy of Mr. No Balance

Ngessimo Mathe Mutaka
Building Capacity: Using TEFL and African Languages as Development-oriented Literacy Tools

Milton Krieger
Cameroon's Social Democratic Front: Its History and Prospects as an Opposition Political Party, 1990-2011

Sammy Oke Akombi
The Raped Amulet
The Woman Who Ate Python
Beware the Drives: Book of Verse

Susan Nkwentie Nde
Precipice

Francis B. Nyamnjoh & Richard Fonteh Akum
The Cameroon GCE Crisis: A Test of Anglophone Solidarity

Joyce Ashuntantang & Dibussi Tande
Their Champagne Party Will End! Poems in Honor of Bate Besong

Emmanuel Achu
Disturbing the Peace

Rosemary Ekosso
The House of Falling Women

Peterkins Manyong
God the Politician

George Ngwane
The Power in the Writer: Collected Essays on Culture, Democracy & Development in Africa

John Percival
The 1961 Cameroon Plebiscite: Choice or Betrayal

Albert Azeyeh
Réussite scolaire, faillite sociale : généalogie mentale de la crise de l'Afrique noire francophone

Aloysius Ajab Amin & Jean-Luc Dubois
Croissance et développement au Cameroun :
d'une croissance équilibrée à un développement équitable

Carlson Anyangwe
Imperialistic Politics in Cameroun:
Resistance & the Inception of the Restoration of the Statehood of Southern Cameroons

Bill F. Ndi
K'Cracy, Trees in the Storm and Other Poems

Kathryn Toure, Therese Mungah Shalo Tchombe & Thierry Karsenti
ICT and Changing Mindsets in Education

Charles Alobwed'Epie
The Day God Blinked

G.D. Nyamndi
Babi Yar Symphony
Whether losing, Whether winning
Tussles: Collected Plays

Samuel Ebelle Kingue
Si Dieu était tout un chacun de nous?

Ignasio Malizani Jimu
Urban Appropriation and Transformation : bicycle, taxi and handcart operators in Mzuzu, Malawi

Justice Nyo' Wakai:
Under the Broken Scale of Justice: The Law and My Times

John Eyong Mengot
A Pact of Ages

Ignasio Malizani Jimu
Urban Appropriation and Transformation: Bicycle Taxi and Handcart Operators

Joyce B. Ashuntantang
Landscaping and Coloniality: The Dissemination of Cameroon Anglophone Literature

Jude Fokwang
Mediating Legitimacy: Chieftaincy and Democratisation in Two African Chiefdoms

Michael A. Yanou
Dispossession and Access to Land in South Africa: an African Perspevctive

Tikum Mbah Azonga
Cup Man and Other Stories

John Nkemngong Nkengasong
Letters to Marions (And the Coming Generations)

Amady Aly Dieng
Les étudiants africains et la littérature négro-africaine d'expression française

Du même auteur

- Hegel, Marx, Engels et les problèmes de l'Afrique noire, Sankoré - Dakar 1978

- Le rôle du système bancaire dans la mise en valeur de l'Afrique de l'Ouest - Nea - Dakar 1982

- Contribution à l'étude des problèmes philosophiques en Afrique noire, Nubia - Paris 1983

- Le marxisme et l'Afrique noire, Nubia - Paris 1986

- Blaise Diagne, premier député africain, Editions Chaka - Paris 1990

- Le Sénégal à la veille du troisième millénaire Forum du Tiers-Monde, L'Harmattan - Paris 2000

- Les premiers pas de la fédération des étudiants d'Afrique noire en France. de l'union francaise a bandoung (1950-1955), L'harmattan - Paris 2003

- Hegel et l'Afrique noire : Hegel était-il raciste ?, Codesria - Dakar 2006

- Lenine, Rosa Luxemburg, Boukharine et les problèmes de l'Afrique noire (A paraître)

- Les formations sociales en Afrique de l'ouest-précolonial (A paraître)

- L'histoire des organisations d'étudiants africains en France (1900-1950) (A paraître)

- Regards sur l'oeuvre de Cheikh Anta Diop (A paraître)

- Mémoire d'un étudiant africain de l'école régionale de Diourbel à l'université de Paris (1945-1960), (A paraître)

- Mémoires d'un étudiant africain de l'université de Paris à mon retour au Sénégal (1960-1967), (A paraître)

- Contribution à l'étude de l'histoire intellectuelle de l'Afrique noire, (A paraître)

Les étudiants africains et la littérature négro-africaine d'expression française

Sous la direction de
Amady Aly Dieng

Langaa Research & Publishing CIG
Mankon, Bamenda

Publisher:
Langaa RPCIG
Langaa Research & Publishing Common Initiative Group
P.O. Box 902 Mankon
Bamenda
North West Region
Cameroon
Langaagrp@gmail.com
www.langaapublisher.com

Distributed outside N. America by African Books Collective
orders@africanbookscollective.com
www.africanbookscollective.com

Distributed in N. America by Michigan State University Press
msupress@msu.edu
www.msupress.msu.edu

ISBN: 9956-558-30-3

© Amady Aly Dieng 2009
First published 2009

DISCLAIMER

All views expressed in this publication are those of the author and do not necessarily reflect the views of Langaa RPCIG.

Sommaire

Dédicace ix
Préface xi

1. *Les étudiants africains et la littérature négro-africaine
   d'expression française* 1

2. *Discours d'ouverture*
   Amady Aly Dieng 2

3. *Réflexions sur la litterature négro-africaine d'expression française*
   Yves Benot 6

4. *Conscience nationale et poésie négro-africaine d'expression française*
   Condotto Nene Khaly Camara 8

5. *Les poètes antillais et la négritude*
   Edmond Ferly 18

6. *Essai sur la poésie africaine*
   Henri Lopes 23

7. *Poésie et politique*
   Cheikh Aliou Ndao 33

8. *L'homme noir dans la poésie*
   Mustapha Bal 41

9. *Problèmes généraux du Roman Nègre*
   Claude Deglas 54

10. *Le roman négro-africain d'expression française*
    Condotto Nene Khaly Camara 59

11. *Abdoulaye Sadji et le roman*
    Mustapha Bal 64

12. *Ferdinand Oyono et Mongo Béti*
    Aimé Gnaly 70

13. *Balles d'or de Guy Tirolien*
    Henri Lopes 82

14. *Remarques sur Chants d'ombre et hosties noires*
    Mame Pathé Diagne 85

15. *Le vieux nègre et la médaille de F. Oyono*
Joseph Van Den Reysen 91

16. *L'Enfant Noir de Camara Laye*
Ousmane Camara 93

17. *Karim de Ousmane Socé Diop*
Ousmane Camara 95

18. *Le pauvre christ de Bomba de Mongo Beti*
Pierre Bambote 97

19. *Maïmouna de Abdoulaye Sadji*
Cheikh Ba 104

20. *Réflexions sur la poésie dite « Nègre d'expression française »*
Amadou Samb 108

21. *Ville Cruelle de Eza Boto*
J. M. Tchaptchet 111

22. *Un Nègre à Paris de Bernard Dadié*
Elimane Kane 112

23. *Esanzo de Bolamba et Leurres et Lueurs de Birago Diop*
J. Van Den Reysen 113

24. *La signification révolutionnaire de la poésie de David Diop*
Théophile Obenga 114

25. *Hommage à David Diop*
Amady Aly Dieng 122

26. *Ousmane Sembène, véritable griot des hommes*
Cheikh Aliou Ndao 125

27. *Langues et littérature*
Cheikh Aliou Ndao 127

28. *L'Harmattan de Sembène Ousmane*
Cheikh Aliou Ndao 130

29. *L'aventure ambiguë de Cheikh Hamidou Kane*
Babacar Sine 132

30. *Abdoulaye Sadji, notre maître*
Cheikh Aliou Ndao 138

31. *Note de lecture sur Kaïrée de Cheikh Aliou Ndao*
Cheick Ba 142

32. *Il n'y a pas de poésie « engagée »*
Cheikh Aliou Ndao 145

33. *Le congrès des écrivains et artistes noirs à Rome*
Amady Aly Dieng 147

34. *Postface*
Amady Aly Dieng 150

35. *Survol de la littérature africaine de langue française après les années 1960*
Cheikh Aliou Ndao 151

36. *Un hymne au sens de l'honneur : Du sang pour un trône ou Gouye Ndiouli un dimanche de Cheikh Aliou Ndao*
Madior Diouf 163

Dédicace

A Ibrahima Ly

Ancien président de la FEANF
et écrivain demeuré fidèle
à la cause africaine

Préface

Il y a maintenant plus de quarante sept ans que les étudiants africains, organisés dans la Fédération des Etudiants d'Afrique Noire en France, tenaient pour la première fois un séminaire à Paris sur les relations entre la littérature négro-africaine d'expression française et la politique. L'événement avait son importance dans la mesure où les traîtres à l'Afrique étaient démasqués sur le terrain littéraire. Il donnait l'occasion aux étudiants africains de définir le rôle de la littérature dans les batailles politiques et d'apprécier correctement l'engagement des écrivains de nos pays qui s'exprimaient en langue française.

A aucun moment, il n'était question de surestimer ce genre de travail par rapport aux immenses tâches politiques découlant de la lutte pour la libération de nos pays. Mais il était du devoir des intellectuels africains, même partagés entre différentes convictions idéologiques, religieuses et philosophiques, mais réunis autour des mots d'ordre d'indépendance et d'unité de l'Afrique, de faire un bilan critique de la littérature négro-africaine d'expression française. Ce travail, il faut le dire, a été accompli dans la sérénité et avec beaucoup de lucidité.

L'enseignement de la littérature négro-africaine dans les écoles secondaires et à l'université justifie pleinement la publication des travaux du séminaire de la Fédération des Etudiants d'Afrique Noire en France qui donnent des points de vue féconds sur l'orientation des écrivains africains contemporains. Les jeunes générations d'élèves et d'étudiants ont le droit de connaître l'opinion de leurs aînés qui ont participé à des degrés divers et souvent pour des motifs différents, aux luttes pour l'indépendance de notre continent.

Des hommes les plus divers, par l'appartenance philosophique, l'âge, le pays, la race et les options politiques, ont participé à ces travaux du séminaire qui se sont déroulés dans une atmosphère franche, dans un climat serein et sans aucun terrorisme idéologique.

La diversité des destins des hommes qui ont participé à cette manifestation culturelle et politique témoigne de son caractère ouvert ; certains d'entre eux sont devenus des hommes de gouvernement dans des systèmes politiques qu'ils ont naguère combattus.

D'autres ont abandonné la lutte pour se vouer au culte de l'argent et des honneurs. D'autres encore fidèles à leurs anciens engagements continuent à lutter à des degrés divers et dans des conditions terriblement difficiles.

A ce séminaire, ont participé des Antillais comme Edouard Glissant, Claude Deglas et Edmond Ferly, de jeunes étudiants africains comme Thomas Melone ou Stanislas Adotévi qui ont fait des communications orales.

Des écrivains tels que Khaly Camara Basile et Yves Benot nous ont envoyé de la République de Guinée des communications denses et riches qui ont donné matière à réflexion.

Ce séminaire n'aura pas été inutile dans la mesure où il sera complété par d'autres études sur la négritude comme le brillant pamphlet de Stanislas Adotévi[1] ou le très remarquable essai de Marcien Towa[2].

Depuis la tenue du séminaire, de nouveaux écrivains nous ont livré leurs œuvres. Mais au cours des travaux, nous avons négligé certains auteurs parce que nous n'avons pas trouvé de candidats pour analyser leurs poèmes, romans ou contes.

C'est pour combler ces lacunes que nous avons ajouté en annexe des textes que nous avons extraits de journaux estudiantins.

Cette publication vise à informer les nouvelles générations d'élèves et d'étudiants sur les travaux de leurs aînés et à servir de base pour l'élaboration d'une nouvelle littérature en langues africaines en direction des véritables artisans de notre émancipation : les peuples d'Afrique.

Amady A. Dieng
Octobre 2008

---

1. S. Adotévi. *Négritude et Négrologues*, Union Générale d'Edition Collection 10/018, 1972.
2. M. Towa. *Léopold Sédar Senghor : Négritude ou Servitude ?* Yaoundé. Clé 1971.

1

Les étudiants africains et la littérature négro-africaine d'expression française

Ce livre publié sous la direction d'Amady Aly Dieng est le résultat du séminaire organisé par la Fédération des Etudiants d'Afrique Noire en France (FEANF) les 5 et 6 juillet 1961 à son sièger à Paris. Il comporte des annexes constituées par des articles à caractère littéraire puisés dans les journaux des sections territoriales de la FEANF.

Depuis la tenue en juillet 1961 du séminaire de la Fédération sur la littérature négro-africaine, il y a eu de nouvelles productions littéraires. C'est pourquoi il a été demandé à Cheikh Aliou Ndao de procéder à un survol de la littérature de langue française après les années 1960. Il était le mieux qualifié pour ce travail de mise à jour. Car il a participé aux travaux du séminaire de la FEANF et a continué à produire des œuvres littéraires. Cheikh Aliou Ndao ne pouvant pas parler de ses ouvrages, il a été demandé à Madior Diouf de parler de ses dernières pièces de théâtre. Ces deux contributions n'ont couvert que les œuvres littéraires produites jusqu'au mois d'avril 1983.

Ce séminaire donnait l'occasion aux étudiants africains de définir le rôle de la littérature dans les batailles politiques et d'apprécier correctement l'engagement d'écricains africains qui s'exprimaient en langue française.

Il était du devoir des intellectuels africains, même partagés entre différentes convictions idéologiques, religieuses et philosophiques, mais réunis autour des mots d'ordre d'indépendance et d'unité de l'Afrique. Ce travail a été accompli dans la sérénité et avec beaucoup de lucidité.

L'enseignement de la littérature négro-africaine dans les écoles secondaires et dans les universités justifiait pleinement la publication des travaux du séminaire de la Fédération qui donnait des points de vue féconds des écrivains africains contemporains. Les jeunes générations d'élèves et d'étudiants ont le droit de connaître l'opinon de leurs aînés.

La diversité des destins des hommes qui ont participé à cette manifestation culturelle, politique témoigne de son caractère ouvert ; certains d'entre eux sont devenus des hommes de gouvernement dans des systèmes politiques qu'ils ont naguère combattus. D'autres ont abondonné la lutte pour se vouer au culte de l'argent et des honneurs. D'autres encore plus fidèles à leurs anciens engagements continuent à lutter à des degrés divers et dans des conditions terriblement difficiles.

A ce séminaire, ont participé des Antillais, de jeunes étudiants africains et des écrivains africains et un écrivain français qui s'est mis au service de la République de Guinée.

Amady Aly Dieng, né le 22 février 1932 à Tivaouane (Sénégal), docteur ès sciences économiques et ancien fonctionnaire international à la Banque Centrale des Etats de l'Afrique de l'Ouest, ancien enseignant à l'Université Cheikh Anta Diop, il a été parmi les dirigeants de l'Association Générale des Étudiants de Dakar (AGED) créée en 1950 et devenue (UGEAO). Il a été aussi président de la Fédération des Étudiants d'Afrique Noire en France pendant deux ans en 1961 et 1962.

2

Discours d'ouverture

Messieurs les invités,
Chers camarades et chers amis,

Permettez-moi, au nom de la Fédération des Etudiants d'Afrique Noire en France, de remercier toutes les personnalités qui ont accepté d'honorer de leur présence notre séminaire sur la littérature africaine. Permettez-moi aussi de remercier tous ceux, journalistes ou étudiants, qui ont répondu à notre invitation.

C'est la première fois que nous organisons un séminaire sur les problèmes littéraires africains. C'est donc dire qu'il y aura des insuffisances tant dans l'organisation que dans l'élaboration des rapports. Et nous nous en excusons d'avance. Ce qui importe pour nous, c'est de montrer l'importance des problèmes politiques, des problèmes culturels en général et des problèmes littéraires en particulier.

Au cours de ce premier séminaire, nous essayerons d'at-tirer l'attention des étudiants sur les problèmes politiques qui se posent à l'occasion de la création artistique et de montrer le rôle social que peuvent jouer les écrivains africains.

Si nous devons lutter de façon conséquente contre le colonialisme et l'impérialisme, nous devons le faire dans tous les domaines, y compris le domaine littéraire. Les colonisateurs, pour mieux asseoir leur domination sur nos pays, n'ont pas négligé de recruter des écrivains qui avaient pour tâche, sous le couvert de la littérature, de nous mystifier. Rappelez-vous les *Moussa et Gigla*, *Mamadou et Bineta*, *Mon Ami Koffi*, *Les contes des cent et un matins*, etc. Dans ce domaine, ils savent être vigilants et savent riposter dès qu'une œuvre commence à mettre en cause leurs intérêts. Rappelez-vous aussi l'interdiction qui a accueilli les poèmes de Keïta Fodéba tels que *Minuit*. Et là aussi, nous avons le devoir de tirer des leçons de l'attitude de nos « maîtres ». Comme eux, nous avons intérêt à voir quels sont nos amis et nos ennemis parmi les écrivains ; ce travail de clarification est absolument nécessaire en Afrique. Néanmoins, nous essayerons d'aider par nos suggestions et nos critiques bienveillantes certains écrivains égarés, mais honnêtes à retrouver le véritable chemin de la dignité et de la liberté de l'Afrique.

Nous sommes fermement convaincu que tout art est engagé dans un sens ou dans un autre. Ce n'est pas le grand critique littéraire Brunetière, très conservateur, qui nous démentira : c'est lui qui écrivait : « l'art a une fonction sociale ».

Nous n'insisterons pas sur cette question.

Cependant, il n'est pas inutile, pour bien apprécier l'œuvre d'un écrivain, de la replacer dans le contexte de son époque ; il est évident qu'on sera beaucoup plus sévère à l'égard de *L'Enfant Noir* de Laye Camara qu'à l'égard de *Batouala* de René Maran. A l'époque où ce dernier écrivait, les perspectives d'une révolution nationale en Afrique n'apparaissaient pas clairement alors que l'auteur du *Regard d'un Roi* nous livrait son premier roman en plein combat pour l'indépendance.

La littérature négro-africaine a connu des fortunes diverses qui ne s'expliquent qu'à la lueur de l'histoire de la colonisation française. Entre la Première et la Deuxième Guerre mondiale, l'Afrique noire comptait très peu d'écrivains. L'insuffisance de la scolarisation, un des corollaires de la politique coloniale, explique cette situation. L'Antillais René Maran, le Berger Peulh autodidacte Bakary Diallo et les écrivains issus de l'Ecole Normale William Ponty produisirent quelques romans entre la fin de la Première Guerre mondiale et la constitution du Front populaire en France.

René Maran, originaire de la Martinique, peut incontestablement faire figure de père du « roman nègre ». Grâce à son expérience dans l'administration coloniale, il a écrit un roman *Batouala* ayant pour cadre l'Oubangui-Chari, l'une des quatre colonies de l'Afrique équatoriale dont les populations ont été décimées par les travaux forcés. René Maran, influencé dans sa langue et sa technique par les poètes du Parnasse et les écrivains de l'Ecole Naturaliste, porta témoignage contre les « abus » de la colonisation. « Ce roman ne tâche même pas d'expliquer : il constate, comme il l'écrit dans sa préface. Il ne s'indigne pas : il enregistre ». L'ouvrage fut couronné en 1921 par le prix Goncourt. Bien que *Batouala* n'avait qu'effleuré une vérité qu'on n'a jamais tenu à connaître à fond, il souleva des protestations de la part des puissants intérêts coloniaux. Et depuis, René Maran devait quitter l'administration coloniale et suivre une nouvelle orientation. Ce roman eut un retentissement certain. Car il était écrit à une époque où la question nègre se reposait à propos du partage des colonies au Traité de Versailles, après la défaite de l'Allemagne. A cette période, le Dr Dubois menait une grande campagne pour la défense des Noirs d'Afrique et organisait la première conférence panafricaine avec le soutien de Blaise Diagne, alors député des quatre communes du Sénégal.

En 1926, un berger peulh du nom de Bakary Diallo écrit, le premier, un roman intitulé *Force-Bonté*, deux vertus qu'il attribue à la France. L'œuvre de ce berger peulh venu combattre en Europe pendant la guerre de 1914-18 et au Maroc est sans grande portée. M. Georges Balandier ne cache pas ses insuffisances : voilà ce qu'il en écrit : « Il s'agirait plus d'une œuvre « soufflée » que d'une œuvre authentique. Elle tient à la fois de l'autobiographie naïve et de la pastorale doucement moralisatrice ; littérature édifiante d'une époque où l'on s'attendrissait sur le bon sauvage ou le Huron… Elle était une curiosité, un peu comme un devoir d'enfant bien doué, la composition française d'un « enfant du gouvernement » selon l'expression même de l'auteur (Bakary Diallo).

Dix ans après *Force-Bonté*, devaient paraître deux romans : *Karim* de Ousmane Socé Diop, roman de mœurs, *Doguicimi* de Paul Hazoumé, roman historique. Tous deux appartiennent à la génération formée à l'Ecole Normale William Ponty que l'administration coloniale avait créée pour former les cadres locaux du gouvernement général de l'AOF (créé en 1904). Ces deux romans répondent aux soucis de l'administration qui voulaient connaître les mœurs, les habitudes et la mentalité des Africains pour mieux exercer son autorité. Le goût de la recherche ethnographique et du documentaire continuera à marquer à divers degrés les écrivains issus de l'Ecole Normale William Ponty comme Bernard Dadié, Fili Dabo Cissoko, etc.

Dès 1936, les signes avant coureurs de la guerre mondiale apparaissaient : le fascisme monte en Europe, l'Italie de Mussolini attaque lâchement l'Ethiopie ; la guerre civile commence en Espagne. C'est dans ce climat que deux poètes, Aimé Césaire et Léopold Sédar Senghor, commençaient à faire leurs premiers pas dans le monde des lettres.

La période qui suit la Deuxième Guerre mondiale sera plus féconde et comptera plus d'écrivains. Nous ne nous y attarderons pas car le séminaire est essentiellement consacré aux écrivains de cette époque.

Si le nombre des poètes, romanciers, conteurs, a augmenté ces quinze dernières années, ce n'est pas l'effet du hasard. Cela correspond à un ébranlement du système colonial. Grâce à la lutte de nos peuples et des autres, les portes de l'école secon-daire et de l'université française se sont ouvertes plus largement aux Africains. Mais avant que la génération née aux environs de 1930 et entrée au lycée à la libération n'ait pu atteindre la maturité, deux poètes, Aimé Césaire et Léopold Sédar Senghor, et un conteur, Birago Diop, continuaient à occuper la devanture de la scène littéraire africaine.

Si les auteurs du *Cahier d'un retour au pays natal* et des *Chants d'ombre* chantaient la négritude à Paris, les Africains de notre génération connaissaient quelquefois par cœur les vers d'Aimé Césaire qui a su dénoncer l'injustice, la misère, le racisme et appeler à la révolte contre l'ordre colonial établi sur l'Afrique, l'Asie et les Isles.

Aimé Césaire a su être le poète des faibles et des oppri-més. Il a admirablement démonté et mis à nu le mécanisme de la colonisation dans son célèbre pamphlet *Discours sur le colonia-lisme*. C'est pourquoi, il a été la « bouche » et la « trompette » de tous les Africains engagés dans la lutte pour l'émancipation de l'Afrique livrée à la folle fureur des vautours de la colonisation.

Bref, nous avons trouvé en Aimé Césaire un porte-parole qui a su, dans un langage très poétique et dans un style éblouissant et viril, traduire les aspirations profondes de nos peuples.

La jeune génération compte beaucoup d'écrivains parmi lesquels des romanciers, des poètes, des conteurs, etc. La liste des poètes s'est allongée ces dernières années avec David Diop qu'une mort tragique nous a trop tôt enlevé et qui inquiétait les puissants du jour par la densité de son message anti-colonialiste et la rigueur de ses vers, avec Lamine Diakhaté, Paul Joachim et Martial Sinda, influencés par Léopold Sédar Senghor, avec aussi d'autres jeunes, Néné Khaly Basile Camara, Bernard Dadié, Ray Autra, Pierre Bamboté, Tchicaya, Bognini, qui sont pleins de promesses.

Les romanciers africains commencent à conquérir une importante place dans la production littéraire africaine : la qualité varie d'un auteur à un autre, d'un roman à un autre. Parmi eux, nous mentionnons uniquement quelques noms : Sembène Ousmane, Ferdinand Oyono, Mongo Béti, Abdoulaye Sadji, Bernard Dadié, Aké Loba, Camara Laye, Cheikh Hamidou Kane, etc. Parmi les conteurs, nous n'oublierons pas Birago Diop et Bernard Dadié.

Nous nous excusons de ne pouvoir nous étendre plus longtemps sur les écrivains de la période d'après guerre. Nous aurons à discuter de façon plus approfondie de leurs œuvres au cours de ce séminaire. Et cela nous le ferons avec la plus grande franchise.

Notre souci sera d'échanger de points de vue et d'aider les écrivains à retrouver leur véritable chemin. S'ils écrivent, ils doivent le faire pour nous, et non pour les salons parisiens. C'est nous qui devons être leurs juges naturels. Mais nous savons aussi que cette littérature d'expression française est condamnée à plus ou moins longue échéance à jouer un rôle très secondaire car elle n'est pas comprise par nos peuples et elle n'arrive pas à restituer le parfum et la saveur de nos littératures orales et populaires.

Les écrivains africains ont besoin pour accroître leur expérience et maîtriser leur métier de savoir ce que nous pensons de leur production. La conspiration du silence que la grande presse organise autour de certains écrivains africains est très significative. Les colonialistes savent distinguer leurs alliés d'avec leurs ennemis ; ils savent ouvrir aux traîtres littérateurs de l'Afrique les colonnes de leurs journaux ou les portes de leurs salons. Hélas, ils ne ménagent aucun effort pour noyer les meilleures œuvres sous les poussières de l'oubli ou de l'ignorance. Hélas, que de talents perdus pour l'Afrique ! Que de manuscrits qui sommeillent dans les tiroirs ! Tout cela est imposé par les rigueurs des maisons d'édition européennes. C'est là un problème important que nous discuterons et sur lequel nous devons attirer l'attention des gouvernements des pays africains les plus progressistes.

Avant de terminer, nous voudrions insister sur les nouvelles perspectives ouvertes aux écrivains africains. L'heure est à l'optimisme et non au pessimisme. L'impérialisme agonise ; les peuples se lèvent pour bâtir un monde meilleur d'où seront bannies l'injustice, l'exploitation et l'oppression. A notre avis, la Négritude, comme moyen de protestation contre l'assimilation culturelle, corollaire de la politique coloniale, est dépassée ; elle a joué son rôle. Le combat de l'Afrique n'est pas un combat qui se situe au niveau des races, mais au niveau des exploiteurs et des exploités, des dominateurs et des dominés. Aujourd'hui, il y a l'Afrique des Lumumba et l'Afrique des Tchombé. Il faut choisir entre ces deux Afriques : les écrivains n'échappent pas à cette option. C'est pourquoi, ils ne doivent pas s'enfermer dans la négritude comme dans une tour d'ivoire, ils doivent en sortir pour marcher avec tous les peuples qui luttent, la main dans la main, et sans aucune considération raciale, contre la domination et l'exploitation.

C'est ce message que Jacques Roumain, le grand écrivain Haïtien, nous a laissé dans ces vers qui nous serviront de conclusion.

Il nous invite non au pardon, mais à la lutte, non au désespoir, mais au combat.
« Nous ne prierons plus
Notre révolte s'élève comme le cri
de l'oiseau de tempête au-dessus
du clapotement pourri, des marécages.
Nous ne chanterons plus les tristes spirituals désespérés
Un autre chant jaillit de nos gorges
Nous déployons nos rouges drapeaux
Tâchés du sang de nos justes.
Sous ce signe, nous marcherons
Sous ce signe, nous marchons
Debout les damnés de la terre
Debout les forçats de la faim ».

Amady Aly Dieng
Président de la FEANF

3

Réflexions sur la littérature négro-africaine d'expression française

Yves Benot

A première vue, on aurait pu croire que les changements politiques intervenus en Afrique depuis trois ans et la place croissante prise par le continent dans la vie internationale allaient se refléter nécessairement dans les œuvres des écrivains africains.

Et l'on devrait alors constater que jusqu'ici le « tournant » ne paraît pas avoir été pris. Néanmoins, même si l'on est porté à regretter que la création littéraire ne se situe pas un peu en avant de l'histoire, il faut admettre que ce furent des choses qui arrivent, et qu'il y a surtout lieu de rechercher quelles conditions particulières ont pu faire obstacle devant les écrivains africains, les empêcher peut-être de passer à une étpae nouvelle.

On remarquera tout d'abord que ces réflexions comportent la reconnaissance implicite de l'existence d'une littérature négro-africaine d'expression française pour employer des termes déjà consacrés. Mais si d'une part, cette unité repose sur le fait commun de la domination coloniale française et de la commune protestation contre ce régime, il faut aussi constater que cette dénomination unique trahit encore le point de vue colonial, dans la mesure même où elle définit la littérature des colonisés par la seule référence à la langue, et même à la culture des colonisateurs.

A cet égard, elle est moins une reconnaissance de l'aspiration à l'unité qu'une consécration littéraire du partage de l'Afrique. Cela dit, force demeure de reconnaître qu'en effet le développement tardif, je veux dire retardé, de cette littérature ne pouvait pas échapper entièrement, même dans le refus, aux conditions créées par la colonisation.

On ne peut pas ne pas tenir compte du handicap constitué pendant des années par l'absence presque totale de presse libre en Afrique même, par l'absence d'imprimeries modernes et de maisons d'édition. Il en est résulté, qu'obligés de passer par les maisons d'édition parisiennes, les écrivains noirs ont trouvé un peu plus de facilités à publier, en revues ou en plaquettes des poèmes que des romans ou en général des œuvres d'une certaine envergure.

Le décalage chronologique entre l'épanouissement de la poésie et la floraison romanesque nous paraît trouver ici sa principale raison d'être. On est également obligé de constater que l'existence de la revue *Présence Africaine* et de ses éditions n'a pas suffi à modifier radicalement cette situation. Peut-être d'ailleurs pour des raisons qui tiennent autant à l'organisation de ce qu'il faut bien appeler le marché littéraire que pour des raisons de fond ; j'entends l'absence d'un programme proprement littéraire.

Un fait me paraît caractéristique : le premier roman de Mongo Béti, *Ville Cruelle*, publié précisément par *Présence Africaine*, a été sur le plan commercial un échec, alors qu'il est sans doute l'œuvre la plus directe, la plus vigoureuse de son auteur.

Qu'en est-il résulté ? Le romancier, à ce qu'il semble, ne s'est pas contenté de changer d'éditeur, mais a infléchi son mode d'expression dans les trois romans suivants, où la vie des colonisés est présentée, en quelque sorte, de biais, et derrière le masque de l'humour.

En définitive, le roman négro-africain, quand il a pu naître véritablement et s'imposer, a dû utiliser les méthodes de la littérature dite de contrebande. Il a contribué à dévoiler, aux yeux du public du pays colonisateur, la réalité coloniale, dans ses aspects les plus quotidiens, mais c'est un dévoilement *partiel*, on le voit chaque jour davantage.

La lutte nationale a eu son expression poétique - ce qui signifie, qu'on le veuille ou non, une diffusion moindre – mais ne s'est guère affirmée à travers l'œuvre des romanciers.

On peut d'ailleurs se poser ici une question relative aux genres littéraires eux-mêmes. Dans une certaine mesure, le choix de l'affabulation romanesque, selon des canons définis par les habitudes du public français, résulte peut-être moins d'une exigence propre de ces écrivains que de l'organisation de l'édition parisienne. Mais aujourd'hui, et alors que l'instrument forgé par le XIXème siècle est de moins en moins adapté à la réalité du monde moderne, on peut se demander si des reportages – genre qui peut et doit être promu à la dignité de l'expression littéraire – des biographies des militants obscurs du combat national par exemple, des documents ne seraient pas au moins aussi nécessaires. Il ne semble qu'en face de certaines réalités, la fabrication romanesque perd des droits. Il n'y a pas de romans sur la guerre d'Algérie qui puisse « tenir » devant la question ; et il en va de même, à mon sens, pour toute la réalité coloniale. Il se peut que le problème des genres soit un des plus importants de ceux que les écrivains africains vont avoir à résoudre. Et leur poésie qui existe ne peut pas suffire à tout.

Or, le sous-développement culturel, et surtout l'absence d'infrastructures, de l'équipement matériel nécessaire à ce développement ne s'effacent pas d'un coup, même après la conquête de l'indépendance réelle (et comme on sait, toutes les « indépen-dances » ne sont pas à un égal degré de réalité). Je pense, ici encore, aux imprimeries, aux maisons d'édition, aux bibliothèques, etc. Mais si les moyens matériels et commerciaux ne surgissent pas d'un coup de baguette, la vie pose déjà des problèmes nouveaux qui ne concernent plus seulement la dénonciation de la domination étrangère, mais la construction d'une société nou-velle. Et s'il est déjà vrai que la littérature de combat elle-même ne peut pas être exlusivement dénonciatrice, mais qu'elle se doit de chanter aussi son propre idéal, l'écrivain africain se trouve aujourd'hui confronté à l'exigence d'une littérature en quelque sorte constructive.

Il faut ajouter que cette exigence, si elle s'impose aussi à l'égard d'un public africain qui va enfin s'ouvrir à eux, s'impose aussi à l'égard de leur ancien public. Se mettre au pas de l'histoire est la condition nécessaire pour de véritables échanges culturels. Mais une évolution consciente de ce genre me paraît supposer, sous quelque forme que ce soit, un regroupement volontaire des écrivains, l'élaboration d'une doctrine. Bien entendu, on peut discuter sans fin des avantages et des inconvénients des écoles littéraires, mais en cette période, il me semble qu'il ne peut y avoir qu'avantage à cette mise en commun des idées directrices.

4

Conscience nationale et poesie negro-africaine d'expression française

Condotto Nene Khaly Camara

En art comme dans la vie, il est deux vérités d'évidence, qui sollicitent de la part de l'homme une prise de position non équivoque : le non-engagement et l'engagement. Sur le plan plus général de l'évolution historique, le premier terme de cette alternative signifie que l'individu se refuse à s'intégrer dans le mouvement général de l'univers, tandis que le second commande un choix réfléchi de toutes les ressources à mettre en jeu pour améliorer la condition humaine et réaliser par enrichissements successifs le plein épanouissement de la société.

Chaque art a ses vertus propres qui tiennent à son mode d'expression et aux limites de celui-ci : la musique et la danse, la peinture et la sculpture et aussi la littérature.

Chaque forme artistique vise à émouvoir part ou totalité, c'est-à-dire la personne physique et toutes ses facultés intellectuelles.

Dans sa forme, cette action qui s'exerce par l'art sur l'hom-me fait appel aux sentiments, bons ou mauvais, par là elle entraîne soit vers le non-engagement lorsqu'elle stimule les sentiments de pure délectation individuelle, soit vers l'engagement lorsqu'elle concilie sentiment et raison, émotion et conscience.

Alors l'art devient une immense force matérielle parce qu'elle fait pénétrer l'idée au sein des masses, pour reprendre la formule de Marx. Elle trouve alors sa place, à côté d'autres facteurs qui meuvent le développement historique. Près de l'action froide et sans fard du jeu des forces productives de la société, il assume un rôle de stimulation et de catalyse.

L'art traduit les préoccupations de la société dans ses aspects généraux comme dans ses aspects particuliers : dans une société de type bourgeois, son expression générale sera nécessairement bourgeoise, dans une société de type socialiste, elle traduira des sentiments socialistes.

Mieux, à l'intérieur de la société bourgeoise qui voit se développer des conflits de classes, elle prendra les formes que revêtent ces luttes : ainsi, dans une société capitaliste se trouveront toujours des éléments d'un art prolétarien. De même, dans une société qui se construit socialiste et communiste mais, conserve encore des aspects négatifs, il n'est pas exclu de rencontrer des traces décadentes d'un art bourgeois.

Dans l'expression artistique d'un peuple, d'une nation se laisse deviner le faciès du stade où il se trouve dans l'évolution historique. Un coup d'œil panoramique sur l'histoire de la littérature négro-africaine d'expression française suffit à le prouver.

***

La littérature négro-africaine d'expression française ne pouvait naître qu'avec la mise en place d'institutions coloniales après la conquête militaire de la fin du XIXème siècle. Cette prise de possession du continent par les Allemands, les Anglais, les Belges, les Espagnols, les Français, les Italiens et les Portugais, procéda en premier lieu à une dislocation des anciennes structures traditionnelles et à une destruction systématique de toutes les valeurs culturelles, afin de prévenir précisément toute tentative de cristallisation d'une conscience culturelle qui eût pu mettre en cause la réalité de l'asservissement politique et économique. L'Afrique pré-coloniale possédait une littérature écrite utilisant les caractères arabes soit pour créer des œuvres dans la langue du Coran, soit pour fixer celles-ci dans des langues négro-africaines mêmes. Aussi, la langue arabe fut-elle combattue, voire bannie dans les régions où elle avait fondé une forte tradition culturelle. Les bibliothèques des lettrés nègres furent pillées ou incendiées, qui contenaient tarikh, traités de théologie, poèmes religieux ou de circonstances, etc. Refusant aux colonisés l'assimilation politique, le colonialisme français, pour sa part, chercha à réaliser l'assimilation culturelle des hommes, violant ainsi leur conscience, leur raison et leurs sentiments. Les premiers intellectuels négro-africains d'expression française furent d'abord ceux nourris dans le sérail de l'Ecole Normale des Instituteurs William Ponty. Et les premiers qui s'essayèrent à la littérature furent issus pour la plupart de ce milieu : leurs œuvres, tout en attestant certaines qualités littéraires, présentent surtout un intérêt ethnographique suggéré habilement par des *maîtres* plus soucieux de connaître certains traits culturels africains qui servissent à leur assurer une meilleure prise sur la psychologie du Noir que de curiosité scientifique. Ainsi, naquit une première génération d'écrivains, honnêtes au demeurant, mais se prêtant à leur insu à une expérience de création littéraire dirigée. Parmi eux, les plus connus sont : Dim Delobson en Haute-Volta, Paul Hazoumé et Maximilien Quenum au Dahomey, Mapaté Diagne et Abdou Salam Kane au Sénégal, Mamby Sidibé et Moussa Travélé au Soudan. Ils inaugurèrent depuis 1916 la tradition qui fonda le négrisme intellectuel, point de départ d'une valorisation naïve et assez idyllique d'une *Africa portentosa*, aux couleurs non pas fausses mais altérées et faussées, privée de tout dynamisme évolutif. A leur suite, l'Europe et l'Occident chanteront le bon nègre, malheureux objet d'une curiosité malsaine.

Peu de poètes parmi ces auteurs, parce que la poésie ne peut naître sur commande, parce que l'expérience poétique doit être une expérience vécue, pensée et élaborée et surtout sincère. Par contre, beaucoup d'écrivains à l'écriture ethnographique s'exprimant à travers l'essai, le roman, le théâtre, le conte ou le recueil de proverbes, tous genres littéraires qui prennent un recul par rapport au sujet comme si ce sujet n'apparaissait que superficiel à leurs auteurs, dont ils se sentaient étrangers en quelque sorte. C'est dire que dans ces œuvres, la personnalité des écrivains transparaissait peu, sinon dans une certaine maîtrise simplement technique de la langue, qualité insuffisante pour caractériser le génie littéraire. En vérité, de telles productions restent comparables à celles que recueillent les ethnologues mis en contact avec la littérature d'un groupe humain qu'ils étudient.

Littérature édifiante des beaux jours de la colonisation que quelques rares tempéraments commenceront à mettre en cause grâce à un approfondissement de la condition sociale et biologique du Nègre.

Le mouvement est né avec la conscience qu'eut l'Occident de son inquiétude intellectuelle au lendemain de la Première Guerre mondiale. En quête de sensations et de sentiments nouveaux, dans la dépression morale qu'a causée la grande conflagration de 1914-18, après les premières tentatives faites isolément par un Rimbaud et surtout après le succès de la grande révolution socialiste d'octobre 1917 qui mit en question pour la première fois dans l'histoire de l'humanité les fondements d'une civilisation d'essence et de morale chrétiennes près de deux fois millénaires, la conscience européenne vacillait et flottait.

Pour se survivre, l'Occident idéaliste se chercha un « sup-plément d'âme » et crut le trouver dans les valeurs pseudo-nègres créées expérimentalement par l'intelligentsia dorée de l'époque du Bœuf-sur-le-toit animée par Cocteau, Picasso et d'autres. En littérature, le surréalisme à la suite du Manifeste lancé pour lui par son grand-prêtre André Breton, édictait les règles d'une esthétique élaborée au contact de la musique de jazz, introduite et popularisée en France par la célèbre revue du Cotton-Club venue en ligne droite des music-halls de Harlem – écriture automatique épousant les contours d'une création artistique née d'inspirations spontanées, la musique de jazz avait pour elle la caution de la sincérité et de la rigueur rationnelle, conduisant le jeu de ce « beau désordre » que ne savaient contrôler en littérature les artisans du surréalisme – méditant constamment sur les lignes et les formes de la Vénus noire, Aragon proclamait le culte du stupéfait-image. Tout le mouvement culturel européen des années 30 auquel le génie français continuait à donner encore le ton s'organisa autour de la découverte du génie nègre ou ce que ces esthètes révolutionnaires supposaient comme tel.

Mais l'engouement ne concerna nullement les Nègres mêmes. Le choc initial qui mouvra leurs ressources intellectuelles, par un curieux mouvement pendulaire, ira d'Amérique en Europe ou d'Europe en Amérique, avant de toucher l'Afrique. Il importe de souligner à cet égard les premiers efforts tant politiques que littéraires par lesquels les Négro-américains des USA au cours de ces mêmes années entreprirent soit de promouvoir l'idéologie du retour vers l'Afrique, soit de chanter les souvenirs et les réalités du « berceau de leurs ancêtres ». Le mouvement politique panafricaniste impulsé par le savant historien négro-américain Dubois commençait alors à faire parler de lui. Les rares intellectuels africains de l'époque s'interrogeaient encore timidement, souvent ils étaient guidés dans cette prise de conscience par l'influence et la personnalité plus affirmée de leurs camarades antillais (plus avancés qu'eux pour des raisons de meilleures possibilités d'accès à l'éducation et à la culture européenne) dans la voie de la croisade négriste et pan-négriste. Parallèlement, un sentier semblable se trouvait en situation d'être frayé par les Malgaches et les Asiatiques de colonisation française. On citait donc pour l'em-pire français de défunte mémoire, les noms d'Etienne Lero, René Ménil, Lionel Atully, Aimé Césaire, Léon-Gontran Damas, Libert Chatenay, Lucie Thesée, Georges Desportes, Lucien Degras, Guy Tirolien, Léopold Sédar Senghor, Birago Diop, Rabeavelo et Rabémananjara pour l'Afrique noire et Madagascar, Makhaly Phal, Pham Van Ky, Hoang Xuan Nhi pour l'Indochine.

Toutefois, pour en revenir à la littérature négro-africaine, l'écrivain le plus doué et le plus séduisant, dont l'influence profonde éclipsera longtemps encore celle de ses pairs, reste le Martiniquais Aimé Césaire. Le premier, il inaugurera un style dont les pulsations se modèlent sur les martèlements et les halètements du tam-tam promu au rang de valeur-clé de la nouvelle esthétique que l'on dit la plus proche du génie et des affinités affectives des Africains. Le premier, il donnera une expression dynamiquement engagée de la condition biologique et sociale du Nègre. Césaire est un poète authentique dont la sincérité et la puissance verbale sont sans égales. Il a, semble-t-il, aboli la distance qui sépare la prose de la poésie, et en a fait un genre doublement unique, tant par la synthèse réalisée que par la qualité qui transmue chez lui les mots les plus communs créant les images les plus fulgurantes. Rien n'étonne que Breton l'ait revendiqué pour le surréalisme, louant sa « parole belle comme l'oxygène naissant ». Poursuivant sur sa lancée, Césaire s'inscrit au Parti Communiste Français. Passionné mais sincère, violent mais intègre, la révolution culturelle qu'il eût pu conduire aurait été complète et totale si sa pensée politique s'était trempée aux sources objectives du matérialisme dialectique et du matérialisme historique.

L'expérience du colonialisme que fit Césaire était suffisante, mais celle qu'il avait de l'internationalisme prolétarien et du développement progressif et prospectif du mouvement ouvrier pécha par défaut. Aussi, son grand tort consista-t-il à identifier sa situation de militant communiste d'origine martiniquaise, et dont le pays possédait ses conditions sociologiques propres, avec celles des communistes français dont les luttes quotidiennes sont motivées par des exigences internes particulières. Dans les perspectives de la lutte anti-impérialiste que mènent de front peuples de pays coloniaux et prolétariats des pays colonisateurs, c'était là une contradiction mineure qu'une myopie intellectuelle et idéologique transposa chez Césaire en contradiction majeure au point qu'il fut conduit à réaliser une alliance de fait avec les tenants du camp impérialiste, quand bien même il veilla à garder entre eux et lui une certaine distance politique. Césaire n'avait aucun droit en tant que communiste français à juger son Parti du point de vue d'un nationaliste colonial. La confusion créée par lui entre le nationalisme colonial et le communisme me paraît être la cause de l'échec de son expérience révolutionnaire.

Il reste sans doute à l'écrivain son génie poétique indiscutable ; mais il apparaît que sa faillite idéologique ait sensiblement réduit la portée du contenu explosif et novateur que véhiculaient jadis et son verbe et sa rythmique, car les horizons d'un nationalisme quelconque demeurent forcément et scientifiquement limités. En conclusion, le superbe poète ne se connaît plus « chair de la chair du monde palpitant du mouvement même du monde ».

Le cas de Césaire pose la question de la responsabilité des littératures nationales, élément stimulant du mouvement général de la libération des peuples coloniaux. Cette responsabilité s'exerce malheureusement dans des limites étroites à cause de la langue qui sert de support à ces littératures. Car il n'existe pas de communion dialectique entre l'écrivain et son peuple grâce à laquelle l'un et l'autre s'enrichissent mutuellement au cours du combat national. La responsabilité de l'écrivain négro-africain se limite tout juste au niveau de la couche éduquée et instruite à l'européenne. La connaissance de ses œuvres demeure étrangère aux grandes masses de son peuple qui ne possèdent pas le sésame de la langue dans laquelle l'écrivain écrit. A la vérité, dans l'appréciation de la nature et du caractère de la responsabilité de l'écrivain négro-africain, il faudrait ramener celle-ci à son stade le plus immédiat, celui de la responsabilité individuelle, dans la mesure où la plupart des thèmes traités relèvent des seules expériences personnelles.

Le grand mérite de Césaire, dans son *Cahier d'un retour au pays natal*, fut d'avoir élargi les dimensions de la prise de conscience individuelle à celle de l'humanisme social du Nègre, fraternisant aussi bien avec l'ancien coolie chinois qu'avec le docker blanc de Liverpool, après la chute de la société capitaliste, car ce qu'il voulait « c'est pour la faim universelle pour la soif universelle – la sommer (sa race) libre enfin – de produire de son intimité close – la succulence des fruits ».

Mais dans ce magnifique bréviaire de haute conscience et connaissance poétique qu'est le *Cahier d'un retour au pays natal*, la réalité anti-impérialiste et ses options ultimes restent très diffuses, voire confuses. Les valeurs majeures qui sont magnifiées restent la dignité, l'orgueil et l'exaltation de la race nègre, tous éléments qui fonderont la négritude et qui serviront d'alibi, prétendûment progressiste à beaucoup de poètes de la génération littéraire allant de la fin de la Deuxième Guerre mondiale aux environs de 1950.

Il est vrai que les premiers moments de l'édification de la négritude furent progressistes dans la mesure où cette doctrine littéraire s'opposait à un des fondements de la domination coloniale : la domination culturelle. Le danger résidait dans le fait qu'une telle doctrine ne dégénérât en un complaisant narcissisme intellectuel, aidée en cela par un néo-colonialisme acceptant de s'accommoder à la rigueur d'un nationalisme mais craignant par contre les réalisations d'un art tout de devenir anti-impérialiste, enseignant et diffusant des valeurs qui rejoignant d'autres de même eau, auraient contribué à fonder un humanisme nouveau à la mesure de la grande révolution sociale du XXème siècle, le socialisme.

Il n'était pas nécessaire d'être grand clerc pour envisager un jour la nécessaire évolution des pays colonisés ainsi que leur libération après les changements intervenus à la fin de la Seconde Guerre mondiale dans le partage des influences entre le monde capitaliste d'une part et le monde socialiste de l'autre.

L'Occident sut, après la conférence de Yalta, que ses jours étaient comptés dans ses possessions coloniales. Aussi, se prépara-t-elle dès cette époque à essayer de tourner à son profit l'évolution qui n'aurait pas manqué de se faire jour dans ces pays, singulièrement en stimulant la création des mouvements culturels qui auraient sans doute remis en question les valeurs culturelles de l'Occident jugées contraires au génie négro-africain, mais seraient demeurés attachés à d'autres, auréolées d'un caractère dit universaliste et par conséquent susceptibles de conserver en Afrique l'influence occidentalo-européenne. Ce rôle incomba bien sûr au christianisme dont toute la civilisation occidentale est issue et dont les tables de valeurs trouvent leurs sources dans les œuvres de Saint-Augustin ou de Saint-Thomas d'Aquin. Sous l'occulte parrainage d'intellectuels catholiques français, des intellectuels catholiques africains fondent en 1947 la revue culturelle du monde noir : *Présence Africaine*. La main-mise catholique sur cet organe d'expression des intellectuels noirs est lâche mais néanmoins réelle, parce que son but est de rallier précisément à sa cause d'autres intellectuels africains non catho-liques. La revue milite pour un nationalisme culturel, publiera des écrits de facture et d'inspiration marxiste même, mais baignera constamment dans une atmosphère de catholicisme libéral et tolérant. La technique de l'entreprise est habile puisque le mouvement finira par s'identifier à tout ce qui se pensera et s'écrira, dans le sens de la voie progressiste, dans le « monde noir ». Un curieux phénomène fait se rencontrer au sein du mouvement de *Présence Africaine*, Africains, Malgaches, Négro-américains, Antillais et catholiques français libéraux et il n'est pas rare d'y voir des prêtres côtoyer des étudiants que le marxisme séduit. Le résultat en est la recherche d'un modus vivendi entre ces différents apports d'horizons divers, la seule vérité, intangible qu'on y chante restant celle-là même que le néo-colonialisme culturel s'est annexée, à savoir la glorification de la négritude, dont Léopold Sédar Senghor se fait l'apôtre le plus zélé, collaborant dans cette tâche avec Alioune Diop, cheville ouvrière de la revue et du mouvement de *Présence Africaine*. Il n'est pas inutile de discuter l'importance du rôle et de l'influence que joue Senghor dans la littérature négro-africaine d'expression française dans la mesure où sa personnalité visait à faire équilibre à celle de Césaire avant la rupture entre ce dernier et le Parti Communiste Français.

L'homme séduit par un charme personnel évident allié à une grande intelligence qui lui permet d'éviter heurts et oppositions brutales avec ses adversaires idéologiques. Ainsi, s'est-il fait une réputation de sage, profondément pénétré des valeurs traditionnelles et des ressources intellectuelles du génie négro-africain.

Essayiste, Senghor est surtout un poète d'une grande richesse de sensibilité. Mais il s'agit d'une sensibilité figée dans la pure délectation formelle. L'écrivain sénégalais refuse la raison pour préférer l'émotion, dont selon lui, l'esssence serait nègre. Ce faisant, il oublie sa condition d'homme intégré dans la nature et dans la société pour fonder une nouvelle catégorie biologique et ethnologique en serrant dans ses frontières intellectuelles une image du Nègre proche de celle que comptait naguère un Gobineau ou un Lévy-Bruhl. Il existe une profonde adéquation entre l'homme et l'œuvre. La manière senghorienne en poésie, faite de souffles et de longs silences, est empruntée certainement à l'art du griot négro-africain. Toutefois, l'erreur du poète fut de confondre cet art musical qui réalisait une symbiose intime avec l'art de la parole en une esthétique se suffisant à elle-même. La musique du griot meuble les temps morts pendant lesquels le barde interrompt un récit avant de le reprendre : elle détend l'attention de l'auditeur en même temps qu'elle lui permet en imagination de prolonger par la pensée les épisodes dits ou chantés. Chez le griot, c'est l'art de la parole qui est majeur, parole faite à la fois d'enseignement historique et de morale didactique. Le primat revient par conséquent au contenu de cet art. Or, Senghor a truqué l'héritage formel emprunté aux griots en coulant dans leur moule poétique une pensée qui a loin de posséder les vertus de la parole et du chant griotiques. Chez lui, il n'y a plus confron-tation dialectique entre parole et musique, confrontation qui créait le dynamisme, mais au contraire correspondance analogue entre contenant et contenu, d'où naissance d'un art figé, démobi-lisateur des consciences. Que chante Senghor ? Les impressions douces et évanescentes, le refus du combat quotidien, les ombres, bref des thèmes appartenant à un romantisme attardé. Aimé Patri peint ainsi son art : « la poésie de Léopold Sédar Senghor, sénégalais, exprime le côté de l'âme noire qui corres-pond à la gravité et au recueillement plutôt qu'à l'exaltation et à la fureur extatique. De ce point de vue, elle contraste curieusement avec celle de son ami Césaire... Les origines lointaines des deux poètes, peut-être aussi l'éducation chrétienne qui a laissé, dans l'esprit de Senghor, des traces profondes et qu'il n'a jamais célées, expliquent cette différence de ton ... « J'ajouterai que l'écrivain édulcore en les féminisant les thèmes les plus mâles. Sous sa plume, l'évocation de Chaka perd tout caractère viril : l'époque du valeureux combattant zoulou devient romance aux étoiles. Même en art, il importe de respecter la vérité historique. Est-ce là une poésie qui vise à remuer les foules, qui se fait l'interprète des sentiments les plus légitimes d'un peuple aspirant à un mieux être et à un meilleur devenir ? Dans les traditions africaines dont Senghor se réclame sans cesse, ce sont les bardes qui galva-nisaient les énergies des guerriers. Vers quelles destinées cet écrivain entend-il entraîner le peuple africain par la grâce de la poésie ?

***

Les mérites et le prestige intellectuels de Aimé Césaire et de Léopold Sédar Senghor n'ont pas fini toutefois d'exercer une fascinante attirance sur les autres représentants de la poésie négro-africaine d'expression française. En fait, il ne s'agit pas d'écoles dont ces deux poètes seraient les chefs de file, car aucun d'eux ne tient un cénacle où se discuteraient des problèmes poétiques ou simplement littéraires. La tentative de rapprochement se justifierait par des ressemblances de tempérament et d'écriture. Parce que Césaire, à un moment historique donné, a incarné un type de conscience culturelle nationaliste, il est celui qui a sinon suscité de nouvelles vocations littéraires dans l'intelligentsia négro-africaine du moins encouragé beaucoup de jeunes écrivains à se manifester publiquement en dehors des cercles d'étudiants et à braver les rigueurs de l'édition.

Vers la liberté est le titre d'une plaquette publiée par Mamadou Ray Autra Traoré en 1950. Le mécanisme du colonia-lisme s'y voit à nu, et ses exactions et ses menteries.

Les exigences de ces années décisives de la lutte anti-coloniale qui s'imposaient implacablement à la pensée de l'auteur l'ont quelque peu détourné des recherches formelles qui en coulant son inspiration révolutionnaire eussent donné à sa poésie militante une place et un rang de choix. Parfois cependant, contenu et contenant arrivent à se compléter pour créer des réussites de la veine de *Vercingétorix à Samory* et surtout de *Effort de guerre*.

La génération qui avait atteint sa pleine maturité au moment de la grande époque historique du Rassemblement Démocratique Africain (RDA) nous restitue, outre Ray Autra, les noms de Keïta Fodéba et de Bernard Dadié.

Fodéba Keïta apparut comme le premier propagateur de l'art négro-africain, celui qui le fit le plus connaître aux peuples des pays d'Europe et d'Afrique dans la forme scénique ; chorégraphe et maître de ballet, il chercha à réaliser un art total qui alliat danse, musique et poésie. Il ne s'agit donc pas chez lui d'un art simplement et uniquement littéraire. La manière apparaît plutôt comme une transposition des formes populaires négro-africaines qu'il transcrit et fait revivre. Il puise aux sources des chants, des contes et des légendes traditionnels du pays mandingue.

Il y a un profond amour chez Fodéba Keïta de l'Afrique, de ses mœurs paysannes, une chaleureuse quête des aspirations nouvelles qui doivent lui restituer sa grandeur ; et les scènes de vie qu'il campe charrient en contre point un courant de pensée révolutionnaire dénonciateur de l'asservissement colonial dans toute sa cruauté. La poésie chez lui ne naît pas de la magie du verbe ou des ressources de l'imagination : elle naît de l'atmosphère qui baigne chacune des petites histoires que conte l'écrivain et que sa langue simple, comme naïve sait recréer. Du point de vue de la poésie, nul doute que son art ne soit proche des canons esthétiques du griot, car il marie constamment paroles dites ou chantées et musique.

Bernard Dadié, lui, fait un large appel à une profonde sensibilité et à une grande richesse d'expression. Il possède en outre une facilité et une aisance d'écriture assez remarquable. Sous ces qualités, couve un feu regénérateur, contenu toutefois, car le poète est devenu aujourd'hui désabusé. Depuis *Afrique debout* aux fiers accents, il paraît traîner derrière lui, comme un boulet, les désillusions qu'a apportées aux peuples africains la trahison politique du Rassemblement Démocratique Africain quand ce mouvement se détourna de la voie révolutionnaire.

Et c'est cette amertume qui tisse la trame de *La ronde des jours*, son dernier recueil. Mais même dans l'intimité de son univers intérieur, quoiqu'il en paraisse, Dadié refuse la gratuité littéraire. Pourtant, son «cœur n'a plus ses galops des premiers jours». Plus que Senghor, de mouvement et de style amples et savants, je salue en ce frère de Côte d'Ivoire le premier poète négro-africain.

***

Littérature poétique de témoignage ; affirmation d'une nouvelle condition du Négro-africain s'élevant sur les ruines d'une imagerie colonialiste ou se murant dans un univers artificiel et irréel transposé en terre d'Afrique, le fil de ce courant littéraire était ténu. Il importait plutôt de l'élargir en l'intégrant au grand mouvement de la vie et à ses multiples richesses et expériences sans cesse renouvellées. Cette voie, la plus fructueuse qui eût rattaché la poésie négro-africaine à la poésie universelle, il ne me paraît pas qu'en dehors de Dadié, un autre l'ait suivie.

Il semble plutôt que les poètes de la génération actuelle se soient fourvoyés dans des sentiers sans issue. Ne retenant chez Césaire que l'aspect apparent et superficiel de sa manière ou chez Senghor un faux retour vers des données et un vocabulaire africains, ils se livrent pour la plupart à une sorte de prostitution littéraire favorisée, il est vrai, par le snobisme que suscite toute manifestation culturelle des Négro-africains. La complaisance des maisons d'édition d'un côté, l'ambition et le désir frénétique de vouloir écrire à tout prix quand même on n'a rien ou peu à dire accroissent les dangers. Et ceux-ci sont grands : celui de croire et de baptiser poésie des mots ou des noms africains insérés dans le corps de phrases françaises, celui de jeter un cri onomatopéique par-ci, une exclamation par-là ; pis encore, celui de transcrire phonétiquement des locutions ou des aphorismes africains. C'est oublier que la poésie est faite de réalités transmutées par la vertu d'un langage et d'un rythme qui n'appartiennent pas à la prose. La disposition linéaire, le culte de phrases scindées en leur milieu ou en leur tiers ne font pas un poème, pas plus que la simple évocation de la nature ou des choses. L'Occident a bien sûr donné corps à un autre mythe : que tous les Nègres sont poètes et que, pour être reconnus comme tels, il leur suffit de noircir d'innocentes pages blanches et de juxtaposer des images plates et incohérentes. Il est vrai que le surréalisme prônait la dislocation des procédés traditionnels de la poésie française. Mais parce que le Négro-africain se sert de l'instrument linguistique français, il ne peut être véritablement poète s'il ne respecte les éléments du génie permanent de la langue française. Sinon, il y a crime contre la poésie.

Heureusement que dans la déprimante grisaille des œuvres de la nouvelle génération portent témoignage de l'avenir le nom et la stature (hélas tôt disparue) de David Diop. Ses poèmes restent « l'expression violente d'une conscience raciale aiguë. Mais sans nul romantisme dans l'expression. Ce qui les carac-térise, c'est la sobre vigueur du vers et un humour qui cingle comme un coup de fouet bref ». A ses camarades d'âge, David Diop continue d'enseigner que la poésie ne doit pas se moquer de la vérité, de la réalité, de la raison et de la logique. Aucune concession gratuite à la négritude sinon qu'elle a été seulement un point de départ, l'ébauche du « signe fraternel qui viendra nourrir le rêve des hommes ». Les nouveaux poètes négro-africains doivent se persuader que l'art poétique n'est pas générateur de migraines pour le cerveau de qui cherche à en pénétrer les beautés et la substance. Il ne doit pas signifier ennui, non plus. Des tempéraments de poète aussi authentiques que ceux de Lamine Diakhaté et Paulin Joachim (s'ils acquièrent une con-science sociale et historique et s'ils se détournent de l'influence senghorienne), Amadou Moustapha Wade et Nénékhaly Camara, pour ne citer que ces noms parmi d'autres, ne doivent pas faire désespérer de ce renouveau de la poésie négro-africaine d'expression française.

***

Ecrite dans une langue d'emprunt, mais traitant d'expériences vécues cependant étrangères aux peuples qui la possèdent de naissance, la poésie négro-africaine d'expression française atteint-elle le public français ? Même quand elle atteste des qualités comparables à celles des meilleurs poètes français, comme cela peut être le cas pour Césaire, Senghor, Dadié, force est de reconnaître qu'elle ne rencontre qu'un succès d'estime limité à une catégorie de personnes cultivées et curieuses des choses d'Afrique. Or, nous avons dit que rarement elle acquérait une audience même auprès du public africain nourri de culture française dans la mesure où sa portée se réduisait à un horizon et un univers personnels, ceux du poète, et que les expériences vécues ou non dont elle se faisait l'écho demeuraient étrangères à la grande masse des Africains.

Dans ces conditions, il est difficile de situer l'intérêt de la poésie négro-africaine, de lui prédire une évolution meilleure. Pour conserver quelque chance de survie, elle doit viser d'abord à atteindre une haute qualité stylistique : ce n'est pas trop demander aux poètes négro-africains que de leur conseiller la recherche de la maîtrise de la langue. Ce n'est pas les encourager à renier leur personnalité propre que de leur recommander un retour aux sources des formes et des genres traditionnels négro-africains. Un des grands défauts de cette poésie est qu'elle manque, à l'heure actuelle, de variété ; et rien ne ressemble à un témoignage sur la négritude ou le colonialisme. Cependant, même un thème peut se traiter de plusieurs manières dans plusieurs genres littéraires différents : l'exemple des griots traditionnels est à méditer, et à retenir la nombreuse diversité de leurs moyens d'expressions. Que l'on juge l'œuvre de Nicolas Guillen, élaborée au contact des formes traditionnelles de la musique cubaine, ou encore celle d'un Fédérico Garcia Lorca ou d'un Aragon puisant constamment l'un dans le folklore gitan, l'autre dans l'ancien fonds culturel français, tant pour renouveler leur langage poétique que pour reculer les limites temporelles et spatiales de leur imagination. Et qu'apprécie-t-on dans le contenu de leurs poèmes, sinon l'inépuisable richesse de la vie, la vie sociale comme la vie personnelle, qui apporte avec chaque instant nouveau une expérience nouvelle, qui reproduit le mouvement même du monde ou se modèle sur lui avec ses lignes droites et ses brisures, ses chutes ou ses envolées, ses avancées ou ses retours. Devant une matière aussi riche, l'individu doit se sentir humble et le poète négro-africain plus que tout autre, qui possède des droits et des devoirs à interroger et à mettre en cause l'histoire.

Mais les poètes négro-africains doivent-ils se contenter de succès auprès d'audiences étrangères ? Sont-ils condamnés à renoncer au dialogue avec leurs peuples, avec les grandes masses de leurs concitoyens ? Je crois qu'intervient ici leur plus grande responsabilité historique : ils doivent préparer l'avènement d'une véritable poésie nationale négro-africaine en langues africaines. L'effort de recherche commencé par une prise de conscience linguistique qui doit permettre une révolution à opérer dans ces langues grâce à l'adoption de transcriptions en alphabet gréco-latin. La tâche n'apparaît pas surhumaine si l'on considère que la plupart des poètes négro-africains sont de formation universitaire. Auparavant, il importe qu'ils aient revivifié leur connaissance des langues d'Afrique, en assimilant le génie le plus intime de celles-ci. Nul doute qu'ils ne réussissent alors à créer des œuvres de qualité certainement meilleures que leurs productions en langue française, car nous savons d'expérience combien est difficile et pénible l'alchimie poétique par laquelle nous essayons de communiquer, par le canal d'un verbe étranger, le message littéraire que nous connaissons dans nos langues et que nul d'entre nous ne saurait traduire, bridant ce faisant le processus de nos créations ! C'est là, du reste, un phénomène commun à toutes les langues, car la poésie ne se laisse traduire que dans une insuffisante approximation.

Cette étape atteinte, ces progrès réalisés, le poète négro-africain se trouvera devant son véritable juge : le peuple négro-africain.

5

Les poètes antillais et la négritude

Edmond Ferly

C'est vers les années 30, à la suite de la crise intellectuelle que traversait l'Occident, remettant en question la tradition gréco-latine, que naquit la négritude. Cette inquiétude intellectuelle poussa poètes, écrivains et artistes occidentaux à se tourner vers les valeurs spirituelles ultra-marines, et comme l'écrit le philosophe et historien Mircéa Eliade « la culture européenne fut obligée de compter avec d'autres voies de connaissance, avec d'autres échelles de valeur que les siennes » pour ne pas se cloisonner dans un provincialisme stérilisant ».

C'est donc au contact de cette révolution intellectuelle européenne que des étudiants noirs antillais et africains allaient mettre en route leur propre révolution culturelle, qu'ils allaient redécouvrir les valeurs culturelles de la civilisation négro-africaine. La négritude donc est née, nous pouvons le dire avec certitude, de l'ébranlement même d'un système : le système colonial qui, ne l'oublions pas, avait été dénoncé dès 1926 à Berlin où s'étaient réfugiés les premiers nationalistes des empires français, britannique et néerlandais, et en 1927 à Bruxelles où se tint un congrès des peuples opprimés.

Il fallait donc pour que fut posée la question nègre que ce système soit arrivé à un degré de dépérissement. Certes, certains Européens, peut-être de bonne foi, avaient essayé de poser le problème nègre et s'étaient même fait les avocats de la cause nègre. Mais la négritude étant un jaillissement venant de soi, il appartenait aux Négro-africains eux-mêmes d'en faire un acte personnel, de marquer eux-mêmes leur « identité et leur singularité ».

Parmi les poètes antillais qui, à côté des Africains et des Malgaches, militèrent au sein de ce mouvement, on cite volontiers les noms de Etienne Léro qui, mort prématurément, n'a pu totalement jouer le rôle qui lui semblait dévolu, de Aimé Césaire, de Léon Damas, de Georges Deportes, Guy Tirolien, Albert Beville (Paul Niger) et aussi Jacques Roumain, poète et romancier haïtien ayant vécu assez longtemps en France.

Pour mieux comprendre le rôle qu'allaient jouer ces écrivains et poètes antillais dans la littérature antillaise d'expression française, il est bon de rappeler que jusqu'alors les poètes antillais se contentaient de travailler à des sonnets impeccables, ils se limitaient à une imitation passive des parnassiens, des symbolistes. Ils exhibaient une poésie enflée de doudouisme romantique, une poésie qui passe à côté du peuple antillais, d'ailleurs ils n'avaient que faire du peuple puisque, pour la plupart, ils étaient issus de la bourgeoisie locale.

Ainsi donc, refusant désormais l'imitation pure et simple des Européens, ces Antillais et leurs camarades africains décidaient de rompre avec les traditions d'emprunt et de promouvoir une poésie nouvelle capable d'affirmer les valeurs culturelles de la civilisation négro-africaine qu'ils venaient de re-découvrir.

Mais refuser l'assimilation culturelle n'était-ce pas en même temps poser le problème politique ? (car la politique est un aspect de la culture et vice-versa et nous pensons en outre que dans le cadre du système colonial, il serait bien difficile de séparer le culturel du politique). Autrement dit, la négritude pouvait-elle se borner à être «un genre littéraire, un art poétique même quand cet art incarne la révolte». Ne se devait-elle pas de caractériser la protestation et l'émancipation d'une race asservie en tant que race ?

D'ailleurs, comme l'a dit récemment Senghor lui-même après beaucoup d'hésitation, les pionniers de la négritude furent bien obligés de reconnaître que révolution culturelle et révolution politique sont complémentaires.

Ainsi, la négritude allait-elle témoigner du nègre, être historique = être social, être politique.

Quand on parle de la négritude aux Antillais, un nom jaillit spontanément, celui d'*Aimé Césaire*.

La poésie de Césaire qui d'emblée se pose comme l'héritier d'Etienne Léro devait précipiter la marche de la négritude. Son œuvre maîtresse à notre avis *Cahier d'un retour au pays natal* est véritablement « ce ruban de dynamite dont parle Léro et qui finit plus ou moins tôt, plus ou moins tard, d'exploser à l'intérieur d'un individu « Nostalgie, incantation, poème, gonflé par les pulsations du tam-tam. Poème où les mots éclatent à chaque phrase. Poème où les Antilles vivent pour une fois au rythme de l'Afrique. Poème où transparait la sensibilité exacerbée du poète. Expérience poétique enfin, extra-européenne bien que gardant les empreintes du surréalisme de Léro. Le *Cahier d'un retour au pays natal* est un véritable cri du cœur où la misère antillaise est dévoilée, mise à nu à la face du monde. Mais Césaire va plus loin, sa poésie se veut la conscience de la révolte d'un peuple.

« et de moi-même mon cœur ne faîtes
ni un père ni un frère
ni un fils, mais le père, mais le frère
ni un mari mais l'amant de cet unique peuple ».

Sa négritude ne se cantonne pas aux « Antilles grêlées de petite vérole, aux Antilles dynamitées d'alcool », elle se veut totale, elle se veut celle de tous ses semblables. Plus, Césaire veut témoigner pour « l'homme juif », pour l'Hindou, pour le Nègre de Harlem qui ne vote pas. Il veut témoigner pour tous ceux qui sont spoliés, insultés, torturés. Et c'est là le grand mérite de Césaire d'avoir su passer du particulier au général. Sa condition l'identifie à celle de tous les opprimés, les humiliés « il n'y a pas dans le monde un pauvre type lynché, un pauvre homme torturé, en qui je ne sois assassiné et humilié » dira le rebelle dans *Et les chiens se taisaient* et encore *Ma race : la race humaine, ma religion : la fraternité*. Mais si nous louons le poète du *Cahier d'un retour au pays natal*, des *Armes mira-culeuses* et l'auteur du *Discours sur le colonialisme*, nous ne pouvons pas ne pas regretter que l'engagement politique et surtout poétique de Césaire n'ait pas suivi jusqu'au bout son chemin.

Nous avons peine à penser que Césaire ait été si perméable à ces tiraillements qu'il invoque pour justifier sa rupture avec son parti, qu'il ait été désemparé au point de nous donner *Fer-rements* qui, à notre avis, n'est pas autre chose que sa faillite idéologique, que l'aveu de son échec et de sa semi-abdication. Serait-il donc vrai que « l'expression politique de la poésie de Césaire s'arrête aux *Armes miraculeuses* » ?

Ceci dit, il n'est pas moins vrai que Césaire est et restera un des plus grands poètes antillais de tous les temps et que son œuvre continuera pendant longtemps encore à influencer celle de nos jeunes poètes.

Mais alors, une question se pose : l'œuvre de Césaire, dont on a dit qu'elle était une création de génie, a-t-elle éveillé dans son peuple l'écho qu'elle aurait dû avoir ? Elle a certes permis la prise de conscience d'une grande partie de l'élite antillaise, mais comme le dit si justement Cheikh Anta Diop, le véritable support de la culture est la langue. Or, le colonisateur a tenu la masse antillaise trop loin de son langage et par conséquent trop loin de l'auteur du *Cahier d'un retour au pays natal*, empêchant ainsi tout dialogue entre le poète et son peuple.

Mais si nous sommes conduits à constater aujourd'hui l'échec ou la faillite idéologique de Césaire, faut-il par contre-coup en déduire la faillite de la négritude ?

Le moment est venu de répondre à deux questions essentielles qui selon nous se posent dans l'immédiat. Il s'agit de faire un bilan, un inventaire.

a) La négritude a-t-elle servi la cause des peuples négro-africains dans leur lutte libératrice ?
b) Ce mouvement répond-il encore aux impératifs de la lutte au stade de l'émancipation de ces peuples ?

Nous répondrons oui, sans hésiter à la première question, dans la mesure où ce mouvement s'est avéré nécessaire à la prise de conscience d'une large partie des populations des pays opprimés, oui aussi dans la mesure où ce mouvement, lié à l'anti-impérialisme, a su déborder le cadre de l'anti-racisme et poser sans ambiguïté le problème de la pauvreté, de l'analphabétisme, de l'abâtardisement, du racisme social et politique dont souffrent les hommes de couleur, dans la mesure aussi où il a su dénoncer les inégalités, l'exploitation et le travail forcé qui faisaient (et font encore dans certains pays) de ces hommes des êtres en marge de la société. Dans la mesure aussi où la négritude étant acceptation du passé revalorisé, a pu être génératrice de valeurs nouvelles.

A la deuxième question, nous répondrons que dans une large mesure l'actualité de la négritude demeure à cette époque où le système qui l'a engendrée reste vivace à bien des égards. Nous pensons que son aspect idéologique devrait s'exercer encore longtemps après que les pays dominés auront obtenu leur indépendance, c'est-à-dire après l'état de dépendance des races.

Nous avons dit que la négritude ne devait pas et ne pouvait pas se borner à être un art poétique « même quand cet art incarne la révolte ». Dans cette voie, elle (négritude) irait infailliblement à l'immobilisme. Or, c'est bien de révolution qu'il s'agit et une révolution ne peut s'accomplir dans des formes figées. La négritude doit donc se dépasser, elle doit être à la fois révolte et lutte. Nous pensons qu'il est temps que nos écrivains et nos poètes dirigent leurs œuvres vers un véritable réalisme révolutionnaire, ce qui implique forcément une responsabilité, un engagement des écrivains et poètes antillais vis-à-vis de la société à laquelle ils appartiennent.

Il nous semble impératif d'insuffler un sang nouveau à la poésie antillaise ; elle doit puiser son inspiration à la source même, devenir nationale, tout en restant une poésie large, universelle, une poésie au-delà des frontières, une poésie qui irait rejoindre celle de Pablo Neruda et de Nazim Himket ou de Nicolas Guillen. Et il semble intéressant d'avancer ici le nom de Jacques Roumain, poète et romancier haïtien disparu alors qu'il était en pleine possession de son art. Il aurait été capable de nous donner cette poésie qui pointait déjà dans son œuvre.

Avec Jacques Roumain, la négritude n'était pas uniquement prise de conscience de soi, elle était devenue révolte contre la réalité de l'oppression. Peut-être parce que depuis bien longtemps en Haïti, la misère des Noirs se confond avec la misère du prolétariat, de la petite paysannerie, peut-être parce que depuis longtemps de telles réalités objectives existent là-bas, Jacques Roumain était allé plus loin.

Dans ses poèmes et dans son remarquable roman *Gouverneur de la Rosée*, il avait dépassé l'aspect idéologique de la négritude et l'avait porté sur le plan de la lutte des classes. C'est à cela que nous pensions quand nous disions tout à l'heure que l'aspect idéologique de la négritude devait s'exercer même après l'état de dépendance des races, et la négritude se devra, c'est du moins notre avis, de se dépasser pour se tourner contre la bourgeoisie de couleur.

Il est regrettable que Césaire persistant dans son expé-rience personnelle n'ait pas su ou voulu (ce qui est étonnant pour un poète qui se dit marxiste) suivre cette voie, celle-là même qu'après Jacques Roumain, Depestre et J.S. Alexis semblent avoir empruntée (nous nous excusons ici de citer J.S. Alexis qui est romancier et non poète, mais nous croyons que les mêmes problèmes ou à peu près se posent pour le roman et la poésie aux Antilles).

Il faut désormais à la négritude un engagement total. C'est cela qu'avait fait Jacques Roumain. Nous ne saurions revenir en arrière.

« Afrique, j'ai gardé ta mémoire, Afrique tu es en moi »
dit-il, mais plus loin :
« Je ne veux être que de votre race ouvriers, paysans
de tous les pays
et la plaine sera l'esplanade d'aurore
Ou rassembler nos forces écartées
Par la ruse de nos maîtres.

Et encore :
« Nous proclamons l'unité de la souffrance et de la révolte
de tous les peuples sur toute la surface de la terre
et nous brassons le mortier des temps fraternels
dans la poussière des idoles ».

Nous croyons fermement qu'à l'image de la poésie de Jacques Roumain, la négritude doit désormais s'insérer dans la lutte que mènent tous les opprimés pour changer leur condition, dans la lutte qu'ils mènent pour gagner le droit de vivre en homme.

Et nous pensons que l'on a eu raison de dire que « depuis Roumain, la négritude n'avait pas lancé de message plus lucide et plus prophétique ». C'est ici qu'à notre avis intervient le rôle d'avant-garde de la poésie en période révolutionnaire.

Ele doit être désormais un instrument forgé pour la lutte ; à elle revient le rôle d'exprimer ce que la révolution rejette, ce qu'elle entend conserver, ce qu'elle veut voir créer.

La négritude ne saurait se contenter d'être une fin en soi ou alors elle manquerait sa vocation. La poésie antillaise, après avoir apporté sa contribution à l'abolition de la domination d'une race par une autre doit maintenant porter sa lutte sur un autre terrain, celle de la lutte des classes, et c'est uniquement dans cette mesure qu'elle oeuvrera pour l'édification de la « civilisation de l'universel » si chère à Senghor.

Ne plus se contenter d'affirmer les valeurs nègres mais combattre partout la misère, l'analphabétisme, lutter pour l'élévation du niveau de vie des masses et pour leur apporter la culture sera selon nous le témoignage d'une solidarité effective.

Nyunaï, jeune poète africain, avait-il entendu le cri de Jacques Roumain ? Ces quelques vers que nous reproduisons ici nous semblent remplis de la même générosité.

« Je n'ai pas peur de souffrir.
Ce que je souffre sera autant de souffrance arrachée à la
Souffrance générale
Ce sera ma part de contribution
Pour que l'humanité souffre moins ».

Nous ne terminerons pas cependant sans avoir dit un mot des autres poètes antillais. Tirolien et Béville (Paul Niger) qui ont rejoint les rangs de la négritude aux premières heures, l'un et l'autre administrateurs en Afrique ont pu replonger aux sources mêmes de la négritude. Cependant, à travers les quelques poèmes que nous leur connaissons, l'œuvre de Béville nous a paru plus engagée *Casino mi moin* est un poème qui mériterait d'être connu aux Antilles car il situe bien à notre avis le problème de la bourgeoisie et de l'élite intellectuelle. Néanmoins, bien que ces deux poètes aient peu publié, nous les croyons capables de fournir des œuvres susceptibles d'éclairer les nouveaux chemins qui doivent amener la négritude à destinée.

Notre propos ne concerne pas le roman, nous dirons seulement que chez Edouard Glissant, jeune écrivain et poète martiniquais, nous préférons le romancier d'autant plus qu'avec la *Lézarde*, nous avons eu enfin le premier roman révolutionnaire des petites Antilles, une œuvre digne d'un écrivain engagé dans la lutte émancipatrice de son peuple. Une œuvre, disons-le, de gauche. Parmi les poètes guadeloupéens, un autre jeune, Gérard Delile, dont le premier recueil de poèmes *Rapsodie antillaise* vient de paraître semble lui aussi être en pleine possession de son talent. On ne peut décemment juger un poète sur une seule œuvre ; cependant, nous pensons que la *Légende des siècles matéria-listes* qu'il nous a promis ne décevra point les espoirs que permet ce premier recueil.

6

Essai sur la poésie africaine

Henri Lopes

Le problème africain est sans conteste dans les jours que nous vivons un problème politique. Cela explique pourquoi l'étudiant africain accorde dans sa vie une place primordiale au politique. Mais il ne laisse pour autant pas d'avoir conscience que cette politique n'est pas faite pour elle-même.

C'est une politique mise au service d'une vie meilleure, une vie où l'organisation sociale de l'Afrique si longtemps bafouée permettra à chacun d'accéder au patrimoine culturel ; ainsi, pourrons-nous apporter une contribution solide à la pensée universelle des peuples.

C'est pourquoi, on ne saurait trop faire d'éloges à l'initia-tive de notre Fédération qui s'est donnée le mal d'organiser un séminaire sur la littérature négro-africaine et la politique. Car à ceux qui pensent que le titre de notre séminaire révèle un engour-dissement dans notre lutte anti-colonialiste, répondons avec l'écrivain algérien, Henri Kréa :

« L'on sait que la culture est l'ennemi numéro un du colonialisme comme du nazisme dont on ne voit pas la différence formelle autant que quotidienne ».

Et Kréa ajoutait :

« car ce postulat est irréfragable : seul un peuple libre peut avoir une culture libre ».

L'histoire nous enseigne que la liberté ne s'acquiert pas sans lutte organisée.

Nous essaierons donc ici de brosser à grands traits une esquisse de manifeste (si le terme n'est pas trop prétentieux) pour une jeune poésie africaine et combattante. A cet effet, nous nous servirons de ce qui a déjà été écrit par d'autres poètes noirs qui ont perçu le sens dans lequel l'on devait se diriger. Ainsi, je citerai beaucoup Guy Tirolien, dont pourtant j'avais mal compris le message, comme l'atteste un article précédemment écrit.

Enfin, avant de pénétrer au cœur même de notre sujet, je dois souligner tout de suite les limites de mon intervention : elle devrait, pour être vraiment enrichissante, sortir de la bouche d'un poète ou d'un critique. Je ne suis ni l'un ni l'autre. Néanmoins, je serais heureux si ma contribution apportait des solutions constructives aux problèmes que se posent nos griots contemporains.

Ce qui me frappe d'abord est :

I. La situation particuliere de notre poesie, sans examen de laquelle on risquerait de se maintenir dans de vaines generalites.

1. Il y a un problème d'expression

La beauté d'une poésie vient souvent de la beauté des vers, ce qui veut dire que le poète a disposé avec goût des mots de sa langue natale. Or, il arrive dans notre pays que l'élite intellectuelle qui chante des poèmes ne sait plus bien parler sa langue natale. Le saurait-elle qu'elle verrait son message circonscrit aux frontières d'une région de l'Afrique, alors qu'elle veut s'adresser à tout le continent, à des hommes dont la langue diffère. Et il faut avouer que c'est là un drame bien tragique : pour chanter les tornades tropicales, pour évoquer les rives congolaises ou la souffrance du docker de Dakar, nos chantres sont obligés d'user de la langue gauloise du paysan des bords de la Loire, qui sert aussi aux « paras » à donner le signal de l'assaut contre les soldats de l'ALN ou contre les soi-disant « terroristes » de l'UPC. Ecoutez comme le poète haïtien, Léon Lalleau, a su traduire ce drame :

« Ce cœur obsédant, qui ne correspond
Pas à mon langage ou à mes costumes,
Et sur lequel mordent, comme un crampon
Des sentiments d'emprunt et des coutumes
D'Europe, sentez-vous cette souffrance
Et ce désespoir à nul autre égal
D'apprivoiser avec des mots de France,
Ce cœur qui m'est venu du Sénégal ? »

Thème que reprend son compatriote Jean F. Brière en constatant :

« Nous avons désappris le dialecte africain,
Tu chantes en anglais mon rêve et ma souffrance
Au rythme de tes blues dansent mes vieux chagrins,
Et je dis ton angoisse en la langue de France ».

C'est là une situation de fait qu'il faut regarder en face. Et on comprend que certains trouveront ridicule le poète noir, voulant coloniser à toute force, pour mieux la manier une langue qui n'est pas la sienne. C'est en pensant à des situations de ce genre que notre camarade Cheikh Anta Diop, dans un précédent séminaire, avait proposé la création d'une langue fédérale à l'échelle de notre grand continent.

A l'époque, je m'étais laissé tenter par un tel projet. Mais plus ça va, et plus je crains qu'on ne crée ainsi une langue artificielle qui ressemblerait à des formules de mathématiques. Il faut en ce domaine se garder de solution hâtive : aussi bien n'est-ce pas moi, qui proposerait une solution aujourd'hui. Mais je veux simplement faire remarquer qu'une poésie cubaine est née dans la langue espagnole.

Cette langue qu'employaient les soldats de la République Espagnole contre qui combattait José Marti. Et qu'on dise ce que l'on voudra, la poésie de Guillen n'est pas plus espagnole que la poésie de Frédérico Garcia Lorca n'est cubaine. Vous connaissez peut-être aussi cette phrase d'André Breton qui écrivait, dans la préface du *Cahier d'un retour au pays natal* : « Et c'est un nègre qui manie la langue française comme aucun blanc ne saurait le faire ». Et, pourtant, croyez-vous que Breton eût songé, ne serait-ce qu'une seconde, à classer Aimé Césaire dans une anthologie de la littérature française ?

Le problème de l'expression pour une poésie africaine se double du problème de la tradition qui est en fait le même. Virgile employait l'hexamètre comme forme rythmique ; ceux dont nous parlons la langue ont adopté d'abord l'alexandrin, le sonnet, etc., puis le vers libre. Ils avaient des raisons pour cela. Mais nous, pourquoi nous contenir dans leurs formes d'expression poétique ? Même quand nous employons les vers libres, ne sommes-nous pas encore colonisés par la poésie française ? A la vérité, nous savons pourtant que quand un Africain brut dit une phrase française, il ne s'arrête pas au même endroit que le Français pour respirer. Mais nous n'avons pas de tradition littéraire.

Notre poésie était dans les contes, dits le soir au coin du feu, sous un fromager ou un manguier, elle était dans les chants, mais pas dans lettres imprimées. De cela aussi, nous devons tenir compte et voir quel parti nous pourrons en tirer. C'est de cela que dépend la réceptabilité du poète auprès de la masse. Et nous voilà conduit à examiner :

2. Le problème du public

Le poète devra toujours se demander pour qui écrit-il ? Est-ce pour des Africains, est-ce pour des Français ? Et il n'y a pas deux solutions : le poète africain qui ne sera pas compris par le peuple africain, ne pourra l'être par le peuple français. Notre public ne lit pas notre poésie, parce que c'est un public colonisé, à qui on a refusé d'apprendre à lire et qui ne sait pas les mots difficiles qu'emploient Césaire. René Depestres l'a très bien dit :

« Dis-leur que mon peuple ne sait pas lire l'heure sur une montre
Ne sait pas que la terre tourne ».

Mais, il arrive que le souci d'être connu l'emporte et que l'on voit des écrivains écrire, pour le public français, pour un éditeur, pour un prix littéraire, et non plus pour le paysan africain. C'est d'autant plus vrai, que souvent les écrivains noirs n'ont pu écrire librement, qu'en exil, loin de leur peuple, comme le raconte P. Abrahams dans *Je ne suis pas un homme libre*. Mais un simple constat de ces difficultés ne saurait en rien faire avancer les choses ; aussi dans une deuxième partie, essaierons-nous de proposer quelques voies où nous souhaiterions voir s'engager les poètes noirs.

II. Ce que doit etre une poesie africaine

Le vrai poète est celui qui peut me faire rêver. Mais je n'ai, pour ma part, rêver qu'à une seule chose : la vie. C'est pourquoi, je demande à la poésie africaine d'être vivante, comme l'est notre musique. Et la vie du XXème siècle, c'est bien la naissance des peuples sur la scène mondiale, de même qu'une connaissance plus grande, plus profonde aussi entre les peuples et entre les nations. Et si j'étais une muse, je dirai à nos bardes :

« Poètes, prenez vos balafonds, vos tam-tams et vos guitares,
et soyez d'abord indépendants et africains, ensuite universels ».

1. Une poésie indépendante et africaine

Parallèlement à la décolonisation politique, il faut une décolonisation poétique : résolument disons « non » à l'exotisme. Débarrassons-nous des schémas qui encombrent les esprits. Plus d'Afrique de carte postale, qui font se pâmer d'admiration les élégantes des salons du XVIème arrondissement. Ce sont les colonialistes qui nous faisaient chanter «Adieu foulard, adieu madras» ou bien encore « C'est nous les Africains qui revenons de loin ». Jacques Roumain a dit :

« Nous ne chanterons plus les tristes spirituals désespérés ».

Et il y a ce poème de Guy Tirolien qui est à lui un manifeste contre les oripeaux et les clinquants de l'exotisme :

« Nous, nous ne chanterons plus les défuntes romances
que soupiraient jadis les doudous du miel
déployant leurs foulards sur nos plages de sucre
pour saluer l'envoi des goëlettes ailées.

Nous ne pincerons plus nos plaintives guitares
pour célébrer Ninon ou la belle Amélie,
le cristal pur des rires, le piment des baisers,
ni les reflets de lune sur l'or des peaux brunes.

Nous ne redirons plus ces poèmes faciles
exaltant la beauté des îles fortunées,
odalisques couchées sur des tapis d'azur
que caresse l'haleine des suaves alizés.

Nous unirons nos voix en un bouquet de cris
à briser le tympan de nos frères endormis ;
et sur la proue ardente de nos îles,
les flammes de nos colères
rougoieront dans la nuit en boucans d'espérance.

Nous obligerons la fleur sanglante du flamboyant
à livrer aux cyclones son message de feu ;
et dans la baie bleutée des aubes caraïbes
nos volcans réveillés cracheront
des mots de soufre.

Mais forts de la nudité riche
des peuples sans racine
nous marcherons sereins
parmi les cataclysmes ».

Lorsque dans les écoles, on expliquera à nos enfants la poésie africaine de notre époque, il ne faudra pas qu'ils aient l'impression qu'elle n'est qu'un prolongement poétique de la métropole. Nos poètes sont les ingénieurs grâce auxquels la jeunesse de l'Afrique n'aura plus honte de découvrir le monde qui l'entoure, sans lunette européenne, avec des yeux africains. Avant la Vénus de Milo, avant « Jeanne, la bonne lorraine », avant les couchers de soleil sur la campagne d'Ile de France, il faudra lui apprendre à aimer les belles amazones qui défendirent Abomey, le pas de sa camarade qui va à la source une calebasse sur la tête, et la terre rouge du bord de l'Oubangui où les marabouts viennent boire au soleil. Tout un univers qui n'a pas été chanté doit être dévoilé à l'Africain par le poète africain. Cela permettra une rencontre du peuple et du poète. J'aime à répéter ces mots de R. Rolland qui résument ce que je viens de dire :

« Il est bon que l'humanité rappelle au génie : qu'y a-t-il pour
moi dans ton art ? S'il n'y a rien, va-t-en ».

Il faut que les poètes donnent aux paysans africains qui luttent contre l'impérialisme des Marseillaises et des Chants du Départ. C'est pourquoi, je veux remercier ici notre camarade Pierre Bamboté d'avoir écrit les vers suivants :

(p.30 et 31)
« Nous ne voyons pas le soleil Liberté
Qu'avons-nous fait
Ils ont assassiné encore nos frères, les Docteurs Malan
Avec leurs hommes buvant tous les jours du café, du thé au lait
On nous assassine, on continue
Sur les mains et sur les genoux, nous avançons Peuple noir,
Courage.
On nous entend. On arrivera.
Nous crions ton nom Soleil Liberté
Chaque aube qui se lève à chaque aube, nous rampons
Sur les feux ardents ».
« Guinée Guinée O courage Guinée, Sékou Touré courage
Capitaine
Les forces du passé, ceux qui nous ont tant humiliés,
Livrent un combat d'arrière-garde
Le désespoir est mauvais conseiller
Rien n'est plus dangereux que les coups de boutoir
d'une bête acculée
Le peuple chez nous crève sous les impôts, et n'a jamais

eu de beaux jours
La France nous fait tuer par les Allemands, tuer les autres,
N'avaient-ils eu cinq millions de blessés, dix millions
de morts...
Oubangui, mon pays, ma République qui va fleurir,
sans multiple ombre, sans obsédés, pédés des fous,
des fous, des élucubrations, des ruisseaux,
sans frénétiques, grimaces,
ma sœur, tu ne seras pas l'hétaïre toi, qui tire
des flèches de tous feux,
Aujourd'hui l'amour est sous le double coup de fusil,
d'une menace sociale, individuelle,
Nous sommes fatigués de leurs baisers loin de nous
Nous chanterons l'épopée d'amour
Que les corbeaux se lèvent et s'égaillent,
Plus de tourniquet multiple avec plus il y aura d'affamés
plus cher sera mon riz mon blé
Plus de pierres tumulaires que de la juste mort, acceptée
Et des poussées dans le dos un pauvre homme vers la
lunette de son sort
Et des jeux de football, jours d'ennui, les pieds bien
bottés, avec le ballon des crânes des fellagas, quand
la balle a éclaté, on en prend une autre
C'est-y marrant, c'est-y folichon, de mettre de la cervelle
dans les petits pois des paras
Paix respect amitié
Nous autres, par-dessus toutes les douleurs devant
nature, aimons le frère,
Côté soleil le vent qui vient de l'est souffle
Le vent d'ouest nous a tout démolis, tout pris
Il a réveillé notre haine, merci, nous a ouvert notre
cœur à la justice
L'injustice plus brûlante à notre cœur que le diamant fond,
Côté soleil, nous bâtirons sur la valeur de la tête,
et sur la valeur des mains.
Les mains de l'homme pour la première fois de l'histoire
ont touché la lune,
Côté soleil, le riz est levé
Quelque part la moisson de l'orge bat son plein, cent
quintaux de blé à l'hectare, les moissonneuses-batteuses
ont de quoi manger, avec la paille, des jours durant,
Cent millions de tonnes de lait, trente sept milliards
d'œufs par an, nous mangerons trois fois par jour, mais bien
Les saints de glace sont tenus en échec depuis longtemps,
également la lune rousse, également d'autres lunaisons,

> depuis longtemps tenues en échec, face aux champs
> Comme on est jeune, on travaille à peine,
> Nous aurons notre maison dans deux ou trois ans
> Et tu n'auras pas chérie pour travail avec de l'huile
> de palme ou du beurre pour oindre le soir mon corps et
> mes pieds pour me faire dormir,
> tout penchant de côté, en rêvant,
> Frère, tu ne seras pas cette souche
> Tu connais le prix de la liberté, et de nos larmes ».

Le poète doit aussi restaurer tout le patrimoine que nous ont « laissé nos parents » et que les colonialistes taxaient de sauvagerie et barbarie. Tout n'était pas mauvais dans nos vieilles sociétés. Il y avait de beaux empires, dont on oubliera le souvenir, si des chants ne les fixent pas dans les mémoires. Il y avait les Samory, les Béhanzin, les Kibamgu et les Lumumba, dont le souvenir sera comme un fortifiant devant les agressions. Ces exemples, c'est aux poètes qu'il appartient de les populariser. Voyez comme un communiste, Aragon, a su chanter les héros de la France féodale, aux temps de l'invasion hitlérienne. Voyez comme les Soviétiques ont ressuscité Alexandre Newski devant la menace allemande. Est-ce à dire qu'exaltant le patriotisme, la poésie doive devenir chauvine ? Non.

2. Elle doit être universelle

Les grands poètes sont ceux dont l'âme vibre pour toute l'humanité. Et c'est ici que se pose le problème de savoir si la négritude est encore d'époque. Gardons-nous de jugement trop catégorique qui nous rendrait incompris de la génération qui nous suivra.

Replacé dans son contexte, le thème de la négritude n'a rien en soi de condamnable. Mieux, je défie quiconque de faire de *Et les chiens se taisaient* et du *Cahier d'un retour au pays natal* une utilisation contre-révolutionnaire.

Ainsi, bien que Césaire ait renié une grande partie de son passé politique, l'année dernière A. Malraux (qui aujourd'hui est pourtant en bons termes avec Césaire) a refusé à une troupe des subventions, parce qu'elle voulait jouer *Et les chiens se taisaient*. Mais nous devons vivre avec notre temps, même quand on est poète.

La négritude doit être dépassée. Notre douleur n'est plus le fait du racisme, mais de l'impérialisme. Il faut faire éclater le cadre de la négritude, car dans la lutte de ce qu'on appelle « le Tiers-Monde », la solidarité fait litière de la couleur de la peau : quoiqu'en dise le réarmement moral, un Tchombé n'est pas notre frère (même s'il est noir jusque dans l'âme) et Fidel est bien le frère de Lumumba. Guy Tirolien a déjà averti Césaire, dans un poème qu'il lui a dédié, du danger que l'auteur du *Discours* encourait en se cantonnant dans la négritude : écoutons donc ce qu'il luit dit :

« Un jour tu comprendras que ta musique est morte

et qu'il n'est plus d'oreille que tu puisse séduire.
Ta …
… Sur la vieille guitare des sentiments humains
est-il des cordes sourdes au baiser de nos doigts ?
Tire de ton balafong la chanson de ton sang ?
Ensemence ta nuit, et les chiens se tairont ».

C'est-à-dire qu'une poésie véritablement patriotique ne peut être insensible aux grands courants qui brassent l'humanité et que, au lieu de déboucher sur le chauvinisme, elle aura des accents internationaux. Si les sujets que traitent les poètes africains sont les problèmes qui tracassent le paysan et l'ouvrier africain, les soucis des mères de notre pays qui ne savent comment elles nourriront leurs bébés demain, ces sujets seront compris par le monde entier. Ces problèmes ne sont pas africains, ils sont mondiaux. La paix du monde en dépend. Un proverbe arabe le dit très bien :

« Les hommes ressemblent plus à leurs frères qu'à leurs pères ».

Dès 1945, Jacques Roumain a montré le sens international de la lutte anti-impérialiste en s'écriant :

« *Pourtant*
Je ne veux être que de votre race
ouvriers paysans de tous les pays
……………………………………..
Est-ce tout cela climat étendue espace
qui crée le clan la tribu la nation
la peau la race et les dieux
notre dissemblance inexorable ?
Et la mine
et l'usine
les moissons arrachées à notre faim
notre commune indignité
notre servage sous tous les cieux invariable ?

Mineur des Asturies mineur nègre de Johannesburg
Métallo de Krupp durs paysans de Castille vigneron de
Sicile paria des Indes
(Je franchis ton seuil – réprouvé
je prends ta main dans ma main – intouchable)
garde rouge de la Chine soviétique ouvrier allemand
de la prison de Moabit indio des Amériques

Nous rebatirons
Copen
Pabenque

et les Tiahuanaces socialistes

Ouvrier blanc de Détroit péon noir d'Alabama
peuple innombrable des galères capitalistes
le destin nous dresse épaule contre épaule
et reniant l'antique maléfice des tabous du sang
nous foulons les décembres de nos solitudes ».

Oui, la lutte est internationale, tout comme la poésie militante. Tordons le cou à la poésie qui veut pacifier – car l'héritage poétique international est celui de la poésie combattante. C'est Guy Tirolien qui le dit dans un poème :

« Je dirai Beethoven
Sourd
Au milieu des tumultes
Car c'est pour moi
Pour moi qui peut mieux le comprendre
qu'il déchaîne ses orages.

Je chanterai Rimbaud
qui voulut se faire nègre
par mieux parler aux hommes
le langage des genèses
et je louerai Matisse
et Braque et Picasso
d'avoir su retrouver sous la rigidité
des formes élémentales
le vieux secret des rythmes
qui font chanter la vie
Oui j'exalterai l'homme
tous les hommes
j'irai à eux
le cœur plein de chansons
les mains lourdes
d'amitié
car ils sont faits à mon image ».

Il y a tout un héritage international que le poète africain devra mettre au service de son peuple. Pour cela, il devra laisser de côté toute conception de l'art pour l'art, tout développement métaphysique. « La poésie est une délectation de l'âme » avait dit Poussin. Mais l'élixir qui ennivre l'esprit n'est nullement au-delà de la nature, elle est dans la vie réelle et quotidienne.

Il ne faut pas que dans nos jeunes pays, où le colonialisme a dénigré l'instruction, il ne faut pas que le poète soit un mage aristocratique. Sa parole doit être accessible aux plus humbles. Qu'on ne nous fasse pas dire ce que nous n'avons pas dit.

En disant « au service du peuple », nous ne disons pas « l'esclave du peuple ». Il faut simplement se mettre à la portée de nos frères qui n'ont pas eu la chance d'avoir notre instruction afin de les amener à s'élever eux aussi.

Pour cela, aucun développement philosophique n'est nécessaire. Maïakowski disait :

« Mais sans lecture on aurait su comprendre de quel côté combattre et se ranger. Nous la dialectique ne nous vient pas de Hegel ».

Tels sont les commandements que le poète africain devrait sans cesse avoir à l'esprit.

***

Mais cela suffit-il ? Il est clair que non. La poésie restera toujours une affaire de talent et de génie. Le vrai poète n'est pas celui qui dit seulement la vérité. Le poète est aussi celui qui vous émeut, vous tourne la tête, vous transporte et vous donne envie de créer. Peut-être l'Afrique n'a-t-elle pas encore produit de tels individus. C'est qu'un génie ne naît pas n'importe où, ni n'importe quand. Mozart n'aurait pu devenir si célèbre s'il était né dans un pays sans piano, ni solfège. Ainsi de la poésie. Tant que les programmes scolaires de nos pays laisseront de côté le patrimoine culturel, tant que l'enseignement ne sera pas mis au service des véritables intérêts des masses, la poésie et toute la culture africaine en feront les frais. C'est affirmer encore ce que nous disions au début et que nous disons pour clore, notre libération culturelle est liée à notre libération politique.

7

Poésie et politique

Cheikh Aliou Ndao

Il s'agit de savoir quel rôle la poésie a joué dans la prise de conscience du nègre en tant qu'opprimé. En un mot, y a-t-il une résonnance chez le poète Nègre pendant la phase de libération.

Il s'agit aussi d'examiner si les poètes nègres transplantés et ceux du terroir ont pris la même part dans la lutte et comment leur forme de lutte a différé et pourquoi.

Un besoin de clarté nous conduit à préciser certains termes dont nous usons ici. Nous entendons par transplantés tous les nègres descendants d'esclaves dont les ancêtres ont été drainés des côtes d'Afrique vers les lointaines îles.

Quant au terme « souverain », il s'agit de poète faisant partie de nations indépendantes jouissant de tous les droits internationaux.

A) Les transplantes

Bien qu'il y ait dans ce groupe des gens très différents quant à la formation et la culture, on retrouve chez presque tous un point commun : une soif de liberté et de dignité.

Le second phénomène que l'on constate chez ces poètes c'est qu'ils ont gardé un souvenir vivace de l'esclavage. Ils se tournent vers l'Afrique comme le continent de leurs ancêtres, continent qui symbolise la liberté emprisonnée dans les chaînes sur un bateau négrier. Ils se tournent également vers l'Afrique dont on leur a toujours enseigné la barabarie ; et pourtant au grand désespoir des maîtres, non seulement ils se réclament de cette liberté première, mais même de cette sauvagerie. Ces sentiments se retrouvant chez presque tous ces poètes qu'il nous suffise de prendre quelques exemples, quelques types représentatifs de ces écrivains.

1. Les souvenirs

Ici, nous allons grouper trois pays en prenant dans chacun un poète nègre qui sera la somme de toutes les douleurs de ses frères et se fera leur trompette.

Cuba

Cuba nous a donné Nicolas Guillen, ce grand poète, démocrate, ennemi des divers dictateurs cubains qui se sont succédé. La situation de Cuba a prédestiné ses poètes à lever le flambeau de la liberté contre l'impérialisme. Petite île au flanc du monde yankee vouée à ne produire que pour ses maîtres, toujours menacée d'invasions, c'est un foyer révolutionnaire latent. La lutte anti-impérialiste va prendre dans la poésie de Guillèn deux formes.

D'abord, il va y avoir dans l'œuvre du poète nègre une revendication des origines africaines ; cela lui permet d'être le meilleur interprète des souffrances humaines et de la misère.

Si Guillèn appuie tant sur ses origines, c'est pour s'allier à la population la plus déshéritée de l'île : les Nègres. Il veut sans doute se désolidariser de certains mulâtres qui font tout pour supprimer tout lien avec l'Afrique. Guillèn se tourne vers le passé pour accepter « son sang navigable » et s'écrier « je suis le fils, le petit-ils, l'arrière petit-fils d'un esclave ».

Mais, c'est surtout le second aspect de la poésie de Guillèn qui est important. Le poète cubain se fait le porte-parole des ouvriers misérables et des combattants de la liberté. Il n'a jamais cessé de dénoncer les gouvernements cubains qui laissent le pouvoir entre les mains des banquiers de Wall Street. Guillèn n'a pas ménagé ceux que les yankees mettent en place pour défendre leurs intérêts : les dictateurs cubains. C'est ainsi qu'à la mort du syndicaliste Jésus Menèndez, assassiné par le pouvoir policier, il a écrit la plus belle élégie anti-impérialiste. Et cependant, ce qui étonne c'est que tout en menant le combat dans le présent, Guillèn n'a pas oublié une chose : que le rôle du poète c'est de se projeter en avant, de prévoir et d'insuffler l'espoir. Aussi, malgré la torture et la misère à Cuba, Nicolas Guillèn a toujours été persuadé d'une chose, que tôt ou tard le peuple finira par l'emporter. Voici, par exemple, ce qu'il a dit dans *Elégie* à Jésus Menèndez :

« Le voyage fut long et âpre le chemin.
Un arbre a pu grandir du sang de ma blessure
De cet arbre un oiseau chante l'hymne à la vie
Et l'aurore s'annonce au trille que voici ».

Haïti

Ce mouvement de retour aux sources, cette grande mystique de la solidarité de tous les nègres dans la douleur va trouver un écho à Haïti. Et nul mieux que Jacques Roumain n'a pu incarner le rôle du nouveau poète. La poésie de Jacques Roumain n'est pas seulement d'écrire des poèmes de protestations contre la misère de ses frères d'Haïti mais il milite contre tout ce qui rabaisse l'homme.

L'anti-impérialisme de Roumain a montré toute sa force quand la patrie du poète a été occupée par les Etats-Unis. Cet écrivain sensible mais aussi prêt à l'action n'a pu assister sans mot dire au règne policier du dollar, mais si Jacques Roumain lutte et proteste dans son œuvre poétique, ce n'est pas qu'il soit anti-américain, mais c'est parce qu'il est mû par une doctrine universaliste et qui n'est ni anti celui-ci ou celui-là, mais anti-esclavagiste, anti-misère, anti-dictature : le Marxisme. Jacques Roumain est marxiste, c'est pour cela que sa poésie épouse l'action. Ce poète haïtien veut être avant tout un lien entre toutes les souffrances du Nègre qu'il soit en Afrique du Sud, dans l'Alabama, à Cuba ou Haïti.

Comme il le dit dans *Black-Label*, il veut être la trompette de tous les malheurs ; mais, si Roumain lutte pour cette cause, ce n'est pas par défense du Nègre en tant qu'appartenant à un groupe racial, mais plutôt parce qu'il personnifie l'humiliation, la ségrégation, le lynchage et l'exploitation.

Le Nègre est la somme de ce que le poète haïtien hait : la dépersonnalisation de l'être humain. La poésie de Roumain est un dépassement, elle se situe par delà la race, elle est au niveau de l'homme partout où il peine et meurt dans l'injustice. Le poète haïtien n'écrit pas seulement parce qu'il y a lynchage dans le Texas, mais parce que le coolie chinois est brimé, le Malgache torturé, les nationalistes emprisonnés, l'ouvrier blanc exploité. La poésie de libération, mais une libération qui conduit avec certitude vers un meilleur devenir.

Roumain nous dit qu'il y a une solidarité inébranlable entre tous les misérables de la terre. Pour lui, le républicain qui tombe sous les balles franquistes, le syndicaliste cubain assassiné par les militaristes, se trouvent tous sacrifiés pour la même cause.

Il nous faut signaler qu'aussi bien par conviction personnelle que par engagement, Nicolas Guillèn, le Cubain, et Jacques Roumain, le Haïtien, ont participé à la guerre d'Espagne aux côtés du peuple. Ces poètes ont montré qu'il ne peut y avoir de divorce entre la flamme qui pousse un poète au combat par la plume et celle qui le mène au front pour défendre la liberté.

Ce qu'il faut également souligner chez ces deux écrivains, c'est ce sens de l'homme qu'ils ont montré. Ils ont eu la chance de s'étendre aux dimensions des souffrances humaines. Car ils ont su discerner que malgré les diverses formes que peut revêtir l'impérialisme, il reste toujours le même.

Mais quelle va être l'attitude du poète noir américain qui, bien que vivant dans un pays souverain, n'y a pas tous les droits.

USA

Au pays du lynchage et de Jim Crow, le poète ne va-t-il avoir qu'une attitude négative. Va-t-il se complaire dans la douleur de ses frères, se morfondre dans des blues ou des négro-spirituals. L'attitude du poète négro-américain va dépendre de l'environnement social et très souvent des problèmes propres à son état de Nègre du Sud ou du Nord. Il nous sera facile de constater que c'est surtout dans le Sud et le Deep South que le Nègre souffre le plus que la poésie a pris naissance. Cependant, cette poésie, bien que née des conditions dramatiques du Sud, ne pourra s'exprimer qu'avec l'émigration du poète vers le Nord. Nous avons ainsi l'exemple de Richard Wright et de Langston Hughes. Wright étant plus connu comme romancier, nous nous arrêterons à Hughes.

La poésie de Hughes est un miroir de souffrance ; elle nous permet de saisir tout ce que le Nègre américain a essuyé ou continue d'essuyer comme injustice et de la part des Américains blancs en général et dans le Sud en particulier. C'est elle qui résume l'état du Nègre américain ; on y trouve aussi bien la protestation que l'ironie. En effet, le poète négro-américain se venge de Jim Crow en posant le doigt sur l'absurdité de la ségrégation. C'est une poésie mordante et spirituelle. Que veut montrer le poète ? Il veut dire aux Blancs, étant donné que tu m'as déjà décrit dans une telle attitude et que je dois avoir tel comportement, parce que par essence différente de toi, alors je vais prendre cette attitude. Mais, ce sera pour ta ruine ; je vais te narguer. Cette poésie de révolte, souvent déguisée, a aussi un autre visage. Il s'agit du thème de la nostalgie, ce cher thème de l'Afrique des ancêtres. Mais il faut constater qu'à la différence des Nègres des Iles Caraïbes, ce thème est moins net, moins impressionnant chez les poètes nègres américains.

Est-ce parce que les vestiges de l'Afrique ont moins marqué nos frères des USA que les autres. N'est-ce pas plutôt que leur situation tellement dramatique les pousse à ne s'intéres-ser qu'à leur condition actuelle. On peut dire qu'aux Etats-Unis si le thème de la politique se rencontre dans la poésie négro-américaine, ce n'est qu'à travers la lutte pour des objectifs bien définis : dénoncer la cruauté du Blanc en tant qu'être privilégié. Le thème de la race l'emporte sur tous les autres.

A notre connaissance, on remarque moins chez les poètes négro-américains cette critique de l'impérialisme en tant que tel. Ils nous donnent plutôt l'impression de tout faire pour changer non de système mais de s'intégrer. Ce qui intéresse le Nègre américain, c'est d'être accepté par le monde blanc. Et le poète n'est que l'écho de son milieu.

2. Les Antilles

On peut dire que c'est vers les années 38-39, avec la naissance du mouvement de la négritude, que les poètes antillais ont surtout donné leur mesure dans la lutte anti-impérialite.

Avec les Césaire, Léon Damas, il s'agit d'un refus des valeurs dépréciées de l'Occident et de l'affirmation de tout un passé. Ce qu'ils veulent, c'est rompre avec l'assimilation culturelle et retrouver les ancêtres Bambaras.

Le mouvement nègre dans la littérature a voulu montrer et y a réussi que comme on peut parler d'une culture hellénique, romaine, etc. on peut aussi parler d'une culture authentiquement nègre.

Mais, étant donné que cette première génération a fait ses preuves et qu'il n'est plus utile de répéter ce que la culture africaine doit à des écrivains de cette époque, ce qui importe, c'est de se tourner vers les jeunes poètes antillais. Peut-on s'imaginer le déchirement de ces jeunes écrivains qui, nourris à l'école de la négritude, ont été obligés d'aller servir en Afrique les uns comme administrateurs des colonies, les autres comme juges, etc.

Retour aux sources

Pour les Césaire et pour tous ceux de la première génération, l'image de l'Afrique était idyllique. Ils n'ont mesuré le colonialisme qu'à travers les souffrances de leurs frères antillais. Mais quel sort subi par un Paul Niger, Guy Tirolien ou un Lionel Attuly au contact des dures réalités d'Afrique.

Il ne s'agit plus de l'Afrique des contes des grand-mères, de l'Afrique verdoyante du 16ème siècle au départ de leurs ancêtres.
Mais de l'Afrique des
« Naya, abana, makou »
comme le dit Paul Niger.

Quel drame pour ces jeunes profondément anti-colonia-listes, il leur faut transmettre les ordres du gouverneur, faire lever les impôts et peut-être assister, impuissants, au travail forcé. Ce qui va surtout impressionner ces jeunes écrivains sensibles, c'est d'abord leur ressemblance physique avec leurs frères. Car dans leurs lointaines îles, de cœur avec tous les Nègres en souffrance, comment soupçonner qu'ils puissent tant se rapprocher des Wolofs, Bambaras, etc. Mais ce contact avec l'Afrique va leur être salutaire et leur permettre d'écrire leurs plus belles œuvres. Car ils se sont rendus compte que quelque soit la misère, elle n'est rien en comparaison des maladies d'Afrique et de la mort. Ils ont rêvé d'une Afrique des ancêtres et les voilà confrontés tous les jours avec un peuple frustré, démuni, analphabète et décimé par les maladies endémiques. Alors, vont-ils se demander qu'est-ce que le toubab a fait depuis son entrée dans le pays.

Aussi, le combat dans la poésie de ces jeunes écrivains va être plus violent. C'est parce qu'ils ont vu que le colonialisme a dépassé tout ce qu'ils auraient pu prévoir par sa brutalité et sa cupidité. Ils assistent à l'introduction non seulement de moyens perfectionnés d'exploitation, mais à celle de vices que seul le blanc a connu jusqu'ici. Eux qui vivent au jour le jour avec leurs frères retrouvés chantent leur vertu guerrière, leur dignité, leur intégrité et la fidélité des femmes.

Ce retour aux sources leur aura permis non pas une poésie se confinant dans la révolte mais prônant plutôt la marche vers un meilleur avenir « la libération ». Maintenant qu'ils ont été en contact avec les misères de leurs frères de race, ils vont mieux comprendre leurs problèmes. Bien que serviteurs d'un système qu'ils abhorrent, ils savent que pour qu'il ait amélioration, ce ne sera pas des réformes qu'il faudra, mais déraciner l'arbre. Ce n'est pas la sentimentalité qui les guide mais la certitude. Et ils annoncent ces poètes car ils sont visionnaires et messagers à la fois des lendemains qui arriveront inéluctablement ainsi que l'affirme Paul Niger.

« Allons, déjà la nuit achève sa cadence
J'entends chanter la sève
Au cœur du flamboyant ».

B) L'Afrique noire

En Afrique noire, la lutte anti-colonialiste dans la poésie ne se découvre pas chez les poètes de la première génération. Si un Senghor est un des promoteurs de la négritude, c'est surtout sur le plan culturel. Pour lui, il faut d'abord que le nègre retourne aux sources ancestrales pour s'affirmer dans le domaine de l'art. Tout au moins, on peut dire que tel a été au début le cheminement de la pensée de Senghor. Il a été partisan de cette doctrine qu'il faut « d'abord se libérer culturellement avant de le faire par la politique. Nous nous souvenons d'un de ses articles dans *Condition humaine* à l'occasion de la publication du livre de Camara Laye où il a parlé de la doctrine de l'art pour l'art. En tout cas, c'est en vain que l'on chercherait dans l'œuvre de Senghor une note combative ou anti-impérialiste.

Certes, sa poésie prend position de temps à autre sur des événements tels que la fusillade de Thiaroye, mais on n'y sent pas ces révoltes solaires que l'on rencontre chez les autres, surtout les jeunes. Comme il l'a dit lui-même, il préfère faire entendre un tam-tam voilé. Cependant, on peut dire d'une manière générale que la poésie de Senghor aura permis à la génération suivante de plonger aux sources ancestrales tout en s'exprimant en français. Car Senghor et Birago Diop ont brisé le cadre du classicisme et ont introduit nos valeurs dans la littérature moderne. C'est seulement dans ce sens qu'on peut affirmer qu'ils ont contribué au respect de l'homme noir et de l'Africain en particulier. Eux qui ont toujours vécu en Afrique, eux qui se sont nourris à la sève du terroir que va nous apporter leur poésie. Le passé va y occuper une grande place surtout chez Senghor. Mais ce n'est pas un passé de souffrances comme chez les Antillais, mais un passé de gloire et

« Ma tête bourdonnant au galop des dioung-dioung
Au grand galop guerrier de mon sang de pur sang ».

Si Senghor fait intervenir le passé brillant de sa patrie, est-ce par comparaison avec l'enfer colonialiste ? En tout cas, il ne le dit pas en tout ceci est trop suggestif pour donner un exemple de lutte. La poésie de Senghor n'est pas une poésie de révolte ou de revendication, mais une poésie de prière. C'est une poésie de fuite vers le passé, une poésie des veillées et des « ndanânes » alors que Birago Diop lui fait découvrir l'Afrique des énigmes et l'initiation. On a l'impression que le poète Senghor compte beaucoup plus sur la bienveillance de ses frères blancs aux yeux bleus que sur la révolte des paysans du Baol.

La jeune génération

Avec la jeune génération des poètes négro-africains, nous allons assister au phénomène inverse constaté chez les Senghor. Les jeunes poètes africains, peut-être parce qu'ils ont commencé à écrire dans une phase de prise de conscience générale anti-colonialiste, vont être imprégnés d'une manière profonde par ce nouveau courant.

Puisqu'avant eux, les aînés ont déjà parlé du passé des ancêtres, de la gloire des Kankan Moussa et du malheur de l'esclavage, qu'est-ce que leur sang juvénile va apporter à la poésie. Cette jeune génération assistant à l'écroulement d'un impéria-lisme attaqué de tous les côtés et se défendant par plusieurs moyens, est prête à se faire l'interprète de tous les malheurs. Ainsi, nous assisterons à l'éclosion des chantres de la résistance nationale. Les poètes ne chanteront plus les Alboury Ndiaye ou Samory, mais les Jomo Kenyatta, les Nkrumah. Cette nouvelle poésie n'aura pour thème essentiel que l'Afrique et la libération. Cependant, elle n'en perd pas pour autant que son rôle est de s'allier à toutes les douleurs et de les dénoncer. Ainsi, nous trouvons dans la poésie de Khaly Basile un lien puissant entre les lynchages d'un nègre américain et les chicottes dans les geôles impérialistes. La jeune poésie négro-africaine n'est pas seulement une poésie de révolte, mais également une poésie d'ouverture. Elle dénonce, proteste, mais aussi elle guide et transfigure.

Les jeunes poètes négro-africains profondément patriotes ou anti-colonialistes, convaincus, sensibles à toutes les tortures ne peuvent se permettre de faire de l'art pour l'art. Comment l'histoire ne les condamnerait-elle pas si, en pleine fusillade de

Dimbokoro ou de Séguéla, en plein procès de Bassam, ils se permettent d'aligner de belles phrases ou de ne chanter que la beauté de la nature.

Cela d'ailleurs, un des aînés l'a déjà compris, il s'agit de l'un des poètes malgaches Jacques Rabemananjara qui a écrit ses meilleurs poèmes dans la prison civile de Tananarive. S'ils écrivent donc ces jeunes poètes, c'est pour se mettre aux côtés de ceux qui ont choisi la lutte pour la libération ; s'ils écrivent, c'est pour être des gongs sonores renvoyant l'écho de toutes les souffrances. Cet aspect se retrouve surtout chez le jeune et regretté David Diop.

La poésie de Diop a les racines profondément nourries par le combat anti-colonialiste et la haine de l'oppression. Diop est bien sûr le chantre du nègre pestiféré, de celui qu'on pend dans l'Alabama, du jeune Emet Tyll, garçon de Chicago. Mais il est également le poète du Malgache supplicié et de la Vietnamienne violentée. N'oublions pas que toute l'œuvre de David Diop est une poésie de révolte et de refus, c'est aussi une poésie de marche en avant. Diop est guidé par l'histoire et comme il nous dit dans son poème « Certitude » le dernier mot restera au courage des peuples noirs. Mais le poète n'est pas celui de la haine, ce qu'il dénonce c'est l'ordre établi, c'est le capitalisme et la bourgeoisie. Par doctrine, il demande à tous les opprimés de se serrer les coudes. La victoire que nous aurons à emporter, nous ne l'emporterons qu'en nous alliant avec la classe ouvrière internationale qui mène le même combat que nous.

Les Senghor, les Birago Diop, Bernard Dadié, n'ont chanté l'Afrique qu'aux accents de la kora et du khalam. Leur univers s'arrête très souvent à leur patrie. Alors que la jeune génération, elle, chante l'homme noir en général où qu'il se trouve. C'est ainsi qu'un poète comme Khaly Basile imitant les blues de nos frères d'Amérique chante aussi bien les misères dans les champs de cannes que les thèmes purement africains. On voit que chez ces jeunes poètes, le thème de la souffrance l'emporte sur toute autre considération. Cependant, ces jeunes gens ne sont pas des poètes de l'abstraction et ils ne dénoncent pas les souffrances dans le vague, ce que subit le nègre en général.

Vivant une période dure, une période de tragédie, ils sont debout dans cette misère. Ils ne parlent pas par énigme ; c'est ainsi que Fodéba Keïta voit deux de ses poèmes *Minuit* et *Aube africaine* interdits en Afrique. C'est là où l'on voit que l'impérialisme ne s'est pas trompé et a toujours su distinguer ses ennemis dans le domaine de l'art. Car, au moment où on a fait l'éloge de certains poètes, on a poursuivi d'autres à cause des idées contenues dans leurs poèmes. Parce que la poésie de Fodéba Keïta rappelle la traîtrise des balles à Thiaroye dans un accent qui ne trompe pas. On sait qu'elle peut entretenir chez le peuple la haine de l'impérialisme et surtout hâter la fin de son règne.

Qu'on ne s'y trompe pas, ce n'est pas un romantisme chez ces jeunes de se mettre ainsi du côté de l'Afrique vraie et de ses blessures. S'ils agissent ainsi, c'est parce qu'ils sont convaincus et qu'ils sont sensibles à toute torture ; c'est ce qui leur permet d'atteindre de tels accents. Il n'y a presque pas de jeune écrivain qui n'ait chanté l'Afrique combattante ou l'un de ses héros.

Certes, nous savons que la doctrine de l'art pour l'art, si chère à Senghor, a pu faire quelques adeptes sans doute plutôt pour d'autres motifs que par conviction.

Mais en général, chez tous, on retrouve ce même amour de l'Afrique et la certitude de la fin de son martyre.

Ainsi, un Assane Sylla chantera le sacrifice d'un Um Nyobé, alors que Amadou Moustapha Wade célébrera l'indépendance de la Guinée.

Comme on le voit, la poésie ne peut se séparer de la lutte chez un poète aux convictions profondes. C'est bien là l'éternel débat entre l'artiste engagé et le non engagé, nous dira-t-on. C'est vrai. Cependant, il ne s'agit pas pour nous de savoir si dans l'œuvre seules les considérations sociales doivent l'emporter. Comme nous l'avons dit au début, ce qui a importé c'est de déterminer dans quelle mesure la poésie négro-africaine a été impliquée dans la lutte anti-impérialiste.

Il ne faut nous cacher que si les jeunes écrivains n'ont puisé leur inspiration que dans l'anti-colonialisme, quand nous serons entièrement libres leur souffle en restera là. Mais, ce n'est pas le cas. Si les jeunes poètes ont combattu le colonialisme, c'est que leur milieu et leur formation les y a préparés. S'ils sont de vrais poètes, ils le resteront quelles que soient les circonstances. Car ils ne sont pas les chantres de ceci ou de cela, mais ils se sont faits les griots des hommes. Les cordes de leur kora vibreront aussi longtemps qu'il y aura des humains qui combattent pour transformer la nature. Et les hommes ont besoin d'avoir confiance en eux pour entreprendre et mener à bout. Le rôle du poète c'est d'être un Njâk au milieu du combat : battre le tam-tam aux divers endroits de la mêlée pour que la flamme de l'espérance ne s'éteigne jamais.

8

L'homme noir dans la poésie

Mustapha Bal

La négritude et le surréalisme

Sur la situation des étudiants négro-africains qui entre les années 30 et 35 fréquentaient les universités françaises, on ne saurait trouver témoignage aussi précieux que celui de Léopold S. Senghor.

Dans le numéro du 30 janvier 1961 de *Afrique-Action*, celui-ci nous apporte des précisions fort importantes.

« C'est donc à Paris que nous apprîmes à nous méfier de l'intellectualisme, du rationalisme... du matérialisme athée... C'est à Paris, à la suite des ethnologues, nous redécouvrîmes la négritude... Ce retour aux sources, cette méfiance à l'égard de la raison discursive ne nous prédisposaient pas à entendre le message de Marx qui se présentait à nous comme la pointe aiguë du rationalisme européen. La défiance à l'égard des valeurs européennes tournait vite au racisme... Sous la pression des événements, nous en vînmes à cette idée que les révolutions culturelles et les révolutions politiques étaient dialectiquement complémentaires ».

Pour utiles que soient ces précisions, elles n'épuisent cependant pas le sujet. Ajoutons que les premiers universitaires se recrutaient dans un même milieu social : citadins, fils de familles aisées et de la bourgeoisie, fils de féodaux acquis au colonialisme. Ces détails ont leur importance ; ils prouvent que cette jeune élite noire, au moment de sa prise de conscience, n'a jamais eu de contact réel avec les masses africaines et elle sera incapable d'en exprimer les aspirations profondes. Cette jeunesse africaine, formée à la culture européenne, la voici au carrefour de la vie et à l'heure des engagements, confrontée avec son destin, s'interrogeant sur ses aspirations, cherchant confusément la voie du salut.

Et c'est précisément à cette poignée de jeunes étudiants ambitieux et dynamiques que revient le mérite d'avoir lancé la théorie de la négritude, ou plus exactement de l'avoir redécouverte (Léopold Sédar Senghor).

Et qu'est-ce que la négritude ?

Pour L.S. Senghor, la négritude est la somme des valeurs culturelles de la civilisation négro-africaine, c'est-à-dire don d'émotion et don de sympathie, don du rythme et don de forme, don d'image et don du mythe, esprit communautaire et démocratie. Somme toute, il s'agit, dans l'appréhension du réel, d'opposer à une raison européenne qui serait raisonnante et discursive, la raison nègre à la fois sympathique et émotive « qui plonge dans la sous-réalité de l'objet pour en épouser le rythme ». Sartre la définit comme une certaine qualité commune aux pensées et aux conduites des nègres.

Convenons avec Aimé Césaire de ce qu'elle n'est pas :

« Ma négritude n'est pas une pierre, sa surdité ruée
contre la clameur du jour
Ma négritude n'est ni une tour ni une cathédrale
elle plonge dans la chair rouge du sol
elle plonge dans la chair ardente du ciel
elle trouve l'accablement opaque de sa droite patience ».

La cause est entendue. Avant même d'être le procès d'une oppression coloniale, la négritude est, à travers une aliénation culturelle, l'expression d'une prise de conscience ; il est très facile à comprendre car il peut s'exprimer sous la forme d'un syllogisme.

1. Des hommes sont victimes d'une oppression.
2. Ils sont opprimés parce qu'ils sont NOIRS.
3. Leur libération se fera par la Race.

Ne discutons pas pour l'instant de savoir si historiquement les noirs ont été opprimés parce qu'ils étaient noirs, si l'exploitation coloniale aurait revêtu d'autres formes si notre peau avait été de couleur différente, l'essentiel étant qu'à cette époque l'élite noire l'avait aussi senti à travers une expérience poétique et que sa revendication ne déborde jamais le cadre d'une réhabilitation de la race noire. Ne leur faisons donc pas grief de n'avoir pas compris la nature de l'impérialisme, de n'avoir pas compris, témoin le nazisme, que l'extermination entre blancs était possible. La négritude est donc avant tout et surtout cette volonté d'assumer hardiment, j'allais dire héroïquement, sa qualité de noir.

« J'accepte… j'accepte entièrement, sans réserve… ma race qu'aucune ablution d'ysope et de lys mêlés ne pourrait purifier » dira Césaire.

Au-delà de cette recherche d'authenticité, le poète va tenter de vivre cette expérience au bout de laquelle il va chercher à se découvrir, à coincider avec lui-même en se retrouvant, à créer une synthèse dialectique entre la culture blanche et l'âme nègre.

« Par une bienfaisante et inattendue révolution, j'honore maintenant nos laideurs repoussantes ».

Nous avons aujourd'hui suffisamment de recul et les choses ont assez évolué pour penser qu'une telle attitude ne sort pas de l'ordinaire, mais il faut se convaincre de ce que cette recherche d'authenticité, cette volonté d'assumer sa qualité de noir et mieux que sa qualité de noir, sa condition de noir avait de progressif et de révolutionnaire. A cette époque, ces propos étaient réputés « subversifs ».

Le mouvement poétique négro-africain né du drame colonial qui en est à la fois l'aliment et la justification, il n'est pas étonnant de constater qu'à ses origines il exerce une fonction de négativité ; la réhabilitation de la race noire n'en est qu'un moment. La poésie mettra en relief les qualités sensibles du monde noir, de l'âme noire, de ses traits spécifiques en même temps qu'elle préconisera un retour aux sources. Mais dès qu'elle passe sa crise de croissance, elle va transcender cet aspect superficiel de la question, sa maladie infantile, déborder le simple mot d'ordre du retour aux sources ; elle va ordonner, s'organiser et en s'élargissant prendre la forme d'une dénonciation implacable du système colonial tant il est vrai que l'on ne saurait déplorer des effets sans en chercher la cause. Et que l'on fasse bien attention : les poètes négro-africains s'adressent aux blancs, aux colonisateurs, mais jamais aux noirs eux-mêmes.

« Vous ne partirez pas que vous n'ayez senti la mesure
de mes mots sur vos âmes imbéciles ».

On ne s'étonnera donc pas, quand on feuillette une anthologie de la poésie négro-africaine de trouver non pas une solution au problème colonial, mais ce dénominateur commun à tous les poètes : le refus. Refus et résistance contre la tentation facile de l'assimilation.

C'est L. S. Senghor qui a dit « assimiler et non être assimilé ». Et dans le même temps, la poésie négro-africaine se subjectivise en perdant de vue son objet, c'est-à-dire qu'elle devient une poésie d'état d'âme, un reflet de drame intérieur, l'expression poétique et subjective des déchirements et contradictions de cette jeune élite « qui n'a connu de voyage que de déracinement » et qui prend conscience de sa situation douloureuse d'aliéné. Cette tragédie extériorisée s'exprime de façon multiforme au gré des tempéraments : chez Césaire, cri et appel à la révolte, recueillement et gravité chez Senghor.

Ce n'est pas tout que de se définir le but à atteindre, il faut choisir ses moyens. Ces « armes miraculeuses » qu'ils cherchaient, le surréalisme allait les leur donner. Car pour éviter l'assimilation culturelle, éviter la langue de tout le monde, la langue de tous les jours. Il faut user d'un langage une résistance accrue, d'où ce mariage qui n'est ni fortuit, ni contre nature entre surréalistes blancs et jeunes poètes négro-africains.

Les racines de cette alliance, en vérité, sont plus pro-fondes. Elle procède d'une identité de situation sociale. Ces jeunes poètes français qui, autour d'Aragon et André Breton, fondèrent après l'échec du Dadaïsme le mouvement surréaliste, se recrutaient dans une moyenne bourgeoisie que la guerre avait ruinée. Rejetés par la bourgeoisie capitaliste, refusant de s'allier au prolétariat, ils formaient une classe à part, une classe mar-ginale. Socialement, ils étaient des déracinés. La langue surréaliste est celle qui exprime le mieux cette contradiction. Car ce qui dans le surréalisme même scandalisait la bonne conscience bourgeoise bien assise sur ses conventions, c'était cela justement qui plaisait.

« Je n'ai jamais recherché autre chose que le scandale »

dira Aragon.

Par le scandale et la révolte et à travers l'anti-conformisme, il y a la volonté bien arrêtée de remettre en cause les préjugés bien établis, de briser la routine des habitudes acquises. Il y a, par ailleurs, dans la technique surréaliste deux procédés dont les poètes négro-africains allaient user avec beaucoup de bonheur : l'humour et le rire. C'est le moment de se souvenir que l'humour et le rire sont par excellence l'arme du faible, l'arme de l'esclave.

Le surréaliste blanc use de l'humour pour tourner en dérision les valeurs sacro-saintes de la bourgeoisie, Aimé Césaire pour moquer l'ordre colonial. Et cela donne ici :

« Je veux avouer que nous fûmes de tout temps d'assez
piètres laveurs de vaisselle, des cireurs de chaussures
sans envergure, mettons les choses au mieux d'assez
consciencieux sorciers et le seul indiscutable record
que nous ayons battu est celui d'endurance à la chicotte ».

Mais si le réel est trop cruel, s'il n'y a pas espoir de libération effective, le poète pourra trouver refuge dans les mots car il y a les mots qui libèrent.

A défaut de changer la réalité, nous pouvons changer notre vision de la réalité. A la base de la poétique surréaliste, il y a cet aveu tacite d'impuissance.

Et le recours à l'écriture automatique, à la spontanéité, au stupéfiant-image créé précisément cet univers surréel et merveilleux où le poète peut s'abandonner aux transes, aux délices de la fureur, explorer son inconscient. Car les mots ont une valeur magique et une puissance d'incantation qui libèrent ; il suffit d'en faire un usage déréglé et passionnel. Mais écoutez plutôt Césaire.

« batouque des yeux pourris
batouque des yeux de mélasse
batouque des yeux court-circuit surpris de lait de vache
batouque des yeux sucrés de fièvre
batouque de la nuit au sexe d'aubergine signalé de mercure
batouque de la nuit à la nuit de cigare
batouque de mer dolente encrûtée d'îles ».

Il reste cependant que le surréalisme demeure un outil européen, un mode d'expression européen.

D'où l'effort constant d'Aimé Césaire de le doter d'une originalité, de lui imprimer un cachet particulier, de le faire servir à des objectifs bien définis. Ce qui donne justement à ses poèmes des accents si pathétiques et si touchants.

« Parce que nous vous haïssons vous et votre raison, nous nous réclamons de la démence précoce de la folie flambante du cannibalisme tenace ».

Mieux, son originalité est dans ce lyrisme plein de notes douloureuses par lequel il crée et entretient une intense émotion chez le lecteur.

> « Partir… Je retrouverais le secret des grandes communications et des grandes combustions. Je dirais orage. Je dirais fleuve. Je dirais tornade. Je dirais feuille. Je dirais arbre… ».

Cette chaleur émotive qui court d'un bout à l'autre de ses poèmes, c'est cela très précisément qui fait l'originalité du surréalisme de Césaire et même du surréalisme négro-africain.

Nous avons essayé de situer historiquement ce mouvement poétique qu'est la négritude, d'en déceler les causes. Il vaudrait la peine d'étudier celui qui peut être considéré comme le plus grand poète nègre d'expression française. A travers la critique que nous ferons de son œuvre, nous montrerons les limites et les insuffisances de la poésie nègre et nous poserons le problème de celle-ci en face de la révolution.

Aimé Césaire et la négritude

Pour faire une critique objective de Césaire, du poète Aimé Césaire, il faut d'abord le comprendre. Le comprendre, c'est remonter jusqu'à son ancêtre spirituel Isidore Ducasse, comte de Lautréamont où il apprit que « la poésie commence avec l'excès, la démesure, les recherches frappées d'interdit dans le grand tam-tam aveugle ; jusqu'à l'incompréhensible pluie d'étoiles ».

Il est vrai qu'on peut, si on veut, remonter plus loin jusqu'à cet âge sans âge. « Je suis d'avant Adam, je ne relève ni du même lion, ni du même lion, ni du même arbre, je suis d'un autre chaud et d'un autre froid ».

Les chants de Maldoror, immense cri de révolte dans un monde de violence démoniaque, et aussi dénonciation d'une société sordide, la société bourgeoise, c'est à cela que fait songer *Cahiers d'un retour au pays natal* qu'il faut considérer comme le manifeste de la négritude. Pour ma part, ces chants, par quoi allait se révéler le génie d'Aimé Césaire, gros de toutes les prouesses, ces chants tout pétris d'émotion et remplis de générosité, c'est par eux que je pris réellement conscience de mon aliénation culturelle. Je compris que celle-ci, complément indispensable de l'oppresson politique, en était plus vicieuse, plus mortelle parce que moins évidente. J'ai su alors qu'il y avait en tout intellectuel colonisé une part du « vieil homme » qui est perdue et à jamais irrécupérable. La part du feu en quelque sorte.

Mais revenons à Césaire.

Il y a à la base de la poétique césairienne une vision chrétienne, une vision manichéiste de l'univers. D'une part, le monde blanc, l'Europe « Europe carne Europe, Europe, vieux chien Europe » qui symbolise le capital, la force, le mal. D'autre part, le monde noir, le monde colonisé « ces peuples blottis sous les hautes futaies de l'innocence » exploité, accablé par le travail forcé. Cette vision du monde est évidemment énoncée car Césaire ne met pas l'accent sur sa condition d'opprimé (ce qui l'eût conduit à voir en tous opprimés et particulièrement dans le prolétariat européen des alliés) mais sur sa condition d'opprimé noir, sur le sort original fait à l'homme noir. Et comme naturel-lement, Césaire ne croit pas en Dieu, le problème ainsi posé demeure pour lui insoluble. Ou du moins la solution est dans la révolte ; il faut s'insurger contre l'ordre établi. On comprend alors que Césaire porte sa condition de noir comme une charge de dynamite, toujours prête à exploser.

Toute l'œuvre d'Aimé Césaire n'est qu'un cri – un long cri de révolte où l'auteur exploite avec talent toutes les ressources du surréalisme et où il mêle l'émotion et le lyrisme, l'humour et le pathétique, l'insolence et la gravité avec cette maîtrise de la langue qui lui est propre. Il ne faut pas voir à travers ces poèmes « ce dépôt d'alluvions, cette cargaison d'images et de mots rares, de mots usés, de mots tout neufs, de mots extravagants comme si les crues du vocabulaire avaient déposé ici le limon couronné d'écume « autre chose qu'une conscience nègre qui se rebelle, qui se fait rebelle ».

« Mon nom : offensé ; nom prénom : humilié ; mon état : révolté ; mon âge : l'âge de la pierre ».

Pour Césaire, en effet, c'est par révolte contre notre condition que nous nous libérerons. Mais cette révolte n'est pas gratuite. Historiquement, elle tire ses origines des violences que nous a imposées le monde blanc : « Et l'on nous vendait comme des bêtes et l'on nous comptait les dents et l'on nous tâtait les bourses et l'on examinait le cati ou le décati de notre peau et l'on nous palpait et pesait et soupesait et l'on passait à notre cou de bête domptée le collier de la servitude et du sobriquet » de la traite du nègre et de l'esclavage, des sévices humiliants infligés à la race noire. « La nuit et la misère camarades, la misère et l'acceptation animale, la nuit bruissante de souffles d'esclaves dilatant sous les pas du christophore la grande mer de misère, la grande mer de sang noir la grande houle de cannes à sucre et de dividendes, le grand océan d'horreur et de désolation ».

Dans cette vision de l'apocalypse, les images anciennes sont relayées par des images cruelles et plus actuelles. Nous avons : « les Antilles qui ont faim, les Antilles grelées de petite vérole, les Antilles dynamitées d'alcool », « une vieille misère pourrissant sous le soleil ».

Mais la démarche de Césaire dépasse l'émouvante description de la misère des îles, la simple dénonciation d'un état de fait ; elle va au-delà du simple refus. Car quelle puissance maléfique le colonisé peut-il invoquer contre lui ? La malédiction divine de Cham comme source de ses maux ?

Pour sa part, le poète qui se mue souvent en polémiste la voit ailleurs. Il y a dans le *Discours sur le colonialisme* une étude minutieuse et clinique du système colonial dans laquelle l'auteur nous fait saisir, à travers une réalité complexe, l'unité saisissante d'une entreprise d'asservissement et où, à travers les phrases les mieux tournées, les intentions les plus généreuses, les mensonges sont creusés et mis à nu. Nous savons maintenant et grâce à lui ce que parler veut dire. Parler par antiphrase, bien entendu.

Pour ma part, j'en pris connaissance au moment où à l'ordre du jour de la littérature officielle figurait la mission civilisatrice du colonisateur sur laquelle des agents stipendiés ne tarissaient pas d'éloge, l'Union Française fondée sur l'égalité et l'amour, à citer en exemple aux générations à venir.

A ce sujet, la prise de position d'Aimé Césaire sur le problème colonial est extrêmement nette, extrêmement claire.

La colonisation n'est « ni évangélisation, ni entreprise philanthropique, ni volonté de reculer les frontières de l'ignorance, de la maladie, de la tyrannie, ni élargissement de Dieu, ni extension du droit ».

Plus loin, il précise sa pensée. « De la colonisation à la civilisation, la distance est infime ; de toutes les expéditions coloniales accumulées, de tous les statuts coloniaux élaborés, de toutes les circulaires ministérielles expédiées, on ne saurait réunir une seule valeur humaine ». Courage lucide né de cette exigence morale : l'absolu dans le refus de tout compromis avec le mensonge et l'injustice. Et de nouveau l'obsessionnelle revendication « je fais l'apologie systématique des sociétés détruites par l'impérialisme ».

L'Afrique pré-coloniale a chez Césaire la foi du mythe. Et il serait vain de chercher à trouver des justifications d'ordre logique à son attitude. Celle-ci procède plutôt du délire, cette furieuse passion sous laquelle se dessinent son amertume, son impuissance et aussi la secrète nostalgie du déraciné.

Au demeurant, le *Discours sur le colonialisme* ne fait qu'un avec *Cahier d'un retour au pays natal* qu'il prolonge en apportant des précisions supplémentaires aux thèses fondamen-tales du poète. C'est cela précisément qui fait le caractère entier de l'œuvre de Césaire. De chanter toujours la même antienne, et à travers le chant, la même revendication fixe, entière, les mêmes exigences, les mêmes litanies.

Car la poésie, dans la mesure où elle se veut engagée, doit nécessairement prendre parti. Césaire a pris le parti de témoigner, ayant reçu le don de la parole « je n'ai pour moi que la parole » et « si je ne sais que parler, c'est pour vous que je parlerai ». Pour le noir opprimé, « ma bouche sera la bouche des malheurs qui n'ont point de bouche, ma voix, la liberté de celles qui s'affaissent au cachot du désespoir ».

Et ceux qui depuis Akkad, depuis Elam, depuis Sumer, souffrent de tous les maux de l'histoire, ceux qui n'ont inventé ni la poudre, ni la boussole, c'est tels qu'ils sont que le poète les revendique, et c'est à eux que le poète accepte de s'identifier. Ce sont eux « sa race qu'aucune ablution d'hysope et de lys mêmes ne pourrait purifier ». On s'abuserait à vouloir dénoncer dans la défense que Césaire assume des mobiles inspirés par le racisme. Car derrière le particulier, c'est l'universel qui est visé et :

« Ce n'est point par haine des autres races
que je m'exige bêcheur de cette unique race
que ce je veux
c'est pour la faim universelle
pour la soif universelle
la sommer libre enfin
de produire de son intimité close
la succulence des fruits ».

La défense du monde noir, la réhabilitation de la race noire, n'est que le prélude au rendez-vous du « donner et du recevoir » de l'homme enfin reconcilié à lui-même sur « une terre où tout est libre et fraternel ma terre ».

Au-delà de l'opprimé noir, il y a la cause de l'opprimé tout court, de tous les opprimés de la terre. Et le message de Césaire, cette solidarité fraternelle, s'enfle, s'étend, prend une portée infiniment plus grande. « Il n'y a pas dans le monde un pauvre type lynché, un pauvre homme torturé, en qui je ne sois assassiné et humilié ».

Il y a dans *Cahier du retour au pays natal* la révolte d'un jeune homme de 25 ans, beaucoup de générosité, nous l'avons dit, mais aussi des illusions. C'est que cette arme, le français, que Césaire retourne contre son maître, comment ne voit-il pas que si elle est miraculeuse, elle est aussi empoisonnée ? Je veux dire qu'il voit le monde noir, à travers le regard du blanc, que sa poésie n'a pas atteint, ne pouvait pas atteindre son autonomie culturelle, car lui-même est victime de l'oppression culturelle, bien que cette poésie soit à certains égards révolutionnaire.

Cette anomalie – voire à travers le regard de « l'autre » – est d'ailleurs le propre de tous les intellectuels colonisés.

Comme Senghor, Césaire est victime de ce que René Mesnil appelle justement l'exotisme contre exotique. Il est en effet vraiment regrettable de constater que, quand les Africains parlent de l'Afrique, ils en ont une vision exotique ; ils la voient lointaine, ils en parlent en termes idylliques comme s'ils venaient de la découvrir. La source de cette aberration réside dans le conditionnement colonial qui fait que notre vision des choses est déformée par le regard du colonisateur, que notre attitude n'est que la carricature de l'attitude du blanc.

Malgré des efforts sincères, Césaire n'a pas échappé à ce travers qui donne souvent un caractère factice à ses poèmes.

« Blanc comme l'ennui, comme la misère et comme la mort » dira Senghor, et Césaire parle de la « mort aux mains blanches ». Cela nous montre à quel point la poésie africaine est dépendante de la situation coloniale.

Le poète colonisé agit ou mieux réagit par réflexe conditionné ; là où le colonisateur dit noir, il dit blanc. Convenons que la mort n'est ni noire, ni blanche. Une des formes de cette dépendance réside précisément dans le ressentiment qui est la trame des poèmes de Césaire.

« L'homme-famine, l'homme-insulte, l'homme-torture, on pouvait à n'importe quel moment le saisir, le rouer de coup, le tuer parfaitement, le tuer, sans avoir de compte à rendre à personne, sans avoir d'excuse à présenter à personne » et dans la façon humoristique de reprendre l'image que le blanc se fait de nous. Du fait qu'il l'exprime sur le mode de l'ironie, cela prouve qu'il rejette ce visage.

> « Les nègres sont – tous - les mêmes, je vous le dis
> les vices – tous – les vices, c'est moi – qui – vous – le dis
> l'odeur – du – nègre, çà – fait – pousser – la canne
> rappelez-vous – le – vieux – dicton
> battre – un – nègre, c'est – le – nourrir ».

L'échec de la poésie négro-africaine est de ne pouvoir être autre chose que le reflet de l'image déformée, de la contre-image que le colonisateur se fait nous. Et dans la mesure où il n'arrive pas à se libérer de cette emprise, de cette hypothèque, le mouvement négro-africain ressemblerait fort à une tempête dans un verre d'eau.

Condamner serait trop facile et il serait naïf de penser que Césaire n'a pas pris conscience de ce drame. La vérité est que dans une situation coloniale, toute tentative d'autonomie poétique est illusoire et vouée à l'échec.

Une poésie ne peut exprimer son authenticité, prétendre à l'originalité que dans un pays libéré de la domination coloniale. Ce qui veut dire que l'autonomie poétique passe par l'indépendance politique.

Et le malheur pour certains de nos poètes est d'être coupés des masses et de leur condition d'existence et de ne pouvoir exprimer leurs aspirations à l'indépendance.

Pour en revenir à Césaire, on ne saurait l'accuser d'ignorer la réalité des Antilles « cette mince pellicule sur le remous mal déposé de la mer ».

Et cependant, on peut reprocher à sa poésie d'être encore trop subjective, de ne pas être assez sociale. Entre 1935 et 60, beaucoup de choses ont changé et il n'est plus permis de chanter une Afrique abstraite, car nous voyons qu'il en existe plusieurs.

Il est vrai qu'ayant renvoyé dos à dos socialisme et capitalisme, les perspectives sont plus difficiles à définir. On conçoit qu'il soit devenu plus pessimiste, plus amer. Aussi, le rôle qu'il assigne au poète reste-t-il très limité et très vague : « Mon rôle est de me souvenir d'être un de ces « griots » qui relient le peuple à son histoire, mais aussi de construire ou d'exalter l'effort de ceux qui construisent ».

La négritude et la révolution

Nous avons essayé de montrer dans quelle condition la négritude a vu le jour. A ce propos, nous n'avons pas manqué de saluer le mérite que ces jeunes poètes avaient eu, en portant le problème de l'homme noir, de sa condition devant la conscience internationale. Qu'on le veuille nou non, et en cette matière l'ironie est facile, la négritude avec toutes ses insuffisances a été l'enfance de la poésie noire. C'est un fait que l'on ne doit pas ignorer et dont il faudra tenir compte. Un jour, il faudra étudier objectivement et dans le détail comment ces ouvriers de la première heure, à travers leur expérience poétique, sont tombés dans deux erreurs graves dont on n'a pas fini de mesurer les conséquences.

La première a été de croire à un monde sans allié. Cette croyance est à la base de ce repli sur soi. Il est curieux de constater, en lisant l'*Anthologie de la poésie nègre et malgache* de L.S. Senghor à quel point les revendications formulées par les poètes noirs rappellent les cahiers de doléances du Tiers-Etat. Le Tiers-Etat c'est aujourd'hui l'Afrique qui revendique et l'Europe incarne cette noblesse aveugle et bornée. La lutte des classes est ici relayée par la lutte des races. Car comment faire pour qu'une revendication formulée par des Noirs au bénéfice des Noirs ne prenne pas un caractère raciste ? On voit bien aujourd'hui, pour éviter justement ce racisme stérile, ce que ce mouvement poétique aurait gagné dès le départ à reconnaître cet allié de fait qu'est le prolétariat européen, fonder une alliance objective entre peuples colonisés et travailleurs exploités des « métropoles ». Faiblesse numérique du prolétariat international, faiblesse de sa prise de conscience ? Nous n'avons malheureusement aucun document qui permette de trancher.

La deuxième erreur a été de croire à un monde sans issue. L'absence de mouvements coloniaux révolutionnaires ou la répression aveugle qui s'abattait sur eux nous rappelait à chaque instant le prix et les limites de notre liberté. Ce n'est pas un hasard si le mot « indépendance » ne figure – du moins, à ma connaissance – dans aucun des poèmes publiés à l'époque.

C'est qu'en ces temps-là, les tenants de l'empire étaient si sûrs de leurs « possessions » qu'ils se laissaient aller à des déclarations très imprudentes.

Mais laissons à quelques seigneurs du colonialisme nous donner une idée des mœurs de l'époque.

Monsieur Albert Sarraut s'indigne qu'on oppose aux entreprises européennes de colonisation « un prétendu droit d'occupation et je ne sais quel autre droit de farouche isolement qui pérenniseraient en des mains incapables la vaine possession de richesses sans emploi ».

L'église catholique, par la voix du R.P. Barde, assure que les biens de ce monde « s'ils restaient indéfiniment répartis, comme ils le seraient sans la colonisation, ne répondraient ni aux desseins de Dieu, ni aux justes exigences de la collectivité humaine ».

Qu'est-ce ? Sinon, l'apologie de la force ?

On pourrait multiplier à l'infini les exemples pour montrer que jamais le colonialisme n'avait été aussi insolent, que ces Messieurs n'avaient jamais été aussi sûrs d'eux-mêmes, en étalant au grand jour leur sadisme et leur cruauté. S'ils usent aujourd'hui de l'hypocrisie, c'est qu'ils sont devenus faibles. Les poètes de la négritude, ce détachement d'avant-garde du monde noir, éparpillés aux quatre coins de l'Europe, s'ils avaient été le fer de lance d'un mouvement de libération, auraient cherché d'autre perspective que dans révolte.

Mais s'ils se conçoivent poètes, c'est dans son acception originelle. D'être par droit naturel à la fois messianiques et évangélistes. Et les revendications telles qu'ils le formulent ne dépassent jamais le cadre de l'Afrique, d'une Afrique abstraite, parce que de toutes les couleurs de l'exotisme, innocente.

Aimé Césaire écrira par exemple :

« Histoire je conte
l'Afrique qui a pour armes
Ses poings nus, son antique sagesse, sa raison toute nouvelle
Afrique tu n'as pas peur, tu combats tu sais
Mieux que tu n'a jamais su tu regardes
les yeux dans les yeux des gouverneurs de proie
de banquiers périssables ».

On est en droit de se demander si c'est l'Afrique des Fulbert Youlou, Tshombé, qui est ici célébrée ou, au contraire, l'Afrique des masses laborieuses. Il faut reconnaître que l'Afrique aujourd'hui s'est différenciée en classes et groupes d'intérêts antagonistes. Et il importe au poète, sous peine de verser dans le « don quichottisme » de vider de tout sens sa démarche poétique de se situer. Il faut que sa poésie soit à la fois engagée et incarnée, qu'elle puise son inspiration dans une couche sociale donnée. Voit-on aujourd'hui des « poètes » « européens » célé-brer les vertus de l'Europe en termes analogues.

De même, Senghor écrira :

« Femme nue, femme noire
vêtue de ta couleur qui est vie
de ta forme qui est ta beauté »

Chanter et rendre hommage à la femme est en soi une bonne chose. Il est fort probable qu'en cette matière nous ne soyons pas les premiers.

Chanter la femme noire en mettant l'accent sur sa qualité de noir est poétique et révolutionnaire dans la mesure où cela marque un moment d'une prise de conscience appelée à être dépassée. La poésie négro-africaine, si elle veut signifier quelque chose, doit dépasser ce stade infantile, celui de conférer une vertu au Noir parce que le Blanc l'a dégradé.

Car pour notre malheur, on trouve aujourd'hui dans le camp des oppresseurs des Noirs. A tous les étages : complices, bourreaux, prête-noms. Et à l'œuvre, ils ont prouvé qu'ils n'étaient ni moins mauvais, ni moins maladroits que leurs maîtres. Il y a là de quoi miner la thèse selon laquelle le blanc incarne le mal, le noir, le bien. La ligne de clivage, l'opposition, si elle existe, n'est pas entre Blancs et Noirs, mais entre exploiteurs et exploités. La situation du poète noir doit être soumise à un examen critique, eu égard à la situation internationale.

Fort heureusement pour nous colonisés, le monde de 1960 n'est pas le monde de 1935. Deux événements importants ont marqué cette deuxième moitié du $20^{\text{ème}}$ siècle. D'une part, les révolutions anti-capitalistes d'Asie et de l'Europe de l'Est qui assurent au camp socialiste la suprématie militaire. D'autre part, les révolutions anti-colonialistes en Afrique et en Asie sous la poussée de mouvements coloniaux révolutionnaires. L'écroulement des empires a été si rapide qu'il a étonné les observateurs les mieux avertis.

Ceci dit, sans sous-estimer le poids des forces progressistes existant dans tous les pays du monde et l'opinion internationale devenue plus attentive aux questions coloniales.

En vérité, il s'agit d'une même révolution ou, si l'on préfère, de deux révolutions complémentaires. C'est un lieu commun que de dire que ce sont les révolutions socialistes qui ont rendu possibles les révolutions coloniales. De même, toute défaite de l'impérialisme renforce et consolide le camp socialiste. Il y a là une solidarité de fait que personne ne saurait nier.

C'est à la lumière de cette réalité dont on ne doit pas sous-estimer l'importance que l'art poétique nègre doit être repnsé. Toute démarche poétique ou politique qui ne tiendrait pas compte de cette réalité risque d'être vouée à l'échec. C'est dans cet esprit qu'il faut repenser les concepts de négritude et ce qui n'en est que l'expression politique, le panafricanisme, car les deux mouvements procèdent des mêmes intentions : réhabilitation de l'Afrique, de ses races, de sa civilisation, exaltation des valeurs négro-africaines.

Je veux bien du pan-africanisme comme support du nationalisme africain, ce par quoi des collectivités tribales prennent conscience de leur unité et entendent se manifester comme nations. Mais il faut faire en sorte que ce nationalisme ne soit pas un repli sur soi, mais qu'il débouche sur l'internationalisme, sur la nécessaire solidarité internationale. Ainsi compris, le pan-africanisme ne peut être qu'un moyen. Il ne saurait être ni une idéologie, ni une doctrine à opposer à une autre.

Et ce n'est pas peu que les Nègres aient obtenu d'être reconnu leur droit à la vie, qu'ils aient conquis cette liberté abstraite, formelle. Il faut faire en sorte que cette vie puisse être vécue. Cela pose le problème de notre libération et de notre épanouissement. Pour nous aussi, la question du bonheur est posée.

Et le rôle de l'écrivain noir, du poète noir, de l'homme politique noir, ce privilégié juché sur les sacrifices et les privations d'un peuple est d'abord de se reconnaître dans ce petit monde des exploités, du besoin et de la nécessité. Non pas pour dénon-cer un quelconque anathème qui pèserait sur eux ou s'appitoyer sur leur misère. Nous savons maintenant que si une telle attitude était salvatrice, le christianisme et toutes les religions du monde nous eussent sauvés de l'enfer.

Au contraire, il faut se convaincre que la masse est objectivement révolutionnaire, qu'elle est la seule réalité qui soit intéressée au changement car « elle n'a rien à perdre que ses chaînes ». C'est en cela précisément que réside sa chance. D'être la force qui libère, en se libérant, l'incarnation de la vie contre ce qui, à nos yeux, se décompose, le grain de senevé à faire lever les matins.

Il faut bien que la poésie participe à la prise de conscience révolutionnaire, qu'elle aide à accoucher d'une société plus juste. Elle sera révolutionnaire si elle est sociale, si elle trouve son inspiration dans les luttes quotidiennes pour la vie. Car, il n'y a que la poésie, cette musique du cœur et de l'âme, qui soit capable, à travers les raccourcis du langage de toucher ces régions de l'hom-me qui s'appellent la sensibilité et l'imagination.

Nous assistons de nos jours à la naissance d'une poésie algérienne révolutionnaire. Qu'est-ce que la poésie de Mohamed Dib, sinon le reflet de la lutte armée du peuple algérien, un effort pour sensibiliser le lecteur aux malheurs de son peuple, cette volonté d'exalter les combats des maquis.

« Etrange est mon pays où
tant de souffles se libèrent »

Bien avant lui, un jeune écrivain noir s'était aventuré dans le même sillage. Ecoutons ce qu'il dit :

« Afrique j'ai gardé ta mémoire Afrique
tu es en moi
comme l'écharde dans la blessure
comme un fétiche tutélaire au centre du village
fais de moi la pierre de ta fronde
de ma bouche les lèvres de ta plaie
de mes genoux les colonnes brisées de ton abaissement

pourtant
je ne veux être que de votre race
ouvriers paysans de tous les pays ».
Jacques Roumain

C'est sans doute à sa formation marxiste que Roumain doit d'avoir, dès le début, éludé un faux problème qu'il soit d'être de la race des ouvriers et non de celle de Tchombé.

Evidemment, tous les obstacles ne sont pas levés pour un art poétique. Il y en a un qui me paraît pour le présent insoluble. Encore qu'il n'entre pas, à proprement parler, dans le cadre du sujet, je n'en dirai cependant que quelques mots.

S'il est vrai que les poètes africains s'expriment et écrivent en français, ils pensent (sauf ceux qui sont culturellement assimilés totalement) leurs concepts à travers leurs langues vernaculaires (ouloff, bambara, etc.).

Il y a un décalage entre ce que l'on veut dire et ce que l'on écrit réellement, d'où il résulte une perte de « substance ». Ce fait me paraît dramatique.

Je me souviens un jour d'avoir essayé de traduire un poème toucouleur en français ; ce fut une prose médiocre. Il est vrai que, pour ma part, j'étais limité par une connaissance imparfaite de la langue française. Je persiste cependant à penser que la poésie africaine demeurera intraduisible dans une langue européenne. Le problème me paraît assez sérieux pour mériter une étude plus approfondie.

En attendant, on peut toujours demander aux poètes d'être attentifs aux combats quotidiens pour délivrer « l'espace où se hérissent le cœur des choses et la venue de l'homme ».

9

Problèmes généraux du Roman Nègre

Claude Deglas

Introduction

Au seuil de ce présent essai, il convient, avant même d'aller plus avant, de s'interroger sur la validité et la signification des termes de l'expression « roman nègre ». Quel est donc le sens d'une alliance dont l'originalité est faite de la présence en elle d'un qualificatif racial ? Cela ne fait-il point de problème, à une époque où le rapprochement des cultures et leur fécondation mutuelle introduisent à une conception plus réellement universelle de l'homme, où les peuples de la terre entière luttent ou seront amenés à le faire pour l'émancipation et la désaliénation totales, idéaux qui, s'ils rassemblent en eux des objectifs concrets, bien différents quand on compare, par exemple, une société aussi avancée que celle de l'URSS aux pays nouvellement indépendants, ne témoignent pas moins d'une volonté libératrice des tares engendrées par l'oppression économique, colorée de racisme en ce qui concerne les pays colonisés ? A l'heure même où surgissent des Tschombé, il est temps d'affirmer que les thèmes de la négritude ne sont plus suffisants en eux-mêmes pour assurer la véritable et complète promotion de l'homme nègre.

Sous la vieille bannière de la négritude, il se rassemble trop d'opportunistes qui clament très haut le renouveau, sans pour autant s'assurer prise efficace de la réalité aux fins de la transformer en ses fondements pourris par le colonialisme.

A la vérité, on trouvera singuliers ces prémisses d'une étude sur le roman, mais la suite de notre propos en prouvera le bien-fondé.

La vieille négritude

Au point de vue qui nous occupe, le mouvement international qui a déclenché la révolution dans les esprits puis dans les faits et dont les hommes qui l'ont inspiré sont encore vivants pour la plupart se présente essentiellement comme une revendication à qui la poésie a donné toute sa force et sa dimension. Il est en effet certain que nulle forme d'art n'a l'extraordinaire persuasion de la poésie, pensée confiante au plus sombre des temps tragiques, qui le dépasse et méprise par sa présence, ce caractère radical de la poésie participe des destinées de l'art qui ne doit pas faire les délices des lettres mais situer l'homme en sa vérité historique par la voix impérissable qu'il lui prête. Qu'en a-t-il été du roman ? Grosso modo, on peut dire qu'il a été une force d'appoint. Les Zobel, Paton, Wright, St Amant, etc. n'ont pas su réussir ce qu'un Dostoïevsky a réalisé au 19ème siècle dans une Russie renaissante. A notre sens, leur partiel échec provient de l'instrument imparfait dont ils se sont servis. L'observation montre que l'ancienne négritude a largement bénéficié, en ce qui concerne la poésie, des recherches de Lautréamont et de Rimbaud, et surtout de la révolution surréaliste, dont les ferments ont été détournés et considérablement enrichis par les Césaire, Senghor, Roumain et autres au profit de la cause la moins gratuite du 20ème siècle. Par ailleurs, l'observation montre aussi que si la conjoncture historique a été favorable aux poètes qui ont volé des armes foudroyantes à l'Europe, elle n'a point permis la naissance du grand roman qui eût peut-être plus fait pour notre cause. Je crois trouver là une caractéristique du roman, qui est né en Europe assez tardivement si on fait le parallèle avec la poésie, car il semble bien que la poésie a le don de magnifier la réalité, de la saisir par un jeux extraordinaire d'analogies prophétiques alors que le roman essaie de s'emparer de cette même réalité par une démarche plus linéaire et plus attentive aux nuances objectives du monde. La réalité résiste quand on veut la transcrire dans le mode du roman qui comme tous les arts doit penser une technique rigoureuse, qui n'est pourtant pas un moule extérieur plaqué simplement sur la vie. Les romanciers de cette période ont usé du vieil instrument classique, balzacien, si on veut le nommer d'un terme approximatif, alors qu'il eût fallu le repenser pour traduire, à des fins combattantes, l'impossible existence du nègre. On objectera qu'il restait Zola, mais comme Senghor l'a montré, le désir naïf d'une extrême objectivité ne pouvait mener qu'à la plus déplorable des subjectivités, au sentimentalisme faussement populaire des romans réalistes. On pensera aussi au roman américain. Il est sûr que le roman amé-ricain (Faulkner, Hémingway, Dos Passos) est le plus important dont eussent pu s'inspirer les romanciers d'alors. Ce roman qui est le fils direct de l'entreprise de Zola, mérite encore d'être étudié ? Mais pourquoi donc cet échec ? Ne peut-on penser qu'il est essentiellement dû à la formation européenne des ténors du roman nègre ? Mais alors pourquoi l'exemple n'a-t-il pas été donné par Wright ou quelque autre ? En fait, il existe une floraison de romans écrits par des écrivains originaires des Antilles britanniques, qui sont presque complètement oubliés et d'accès difficile, d'ailleurs. Ne faudrait-il pas redécouvrir certains de ces romans ?

On peut se poser une autre question. Pourquoi, la seconde vague des tenants de la négritude n'a-t-elle pas progressé en cet art du roman ? Il est utile alors de faire une remarque. Le mouvement né de l'impulsion des Césaire et autres a vu se tarir ses sources d'inspiration le jour où, ses thèmes recensés, il est devenu académique. Qu'on pense aux jeunes poètes actuels, à ces jeunes romanciers qui n'ont rien fourni jusqu'ici d'universellement valable. On se trouve devant une moisson presque perdue aisément rassemblée sous le signe du néo-césairisme (voir Calixte). Il apparaît clairement que la vieille négritude s'est décomposée en montrant son insuffisance. Pourquoi ? Et en quoi ? Essentiellement en ce que la reconquête de notre humanité s'est achevée par des poncifs, présentés à la sauce surréaliste. Plus profondément, on se rend compte que la négritude pourrait même servir à vanter notre condition présente dans un esprit proprement réactionnaire. Ceci était déjà perceptible dans les qualités qu'on conférait à notre race, celle qui n'est pas éprise de raison sèche, qui chérit les âmes qu'elle voit en toutes choses, alors que les conditions du progrès nous invite à trouver le *sens positif* de telles affirmations. Est-ce que l'état d'une mentalité collective peut justifier les qualités attribuées à une race toute entière ? Ne doit-on pas plutôt user des ressources d'émotion de notre race, des formes où cette dernière s'est manifestée, pour moins épiloguer sur ces formes elles-mêmes que sur la créativité de notre émotion ? La recherche est d'abord ambiguë. Formulons-la : retrouver les démarches vécues de la mentalité nègre *en leur source*, pour n'en pas tirer des formes désuètes et figées, mais pour découvrir *les buts actuels* de notre lutte dans le monde moderne dans un contact intime, dialoguant, avec notre plus féconde richesse d'homme nègre. Pour illustrer cela, je me servirai de la danse. Chacun sait l'amour que nous lui portons. Il est aussi évident que des négro-spirituals dans les églises américaines aux danses rituelles des tribus africaines, en passant par la biguine et le cha-cha-cha, il y a là énorme différence dans la conception même de l'art. Or, dans le monde moderne, l'art est devenu spectacle, il est devenu essentiellement nourriture de l'esprit, non asservi à des fins religieuses, élément indispensable et libre d'une société désacralisée. D'où, pour ce qui regarde la danse, nouvelle compréhension de ses formes (voir Keïta), problème donc technique et interprétation adaptée à cet amour irréductible que nous lui portons. Ce simple exemple nous permet de mieux voir qu'il est fort possible de se détourner d'une tâche pourtant capitale, et de prêcher, ainsi, les mérites du tribalisme parce que c'est la forme sociale qu'a connu l'Afrique, ce qui est proprement réactionnaire, nous l'avons déjà dit, alors qu'il faut ré-interpréter ce socialisme premier à la lumière du socialisme actuel. Mais examinons la production actuelle de romans. Je ne m'attarderai pas sur les romanciers africains que d'autres camarades ont déjà traités pour ce séminaire, mais sur Edouard Glissant, qui est incontestablement l'un des plus doués de la génération présente. Or, que nous offre *La lézarde* ? Une histoire où transparaît la sensibilité d'un Antillais de notre époque, en des éclaircies brillantes mais rares finalement, une œuvre où l'on voit le poète que Glissant est, ne point trouver le temps et le genre propres au roman. Est-ce dû au fait qu'il n'est pas encore maître des exigences de ce genre ? Ce qui est, en tous les cas, notoire, c'est que son œuvre risque de n'être pas comprise de la masse de la jeunesse nègre, et que l'évangile de révolution qu'elle contient risque, lui aussi, de n'être pas comprise de la masse de la jeunesse nègre, et que l'évangile de révolution qu'elle contient risque, lui aussi, de n'être pas pleinement perçu. Ceci nous introduit aux problèmes de la technique romanesque.

Technique et roman

Nous avons parlé plus haut « d'une démarche plus linéaire et plus attentive aux nuances objectives du monde » qui serait le fait du roman. Que cache une telle phrase ? D'abord, un trait principal.

En effet, celui qui écrit un roman doit raconter une histoire sous deux conditions :

1) Il a affaire à la réalité, dont le déroulement est objectif, alors qu'il a la possibilité, je dirais la grâce, d'entrer en elle selon sa temporalité propre, selon les effets qu'il veut ménager, de manière essentiellement vivante. Ce n'est point un théorème qu'il serait libre de prendre à rebours ou comme il l'entend. Il doit vaincre en lui restant fidèle « l'opacité du monde » *avec des mots*, ce qui, en un sens, est sa liberté et, en un autre, sa contrainte.

2) Le déroulement de cette réalité sous les yeux du lecteur est strictement limité, dans son appréhension, par l'acte de *lecture*. Ce qui n'est point le cas au cinéma où l'appréhension est totale, comme dans la réalité. Le poids des mots se fait alors très lourd, et ceci d'autant plus que tout phénomène de langage – écrit ou parlé – est en son fond un jeu d'analogies. Les mots expriment et trahissent en même temps, car la condition première du langage est qu'il se fait essaim et nuée de mots, pris dans d'autres registres de la réalité, pour rendre compte de la présence muette du moindre des objets. Autrement dit, aucun mot n'adhère complètement à ce qu'il veut signifier. Il doit faire appel à d'autres mots comme lui insuffisants pour faire revivre la plus petite parcelle des choses. On peut se demander si l'essaim de mots qui accoure pour « rendre compte » est bien composé ou tout simplement juste et ceci nous mène au cœur de notre problème.

Comment présenter ce qui est *de manière objective* alors que c'est une conscience qui opère, une conscience dont la liberté doit se garder de ses propres créations ? Alain Robbe-Grillet, qui est un de ceux ayant le plus fait pour un renouvellement du roman, le dit excellemment :
« Mais c'est la liberté qui devrait être possible et qui ne l'est pas, elle non plus. A chaque instant des franges de culture (psychologie, morale, métaphysique, etc.) viennent s'ajouter aux choses, leur donnant un aspect moins étranger... nous retenons qu'un paysage est *austère* ou *calme*, sans pouvoir en citer aucune ligne, aucun de ses éléments principaux ». Si j'ai cité cet auteur français, c'est qu'il se fait sous nos yeux une extraordinaire révolution en France, dont l'humanité finalement bénéficiera. Pour situer l'intérêt que nous devons porter à ce fait, caractérisons ce mouvement littéraire d'un peu plus près. Sa tendance et ses postulats sont en train de le mener, comme l'a dit le même Robbe-Grillet, vers une « extrême subjectivité » n'est nullement le but auquel nous devons tendre, parce que les nécessités de l'heure nous obligent à donner un contenu concret et positif à nos écrits. Nous ne devons pas nous délecter dans des recherches subjectives dans le fond et la forme, mais illustrer notre combat en présentant la vie de notre peuple. Telle qu'elle est réellement en faisant œuvre d'art, sans omettre de lancer un idéal de libération effective. A ce propos, il faut signaler que *La lézarde* reste difficilement accessible à nos masses, alors qu'il nous faut des œuvres populaires. Il n'en reste pas moins que cette œuvre prendra son sens dans un temps qu'il est impossible de fixer, le jour où la vie littéraire de nos pays sera affirmée. Si nous devons rejeter la subjectivité, il nous sera très profitable de réfléchir sur les procédés techniques de ces auteurs, en les assouplissant, en les corrigeant même, selon notre tempérament. Car, ces auteurs envient au cinéma une objectivité, toute dans la simple présence de l'image. Et ici nous entrevoyons la difficulté inhérente au roman, qui coure après l'objectivité, bien qu'il soit en lui-même l'œuvre d'un homme. La poésie, elle, se soucie, dans une moindre mesure, de ce problème. Elle atteint l'objectivité par le dedans, si l'on peut dire. Qu'on pense à l'écriture automatique, conquête du surréalisme, conquête *voulue*, qui réussit le tour de force, et ceci est très sensible chez Césaire, de témoigner de tous les nègres, en poussant la subjectivité vers ce *point total*, qui n'est rien d'autre

qu'une conscience collective explorée hardiment. Signalons, en passant, que Glissant l'atteint aussi dans son livre, à un *niveau idéal, pour le moment présent*, qui sera pleinement compris beaucoup plus tard. La poésie d'ailleurs a aussi le privilège, parce qu'elle est poésie, de saisir l'homme en allant à l'essentiel, par une voie directe et émotionnelle qui pulvérise la forme. Césaire n'a-t-il pas été entendu en dépit de son écriture surréaliste ? Pourquoi, si ce n'est parce que cette écriture est contingente, au regard de son message. Et ceux qui s'essaient à faire du néo-Césaire n'y réussissent-ils pas parce que la forme qu'ils épousent reste carcan d'une voix figée ? Le roman, lui, fait appel, de manière plus voyante, à la réflexion. Il propose ou doit proposer des éléments constructifs, plus liés à l'action et à sa réalisation, par la peinture modeste – comparativement à la poésie – mais plus précise du monde.

L'essentiel de l'ancienne négritude nous est perceptible maintenant. Dégageons ses éléments positifs : une mise en question historique, bouleversante, valable en son temps. Les éléments négatifs nous sont aussi très visibles. Ils sont, d'ailleurs, étroitement mêlés aux premiers : essoufflement des thèmes largement traités, défaut d'un contenu dynamique pour le présent, négligence d'un renouvellement des formes. Si elle a été nourrie de la sève chaude de l'injustice et de sa conscience, l'ancienne négritude est, pour le moment, incapable de *construire*, ou de proposer la construction d'un univers où libération deviendrait assurance effective et garantie d'une nouvelle société nègre, qui ne serait pas issue d'une indépendance de pacotille ou de carnaval. Il aurait fallu qu'elle se dépasse, mais elle en semble bien incapable ! Elle a certes puisé sa puissance dans le cœur même d'une dialectique, qui a fait du pôle d'ombre que nous étions la plus aveuglante lumière des temps modernes. Mais elle n'a pas su en dégager la ressource concrète. Que nous faut-il donc rechercher actuellement, si ce n'est une *négritude ouverte* sur l'avenir et sur l'histoire.

La négritude concrète

L'entreprise, que nous devons mener à bien, est très évidemment liée à la *maturation politique* de nos problèmes. Très banalement, nous dirons que libération ne veut pas dire n'importe quoi. Pour en trouver la valeur actuelle, il nous faut donc être attentif au conflit décisif qui se joue, sur tous les plans, et sous nos yeux, pour le sort entier de l'humanité. Nous devons, relativement à la technique du roman, examiner l'arsenal des formes et des règles, en ne nous livrant pas à un jeu gratuit, mais en donnant à nos peuples qui l'attendent, un *panorama objectif* de notre présent et de notre futur. En ce domaine, je me contenterai de citer encore Robbe-Grillet : « tandis que les conceptions essentialistes de l'homme voyaient leur ruine, l'idée de « condition » remplaçant désormais celle de « nature », la surface des choses a cessé d'être pour nous le masque de leur « cœur » (porte ouverte aux pires « au-delà » de la métaphysique).

Il faut que l'ancienne négritude se transmue, de magnifique contrepied historique qu'elle est, en choix affirmé et volonté sans compromission d'un devenir précis. C'est, à notre sens, la seule voie véritable de l'art.

10

Le roman négro-africain d'expression française

Condotto Nene Khaly Camara

Tous les problèmes soulevés par l'existence d'une poésie négro-africaine d'expression française se posent également pour la littérature romanesque. Les seuls aspects particuliers sur lesquels il importe de mettre l'accent concernent la qualité de cette production. Comme en poésie, l'impulsion vint d'un Antillais dont l'œuvre contribua fortement à créer un préjugé favorable à l'endroit du roman négro-africain. En fait, ce fut un coup de maître.

René Maran obtint en effet le prix Goncourt en 1921 pour son roman *Batouala*, lequel portait en sous-titre la mention : « véritable roman nègre », l'auteur s'était révélé auparavant comme un poète délicat, fortement imprégné d'influences parnassiennes. Mais c'est en tant que romancier qu'il donnera toute sa mesure.

A l'origine de *Batouala*, il y avait les intentions de l'administrateur des colonies René Maran de dénoncer les conséquences de la mainmise colonialiste sur l'Afrique. La belle préface par laquelle s'ouvre le livre est significative, à plus d'un titre : les malheurs qui se sont abattus sur l'Afrique s'expliquent par le fait que « la civilisation est passée par-là ».

Dès lors, l'auteur s'attachera à peindre à l'intention des Blancs, ce qu'il considère être le vrai visage de l'Afrique, dans ses mœurs frustres et simples teintées d'un soupçon de primitivisme. Il s'agit d'une prise de position délibérée contre le progrès, contre l'évolution historique, mais René Maran avait l'excuse d'écrire au moment où la révolution socialiste d'octobre 1917 n'avait encore qu'à peine quatre ans. Nul ne soupçonnait encore les bouleversements qu'allait apporter dans l'ordre de l'action et de la pensée l'œuvre de Marx, Engels et Lénine. Aussi, n'est-il pas juste de qualifier un tel livre de réactionnaire dans la mesure où il visait précisément des buts tout à fait opposés.

L'apport romanesque de René Maran consiste surtout en les qualités dont il fait montre dans son œuvre : simplicité de langue et de style, don d'observation, talent de peintre animalier. Mieux que quiconque, il a su effectivement rendre le visage, les couleurs et l'atmosphère traditionnelle de la « brousse africaine ». Ses vues étaient certes simplistes et il lui a manqué la perception historique qui eût donné à son œuvre un sens et une dimension supplémentaire lui permettant d'atteindre à l'expression de l'universel dans le roman.

Père véritable du roman négro-africain, son exemple resta isolé cependant jusqu'à la fin de la guerre de 1939-45. L'école littéraire William Ponty, si elle a produit des essais de facture ethnologique et opéré des incursions dans le domaine du théâtre, est restée toutefois avare de romans.

L'exception qu'apporte le roman historique de Paul Hazoumé *Doguicimi* (1936) ne trompe pas puisque l'intérêt de cet ouvrage demeure aussi ethnographique[1].

C'est surtout par le conte que les négro-africains aborderont la littérature en prose : c'est un genre que cultivaient avec bonheur les élèves de l'école normale William Ponty. Mais on retiendra surtout, dès 1947, le nom de Birago Diop, auteur des *Contes d'Amadou Koumba* et celui de Bernard Dadié, le poète. Birago Diop a également taquiné la muse mais il reste surtout un grand conteur, honorable héritier de la moins contestée des traditions africaines en matière d'art oral. L'écrivain affirme s'inspirer lui-même de la manière d'un griot sénégalais authentique, Amadou Koumba.

Mais d'après Senghor, « l'élève est aussi grand que le maître, s'il ne le surpasse, car c'est un créateur de vie et de beauté... ».

Birago Diop reste fidèle à cette caractérisation critique, puisque les *Nouveaux contes d'Amadou Koumba* apparaissent comme la suite des premiers. Nous ne suivrons pas ici Senghor dans l'analyse qu'il donne de cette œuvre, où s'exprimerait tout le génie négro-africain et son crédo de l'émotionnel. Le conte certes recrée la vie mais par descriptions transposées : il fonde un patrimoine culturel mais ne peut nourrir aucune prétention à se constituer en art littéraire d'avant-garde, à moins de devenir conte philosophique à travers le génie d'un Voltaire ou d'un Swift.

Il semble qu'il paraisse abusif de donner à la transcription en français de contes traditionnels de la vieille Afrique l'importance et la portée qu'elle n'a pas. Sans être dénué d'un intérêt social (loin de là), il s'agit d'un art oral qui véhicule une partie de la mémoire collective d'un peuple : on ne saurait toutefois y puiser les éléments d'une éthique de l'avenir.

Du reste, il suffit de restituer au genre sa relativité historique. Conteur aussi, Bernard Dadié, dont l'évolution poétique apporte un autre message et ne cèle pas ses opinions, n'eût pas manqué de l'exprimer, si le conte lui apparaissait comme un moule d'idées aussi évolutif que le roman ou le vers.

***

Ecrire un roman est plus difficile que prétendre versifier. Mais être un bon poète est tâche plus malaisée que devenir un bon romancier. On trouve plus facilement illisible un roman qu'on avoue son embarras devant un mauvais poème. C'est peut-être la relative facilité d'utilisation du vers libre en regard des difficultés inhérentes à la construction d'un roman qui explique la minceur de la production romanesque face à l'intempestive floraison d'œuvres poétiques chez les négro-africains d'expression française.

---

1. Voir note à la page 96.
Il fut publié du reste dans la série des travaux et mémoires de l'Institut d'Ethnologie en 1937.

Mises à part les tentatives isolées et aussi peu réussies d'un Abdoulaye Sadji ou d'un Ousmane Socé Diop dans l'immédiate période de l'après-guerre, il faut attendre en 1955 le roman de Laye Camara *L'enfant noir* pour voir un noir africain recueillir l'héritage du Guyanais René Maran. La tentation est forte de comparer le livre du jeune romancier guinéen au *Batouala* de son illustre aîné, d'autant plus que les intentions exprimées y sont les mêmes et visent à faire l'apologie d'un certain primitivisme africain. Mais alors que René Maran avait l'excuse d'écrire à une époque où on ne pouvait lui tenir grande rigueur d'ignorer les enseignements de l'évolution historique, Laye Camara a publié son livre en pleine période cruciale de la lutte anti-colonialiste et anti-impérialiste.

La matière d'un roman est nourrie des éléments d'expériences vécues. On chercherait vainement dans *L'enfant noir* ou *Le regard du roi* un écho de la conscience historique ou à venir que pouvaient avoir l'Afrique et les Africains de leur destin. Sur le plan même des qualités littéraires qui eussent pu servir d'alibi au jeune écrivain, ses livres, malgré la recherche d'une langue simple et naïve, demeurent bien au-dessous de l'art qui anime les pages écrites par René Maran.

Il semble du reste que la malheureuse expérience de Laye Camara, qui ne peut même pas passer pour une tentative de fonder une littérature romanesque d'édification sur la vie africaine authentique, ait incité d'autres écrivains africains plus conscients à s'essayer également du roman.

Abdoulaye Sadji continue avec plus ou moins de fortune à peindre des aspects de la vie sénégalaise : c'est *Nini* qui pose le problème du métissage des blancs et des noirs et celui de son insertion dans la société, ce sera plus tard *Maïmouna* qui s'efforcera de brosser un tableau de vie dans une cité africaine, Dakar, à travers des conflits de sentiments et des préjugés sociaux nés au contact de la civilisation occidentale.

Ousmane Socé Diop inscrit ses tentatives dans la même perspective que Sadji, mais semble-t-il avec encore moins de bonheur. Je crois que Ousmane Sembène est le premier à avoir assimilé la technique du roman en écrivant, tout au contraire de ses aînés Sadji et Socé, de faire intervenir constamment la personnalité de l'auteur par interpositions directes dans la trame du roman ; plus encore que ces derniers, il cherche et trouve les données d'une construction équilibrée et d'un bon agencement des chapitres.

En lisant Sadji ou Socé, on avait en effet plutôt l'impression de suivre une longue suite de récits, sans variation de cadres ni d'atmosphères. On avait également l'impression de constater un décalage entre la psychologie des héros et les propos que leur prêtent les romanciers africains.

De plus, Sembène apporte au roman une dimension nouvelle qui le rattache aux préoccupations du siècle ; du *Docker noir* aux *Bouts de bois de Dieu*, cet autodidacte qui a connu d'expérience les problèmes matériels et sociaux du noir en parsèmera ses livres. Il n'est pas exclu qu'avec le métier le temps, il ne devienne le Richard Wright négro-africain d'expression française.

Avec Mongo Béti et Ferdinand Oyono, l'expression romanesque vise à de plus grandes ambitions : ce sont des universitaires qui, d'emblée, s'attachent à dominer leur sujet au point de sacrifier l'action à l'analyse minutieuse comme c'est le cas chez Mongo Béti ; très souvent chez eux, l'intrigue est mince. Tous deux s'essayeront même au roman rédigé sous forme de journal.

Malheureusement, les résultats sont loin de réaliser les ambitions initiales, encore qu'Oyono possède des qualités certaines de conteur et d'humoriste, alors que Béti demeure souvent ennuyeux et confus à vouloir trop bien faire.

Mais le reproche majeur qu'on puisse leur faire est d'ignorer délibérément les fonctions sociales du roman et de ne présenter que des aspects mineurs et parcellaires de leurs expériences d'Africains.

Il est également possible qu'ils ne possèdent pas encore suffisamment de maturité pour s'essayer au grand roman d'imagination, créateur de personnages et de vie, exposant les conceptions historiques de l'écrivain et construisant le monde d'après la vision qu'il pourrait en avoir.

Tous les romans négro-africains qu'ils nous a été donné de lire cernent des expériences individuelles ou personnelles. A ce titre, ils apparaissent plutôt comme la fixation de souvenirs autobiographiques ou de faits et événements dont l'auteur a été le témoin.

Il est difficile qu'ils atteignent à ce stade une audience universelle dans la mesure où l'image qu'ils nous présentent du monde reste étriquée.

Si la technique va s'affirmant, si la conscience de l'évolution historique pénètre la pensée de nos romanciers pour les libérer des considérations et des expériences liées à leur personne, le roman négro-africain d'expression française finira par trouver sa voie véritable et atteindra un niveau qui l'amène à parité avec la littérature poétique.

Le romancier noir ne doit pas ignorer aussi que le genre qu'il a choisi autorise, tout comme la poésie également, des formes multiples permettant une production diversifiée et variée.

Contrairement à la poésie qui modèle les réalités coutumières du langage en jaillissement d'images neuves et nouvelles, le roman a pour mission de fixer le réel objectif. Son rôle n'est pas d'accumuler les impressions et les descriptions les plus immédiates, celles dont la vie et la nature sont prodigues dans un fonctionnement d'apparence anarchique, mais d'ordonner la perception de ces faits suivant un ordre qui concourre à lier les hommes aux choses le passé au présent et au futur, l'individu à la société, l'intuition à la raison ; cela sans gratuité aucune.

La mission du romancier n'est pas de travestir la vérité, mais de lui chercher et de lui trouver un sens, un caractère conformes aux préoccupations de la plus grande masse des lecteurs. Ainsi, le romancier négro-africain doit se pénétrer des réalités de son peuple : ses inquiétudes comme ses succès, pour qu'à chaque instant son peuple se retrouve en lui, et à travers lui, élève et enrichisse sa conscience culturelle.

A ce niveau, se pose un problème de perspective. Sauf chez Ousmane Sembène, aucun romancier négro-africain n'a écrit, semble-t-il, en fonction de l'Afrique et pour les Africains. La production de nos jeunes écrivains, du reste destinée par sa forme à intéresser avant tout les lecteurs européens, est pour la plupart ignorée des Africains éduqués à l'européenne.

Saura-t-on recommander ici, qu'en dehors du contenu, nos romanciers empruntent à certaines données formelles des cultures traditionnelles africaines. Cela n'est pas impossible si l'on sait que le roman peut revêtir des aspects nationaux ; et l'exemple de la jeune littérature haïtienne n'est pas sans enseignement, qui a su créer ce qu'on appelle « le réalisme merveilleux des Haïtiens ». Une telle voie peut être fructueuse : pour s'en convaincre, il n'est que de lire la belle épopée mandingue de Soundiata recueillie et traduite en français par Djibril Tamsir Niane ; on comprendra combien l'écriture romanesque peut tirer profit de l'art du récit chez le griot africain. Qui sait si alors ne s'épanouira pas une technique nouvelle du roman, retrempée aux sources populaires des peuples de civilisation agricole et de traditions orales, tout comme le roman russe insuffla aux XIXème siècle un sang nouveau au genre romanesque et à la littérature en général. En somme, il resterait aux prosateurs négro-africains d'annexer au roman les procédés du conte africain. Pourquoi Birago Diop et Bernard Dadié[2] n'en tenteraient-ils pas l'expérience, mais en n'oubliant pas leurs grandes qualités de conteur ?

---

2. Bernard Dadié a écrit deux romans, mais dont la facture reste malheureusement primaire.

11

Abdoulaye Sadji et le roman

Mustapha Bal

Liminaire

Il existe très peu d'intellectuels en Afrique noire si l'on veut donner à ce mot son sens étroit. Des gens qui, dans le silence et le secret de leur cabinet de travail, se livrent à des recherches, remettent en question par une réflexion critique, ce qu'ils ont appris, ce qu'ils savent. Par définition, un intellectuel vit du produit de sa pensée et par sa production littéraire, artistique, il nourrit la pensée des autres. Il veut, à travers sa culture, comprendre et transformer le monde, c'est-à-dire les hommes. Cette nourriture spirituelle prodiguée au peuple par ses intellectuels lui est aussi salutaire que le manger et le boire. Le poète, l'écrivain sont aussi utiles à la société que l'homme politique ; ils sont complémentaires. Chez nous en Afrique noire, le diplômé est rarement un homme cultivé, un intellectuel. Cela tient à la part trop grande accordée aux carrières politiques, au détriment de la création artistique et littéraire, de la recherche. Aussi, faut-il toujours saluer les efforts d'un écrivain africain, lorsqu'il livre en pâture au public le fruit de ses réflexions ou de son imagination. C'est dans cet esprit que nous allons essayer de faire la critique de Abdoulaye Sadji à travers deux de ses romans : *Maïmouna* et *Nini*.

Anatomie du roman

A proprement parler, *Maïmouna* n'est pas un roman. Et cela pour deux raisons.
1) en se livrant à un naturalisme descriptif, l'auteur a escamoté l'essentiel du sujet pour ne fixer que le détail insignifiant ;
2) à cause de la place trop importante accordée au hasard et à la providence qui font et défont les intrigues et qui rendent certains faits invraisemblables.

Maïmouna relève plutôt du conte, parce qu'en dépit de tous ses efforts, l'auteur n'arrive pas à recréer un monde réel tel qu'il peut être senti dans les romans de Richard Wright. Nous sommes cernés ici par un univers de rêve, flou, sans contenu défini, dans lequel on voit s'agiter des personnages sans consistance, sans épaisseur, inanimés. D'où une impression profonde de gêne que l'on éprouve après avoir achevé la lecture de cet ouvrage.

Maïmouna est une fille belle, de cette beauté qui n'existe plus que dans les contes de fée. Née et ayant grandi à Louga, elle éprouve subitement à 16 ans le désir de se rendre à Dakar. Nonobstant les conseils de sa mère et les prédictions du marabout, elle arrive à Dakar où elle est reçue par sa sœur aînée.

Malheureusement, les prophéties du marabout ne tardent pas à se révéler justes. Maïmouna est enceinte d'une façon mystérieuse. Indignation de sa sœur qui décide de la renvoyer chez sa mère. Maïmouna revient à Louga et cette beauté qui fut l'étoile de Dakar va sombrer dans l'anonymat.

Cette façon de présenter le roman peut faire sourire. De ma part, il n'y a ni malveillance, ni volonté de dénigrement. Honnêtement, c'est la seule façon qui soit juste de présenter l'ouvrage où tout arrive fortuitement, providentiellement, opportunément.

Car voici comment l'auteur opère.

A Louga comme à Dakar, il fait abstraction du monde pour ne retenir que la case dans laquelle se trouve son héroïne. Tous les personnages resteront séquestrés dans cet univers, sans communication avec l'extérieur, sans rapport avec l'extérieur qui, du reste, n'intéresse pas l'auteur. Comme dans les tragédies classiques, l'unité de lieu est respectée. L'objectif de l'auteur est braqué pour toujours sur ce vase clos. Les personnages sont nommés et décrits ; leurs propos sont recueillis et rapportés.

C'est un peu, si vous voulez, l'histoire de Robinson dans son île. Il nous semble que l'auteur pêche par méconnaissance – ou par oubli – de certaines notions qu'il faut connaître pour écrire un roman. Celui-ci a ses lois qu'on n'ignore pas impu-nément. Celles-ci sont d'ordre sociologique et psychologique.

Le roman essaie de refléter une réalité sociale, le comportement d'un homme, d'un groupe d'hommes à un moment donné de son histoire qu'il faut saisir du dedans et du dehors. Du dedans, c'est-à-dire à travers leur intériorité, leur subjectivisme, leur sentiment, leur volonté. Cela relève de la psychologie. Du dehors, à travers les rapports économiques et sociaux qu'ils entretiennent avec les autres hommes de la société. Cela est du domaine de la sociologie.

Le romancier sera à la fois psychologue et sociologue. Le reproche que nous faisons à l'auteur est d'avoir ignoré ces deux dimensions du roman – l'essentiel, précisément. Il y a à peu près un siècle, Marx écrivait :

« La conscience de soi existe en soi et pour soi, dans la mesure et par le fait qu'elle existe pour une autre conscience de soi, c'est-à-dire à la condition d'être reconnue comme telle par une autre semblable à elle ».

Cela veut dire que toute conscience est nécessairement conscience sociale, qu'un être humain ne peut prendre conscience que dans une société, c'est-à-dire un groupe d'hommes suffisamment structurés. Nos actes ne revêtent une signification qu'à travers un tissu de rapports économiques et sociaux qui existent dans toute société.

Si l'auteur avait tenu compte de cet avertissement, il n'aurait pas braqué son objectif – et cela pendant toute la durée du drame – sur une case où se trouvent reclus des êtres humains. C'est pourquoi, ses personnages ne sont jamais des êtres sociaux, mais des êtres biologiques, en dehors du mouvement de l'histoire. Il aurait fallu les replacer dans leur contexte social, les saisir comme maillons, comme partie intégrante d'une société en évolution, à travers ses déchirements, ses contradictions.

Ailleurs, Marx ajoute :

« Ce n'est pas la conscience des hommes qui détermine leur être social, c'est leur être social qui détermine leur conscience ».

Privés d'êtres sociaux, sans conscience sociale, en dehors de la société, en dehors de l'histoire, ce qu'ils disent et ce qu'ils font n'a pas de signification, n'a pas de sens, car il n'y a pas prise sur la réalité. Du point de vue psychologique, les personnages n'ont pas de caractères. Et ce n'est pas parce que l'auteur les décrit de la tête aux pieds (yeux, nez, oreille, etc. ce qui rappelle fâcheusement les compositions françaises du CM2) que nous les comprenions. Quand ils parlent, ce qu'ils disent ne dépasse jamais le stade de simples réparties. Ils ne se révèlent pas, ils ne se démasquent pas. Pas de crise intérieure, pas de psychologie intérieure (car rappelons-le celles-ci sont conditionnées par des rapports sociaux). Ils n'ont aucun but dans la vie, aucune volonté ; ils sont en marge de l'histoire et réduits à la fonction extrême de l'être vivant : ils sont, ils se contentent d'être.

Or, ce qui est précisément intéressant dans un roman quand on suit la vie du héros et des personnages, c'est cette tension, cette contradiction qui naît entre le déploiement d'une dialectique objective historique et la subjectivité, l'intériorité vécue de l'individu ; autrement dit, le conflit entre leur vie sociale et leur vie individuelle. On voit très bien ce que le roman aurait gagné en intérêt si, d'emblée en introduction, l'auteur avait brossé la situation économique et sociale de Louga, cette infrastructure qui seule peut permettre de saisir la superstructure.

On saurait ou à peu près le tableau suivant : un ordre colonial greffé sur un ordre féodal ; interférence de castes et de classes ; formation de classes moyennes ; semi-prolétarisation et naissance d'une bourgeoisie commerçante.

Et à Dakar : prolétariat né du machinisme ; rôle de la colonie française qui détient en fait la vie du pays, bourgeoisie autochtone ... etc. A partir de là, situer d'abord socialement ses héros et ensuite dans les forces de production et les faire agir *dans* ce cadre et non pas en dehors de la société.

Scientifiquement, décrire des êtres humains en dehors du monde du travail, en dehors des conflits sociaux, n'a rigoureusement aucun sens. Au demeurant, ce reproche vaut pour un certain nombre de «romanciers» africains.

Ayant délibérément refusé de replacer ses personnages dans une situation historique très précise (le monde colonial d'avant-guerre), en marge de la division du travail et de la société, en dehors des conflits économiques et sociaux, les seuls qui font l'histoire, comment expliquer les événements. L'auteur utilise trois procédés :

1) le procédé de l'intervention permanente. L'auteur intervient directement pour nous donner la signification de tel ou tel événement.
2) par le truchement du marabout qui, par définition, a le sens de l'histoire. Le marabout annonce que les choses vont se passer d'une certaine manière et les choses se passent de cette manière.
3) par la providence et le hasard.

C'est un peu le hasard, si Maïmouna se rend à Dakar, si Doudou Diouf (beau par hasard) rencontre Maï, et l'aime c'est le hasard. Hasard aussi si Maïmouna se découvre subitement enceinte. C'est aussi un peu la faute à la servante jalouse par hasard de Maïmouna. Ce qui du reste ne manque pas de conférer un caractère factice, voire enfantin au roman où les choses s'arrangent toujours fort opportunément. Il manque précisément à cette intrigue ce ressort essentiel qu'est la surprise qui entretient l'attention du lecteur.

Privés de rapports sociaux, de rapports humains, les actes des personnages sont gratuits et sans mobile réel, car ils échappent à la pression de l'histoire. Les personnages eux-mêmes sont indéterminés, vagues, abstraits et « libres ». L'erreur fondamentale de l'auteur, c'est d'avoir laissé de côté cette infrastructure qui seule peut rendre intelligible la superstructure.

Que penser, par exemple, d'un ingénieur qui, pour construire un immeuble, négligerait les soubassements, les fondements, pour ne retenir que la forme et les dimensions de la toiture, la dimension des portes et fenêtres ?

Les invraisemblances fourmillent. Car comment parler de l'Afrique coloniale sans faire allusion à la présence ubiquiste du Blanc. En vérité, le drame est en dehors du temps et de l'espace, quelque part dans une île. Le péril est assez grave, car la plupart des « romanciers » africains tombent dans cette illusion. Quand ils veulent témoigner contre le monde colonial, avec la meilleure volonté du monde et non sans courage, il escamotent l'essentiel, c'est-à-dire cette réalité qu'ils voulaient précisément dénoncer. Ce reproche s'adresse au moins à Ousmane Socé et à Camara Laye. Il n'est pas étonnant que ces romanciers se voient tresser des couronnes par la presse aux ordres. Leur erreur fondamentale réside dans leur conception idéaliste de l'histoire à quoi est substituée la providence, quelquefois la fatalité aveugle. Entendez que si les Nègres sont malheureux, c'est un peu la faute à Dieu le père. Et je te vois d'ici, et je te vois d'ici les états majors de la colonisation qui jubilent.

Il y a au contraire tout intérêt à partir d'une vision matérialiste des faits pour rendre précisément à César ce qui appartient à César.

Le mérite du romancier sera de nous rendre sensibles, cet aspect caché des choses, cette dialectique complexe entre l'histoire qui se fait objective et dans laquelle nous sommes im-pliqués et l'histoire telle que nous la voulons faire à travers notre subjectivisme, notre volonté, le but que nous cherchons à atteindre.

Le roman de Sadji, pour sa part, n'a atteint aucun des buts auxquels il pouvait prétendre. Il n'est pas un conflit de désadaptation, une dénomination du colonialisme encore moins.

Nini

Nini n'est ni un roman, ni un récit, mais un violent réquisitoire qui sue la haine et le racisme contre les métis.

« *Nini* est l'éternel portrait moral de la mûlatresse » nous dit l'auteur.

Il faut dénoncer le danger qu'il y a à porter des propos aussi malveillants sur une race, surtout de la part d'une victime du racisme.

Qu'il existe des Ninis peut-être, mais jeter l'anathème sur tous les métis relève de la passion. Dénué de toute objectivité, l'auteur aborde le problème sous son aspect superficiel. En la choisissant inconsciente, de mauvaise foi, l'auteur n'a aucune peine à nous rendre antipathique son héroïne.

Sa partialité évidente façonne l'adversaire à sa guise. L'auteur part du postulat explicite suivant : « Les métis font partie du monde noir et doivent y retourner ». Nous retrouvons, à plus grande échelle, le drame d'Andromaque :

Les noirs aiment les métis qui ne les aiment pas
Les métis aiment les blancs qui ne les aiment pas.

Poser ainsi le problème, c'est ne retenir que son aspect sentimental et rater le côté sérieux de la question. L'auteur ne comprend pas que les métis refusent aux noirs leur solidarité contre le blanc qui les confond dans un égal mépris.

Nini refuse l'amour sage et délicat d'un noir pour se laisser abuser par des blancs parce qu'ils sont blancs. En cette matière, le meilleur moyen de se perdre est de ne voir que l'aspect superficiel de la question, le côté racial et d'oublier que le problème métis relève de la psycho-sociologie. Car le métis n'est ni un noir, ni un blanc, mais le produit des deux.

Si un Japonais épousait une Canadienne, il est fort peu probable que le rejeton prenne systématiquement le parti d'un de ses parents contre l'autre parce qu'il s'agit de deux races bien distinctes dotées chacune de sa personnalité indépendante, de sa civilisation distincte. L'enfant né est viable. Il est équilibré car il est une synthèse, un point de concours entre deux civilisations.

Le drame du métis n'existe que pour le métis du noir et du blanc, celui qu'on appelle péjorativement un « mulâtre » et ceci dans le cadre du système colonial.

Il se trouve malheureusement que dans cette situation, l'un des partenaires s'est dépouillé de sa personnalité au profit de l'autre jusqu'à en devenir sa caricature.

Le métis est victime de toutes les aliénations de l'intellectuel colonisé et au deuxième degré, de tous les complexes du colonisé que Richard Wright résume en cette formule saisissante : « Haï par les blancs, le noir finit par détester en lui-même ce que les autres détestent en lui ».

L'aspect négatif de la colonisation que l'on peut constater chez les métis, on les retrouve également chez l'intellectuel noir. Pas plus que le noir illettré, le métis qui n'a jamais été à l'école n'éprouve pas de complexe d'infériorité ; il s'intègre sans douleur dans la communauté noire. Les agents de dépersonnalisation sont véhiculés par la langue et la culture du colonisateur.

La culture mine le colonisé de l'intérieur dans ce qu'il a de plus intime, sème le doute sur ses certitudes. Insidieusement, elle démolit son acquis culturel et le fait émigrer vers « l'autre » progressivement jusqu'à ce qu'il devienne étranger à soi. L'intel-lectuel noir qui n'a pas pris conscience de cette auto-destruction, « singe » le blanc et renier sa culture lui semble un signe évident de progrès. Le métis intellectuel, non encore conscient, « singe » le blanc. Mais c'est ici qu'intervient la couleur de sa peau. Cette tentation est d'autant plus grande pour lui que deux facteurs l'y prédisposent :

1) son atavisme blanc et sa peau qui est plus ou moins claire ;
2) qu'il n'a pas, à l'instar du noir, de personnalité propre, de points de repère.

Le noir, en se retournant vers les siens, peut mesurer le chemin parcouru dans l'abandon – et y retourner pour s'y diluer. Le métis doit forger sa personnalité qui est d'être le point de concours de deux races différentes. Il est historiquement et géographiquement un déraciné. Le problème des métis est seulement plus douloureux que celui des noirs, mais en est inséparable parce qu'il procède d'une même cause.

Nini a été écrit en 1946 et aujourd'hui il n'est pas rare de voir un métis quand il a pris conscience refaire le chemin inverse, c'est-à-dire se réclamer de la race noire.

A mon avis, la solution n'est pas dans les extrêmes ; les métis ne sont ni des noirs, ni des blancs ; ce qu'ils devraient être c'est une synthèse vivante de deux races. Cela n'est évidemment possible que lorsqu'on aura mis un frein à la condition humiliante du noir, lorsqu'il sera possible au noir de s'épanouir, de développer sa civilisation et sa culture. La solution du problème métis passe par la solution du problème noir.

Deux remarques, pour terminer, sur *Nini*.

La première, pour souligner le tort porté à la littérature négro-africaine qui reste prisonnière des divisions raciales.

La deuxième est que toute œuvre africaine devrait être aussi un message d'amour et de fraternité. On ne voit pas très bien ce que nous gagnons à verser dans le racisme, même s'il s'agit de ce que Sartre appelle un « racisme anti-raciste ». *Nini* est le point de vue d'un Africain et non de tous les Africains, précisons-le. Car voyez-vous, aujourd'hui, des noirs, des jaunes, des métis ont remis leurs lettres de créance à la bourgeoisie nationale. Celle-ci fait peu cas de l'épiderme. Retenons cette leçon qu'elle nous donne.

Ne pas armer les métis est une chose, essayer de les comprendre autre chose.

12

Ferdinand Oyono et Mongo Béti

Aimé Gnaly

J'ai choisi de vous parler de Ferdinand Oyono et de Mongo Béti, deux jeunes auteurs de notre génération et dont je ne vous dirai pas la biographie. Au reste, cela n'apporterait rien à votre débat. Mon propos est simplement d'apprécier dans quelle mesure ils ont l'un et l'autre exprimé la physionomie politique de l'Afrique noire, dans quelle mesure ils ont fait œuvre politique en faisant œuvre littéraire.

En un mot, je voudrais poser le problème de savoir si les romans d'Oyono que j'ai tous lus, et ceux de Mongo Béti dont je n'ai pas pu relire *Le pauvre Christ de Bomba*, constituent une littérature engagée. Ce mot d'engagement lui-même appelle une définition que je vais tenter : il y a engagement d'abord dans le seul fait de coller à la réalité sociale qu'on décrit, de la restituer aussi intégralement que possible en sorte que faute d'en signaler les plis fondamentaux, on en dresse au moins un inventaire exhaustif. Certains romanciers, les naturalistes, par exemple, n'ont fait que cela sans prendre parti pour tel ou tel groupe social. Mais si véridique est leur description que le lecteur lui-même se trouve obsédé par les problèmes vécus dans la société dépeinte. Cela, certes, ne suffit pas. D'autres auteurs vont plus loin, déterminant eux-mêmes et soufflant au lecteur ce qu'il faut tenir par contradiction fondamentale et ce qu'il faut regarder comme contradiction secondaire de la réalité sociale décrite. Enfin, il en est qui montrent la manière de résoudre les difficultés sociales. Aussi bien poser le problème de savoir si Oyono et Mongo Béti sont des romanciers engagés revient à se demander à quel degré de l'engagement ils se tiennent.

Dès la première lecture de leurs œuvres respectives, une chose frappe : leur « africanité ». Originaires du Cameroun, Mongo Béti et Ferdinand Oyono, tous deux, mettent en scène des héros camerounais vivant dans un cadre camerounais. Mais comme la transposition est facile ! Ce qu'ils disent du Cameroun est valable pour le reste de l'Afrique sous domination française, du moins. Et que le Grec commerçant cède la place au Syro-libanais de l'ex-AOF ou au Portugais de l'ex-AEF, la trame de l'histoire demeure inchangée, et restent encore véridiques la psychologie et le comportement des populations exploitées. Ce qui incline à prendre pour symboliques de toute l'Afrique, les héros présentés par Oyono ou Mongo Béti : un Africain colonisé est un Africain colonisé. Et un colon est un colon. La même situation coloniale établit entre les divers pays qu'elle accable une similitude indéniable.

Unité de l'Afrique donc. Unité culturelle, mais aussi identité de physionomie sociale. C'est en quoi Ferdinand Oyono et Mongo Béti dépassent leurs devanciers : L. S. Senghor, Birago Diop, Alioune Diop, etc. qui, défendant et illustrant la culture africaine, protestaient contre le mépris où on la tenait.

A l'heure où Mongo Béti et Oyono commencent leur carrière littéraire, la culture négro-africaine a déjà obtenu droit de cité. Reste à établir la vérité sur la vie africaine. Et c'est en quoi les romans de Mongo Béti et Oyono marquent un tournant de l'histoire de la littérature africaine.

Mais nos deux écrivains ne représentent pas seulement une nouvelle étape de la littérature africaine. Ils sont aussi les témoins d'une ère noble : le courant anti-colonialiste gagne l'Afrique noire. Et, la « métropole » décidée à garder ses colonies va jeter du lest.

L'indigénat fait place à l'Union Française, et la pression des masses africaines suscite les « réformettes » de la loi-cadre pour déboucher sur la communauté franco-africaine.

En fait, c'est là de simples retouches. Le colonialisme demeure de toute son essence. A quelque étape de l'évolution africaine qu'on se trouve, des faits permanents viennent démentir ce libéralisme juridique. Sous l'Union Française, notamment, bien des traits de l'indigénat se manifestent encore.

Et le racisme d'avant la loi-cadre se retrouve même après l'institution des ministères africains. Une foule de contradictions donc, que Mongo Béti et Oyono collant à la réalité, expriment.

Dans l'expression de ces contradictions, la manière des deux romanciers diffère ; l'un allant du simple au complexe, l'autre suivant le processus inverse.

Oyono, en effet, va de l'individu à la masse, Mongo Béti, au contraire, part du groupe vers l'individu ; les titres d'Oyono sont en ce sens significatifs : *Le vieux nègre et la médaille*, *Une vie de boy*.

Mongo Béti, lui, met en scène une tribu : la confédération des Essazam, dans *Le roi miraculé*, un village, Kalla, dans *Mission terminée*, une ville, Tanga, dans *Ville cruelle*.

Mais si nos deux auteurs empruntent des voies divergentes, un même souci les anime : exprimer la physionomie sociale de l'Afrique ; et les problèmes qu'ils posent sont les mêmes.

Nous sommes en société colonisée et la contradiction fondamentale oppose Européens et Africains : Ferdinand Oyono, dans *Le vieux nègre et la médaille*, met l'accent sur l'aspect politique de cette contradiction.

Meka, le vieux nègre, qui « a beaucoup fait pour faciliter l'œuvre de la France dans son pays » : « il a donné ses terres aux missionnaires et ses deux fils à la guerre où ils ont trouvé une mort glorieuse… », est décoré. Il devient l'ami des blancs.

« La médaille que nous te donnerons veut dire que tu es plus que notre ami » (*Le vieux nègre et la médaille*, p. 31).

Et au cours du vin d'honneur qui suit sa décoration, le chef des blancs de Timba et les autres orateurs se succèdent au pied de l'estrade pour insister sur l'amitié et la fraternité qui unit désormais les noirs aux blancs.

« Personne n'était content. Ces blancs exagéraient. En quoi pouvaient-ils dire qu'ils étaient plus que des frères pour les indigènes ? Le Haut-Commissaire et tous les blancs français de Doune étaient assis sur l'estrade avec les Grecs, ceux-là même qui empêchaient les noirs d'être riches. Aucun indigène n'était sur l'estrade avec eux. Il n'avait causé entre amis avec aucun indigène. Tout avait été public. Comment pouvait-on parler d'amitié si on ne pouvait causer avec le Haut-Commissaire qu'en parlant comme au tribunal ? Ces blancs étaient de drôles de gens. Ils ne savaient même pas mentir et ils voulaient que les indigènes les croient. Bien sûr qu'ils avaient construit des routes, des hôpitaux, des villes. Mais personne parmi les indigènes n'avait de voiture. Et puis de ces hôpitaux on sortait souvent les pieds devant. Quant aux maisons, c'était pour eux-mêmes. L'amitié ne pouvait-elle se baser que sur le vin d'honneur ? Et même en buvant ce vin, les blancs choquaient leurs verres entre eux... Où était donc cette amitié ? » (*Le vieux nègre*, p. 141).

Mais le problème ne se pose pas seulement sous l'angle politique, il a également des répercussions sociales que Mongo Béti a admirablement matérialisées au chapitre II de *Ville cruelle* : Tanga, la ville qu'il met en scène, se divise en deux parties, absoluement parallèles.

« Sur les deux versants opposés de cette colline, se situaient les deux Tanga. Le Tanga commerçant et administratif – Tanga des autres, Tanga étranger – occupait le versant sud, étroit et abrupt,... » (p. 16).

« L'autre Tanga, le Tanga sans spécialité, le Tanga auquel les bâtiments administratifs tournaient le dos – par une erreur d'appréciation probablement – le Tanga indigène, le Tanga des cases, occupait le versant nord peu incliné, étendu en éventail » (p. 19).

« Deux Tanga ... Deux mondes ... Deux destins ! ».

En face de ces deux Tanga, on pourrait penser qu'à l'intérieur de chaque Tanga, la cohésion est assurée. Mais on a tôt fait de s'apercevoir qu'il existe des contradictions dans chacun de ces deux mondes : à l'intérieur, le « Tanga des autres » déjà se divise en deux quartiers : l'administratif et le commerçant, ce dernier étant lui-même subdivisé en Tanga industriel et Tanga « proprement commercial » ou «centre commercial» (p. 17). « On aurait tout aussi bien fait de l'appeler le centre grec. Tout le long des rues, les enseignes sonnaient grec : Caramvalis, Despotakis, Pallogakis, Mavrematis, Michalidès, Staverites, Nikitopulos – et l'auteur en passe ».

Centre grec donc ici, centre portugais dans l'ex-AEF, centre syro-libanais dans l'ex-AOF. C'est la confirmation de l'idée suivant laquelle la colonisation faite au départ dans l'intérêt des capitalistes d'une nation crée une chasse-gardée bien dérisoire : les capitaux d'autres nations viennent s'y installer et exploiter eux aussi le peuple colonisé. Au premier occupant incombe toutefois le soin d'administrer le pays au mieux de tous les intérêts qui s'y trouvent. Faute de quoi, il y aura toujours un Kritikos pour soutenir :

« Eh bien, moi je suis resté des années au Congo belge... Crois-moi, là-bas, il y a des routes et des vraies, avec du goudron, des postes d'essence et tout... Les Belges, ils ont fait du bon travail au Congo, tu peux me croire. Tandis que les Français, ici, oh ! là, là... oh ! là, la, ils n'ont que ça, la grande gueule ! » (*Mission terminée*, p. 15-16).

Quant au Tanga indigène, les contradictions n'y sont pas moins marquées : les indigènes s'y opposent en jeunes et vieillards, les jeunes citadins, ou émigrant vers la ville : Bitama, Kris, les collégiens du *Roi miraculé* ; le jeune Toundi d'*Une vie de boy*, le héros de *Mission terminée* ; Koumé, Banda, les héros de *Ville cruelle*, les vieillards étant demeurés dans la campagne : la clientèle du vieux nègre dans *Vieux nègre et la médaille* ; les « péquenots » de Kala dans *Mission terminée*.

La contradiction jeunes-vieillards existe ; de là découlait l'opposition entre la ville et la campagne, symboles respectifs de l'avenir et du passé. Entre ce passé et cet avenir, le fait colonial a provoqué une rupture. Les jeunes méprisent les veillards ainsi que nous l'explique la mère du jeune Banda :

« Aujourd'hui, avec nos fils, ce n'est plus la même chose. Ils ont grandi ; ils nous méprisent parce que nous avons courbé la tête devant les blancs. Eux, ils marchent fièrement, en se frappant la poitrine, en levant leurs bras, en brandissant leur poing. Les blancs eux-mêmes leur avaient dit : « Venez donc dans nos écoles ». Ils sont allés dans leurs écoles ; ils ont appris à parler leur langue, à discuter avec eux, à faire des calculs sur les feuilles de papier, tout comme eux. Ils font marcher des machines terribles qui abattent les arbres, creusent les routes ; ils roulent dans les camions à des vitesses infernales ; ils font tout ce que font les blancs. Alors, ils ne veulent plus être tenus pour de simples domestiques, pour de simples esclaves comme leurs pères, mais pour des égaux des blancs » (*Ville cruelle*, pp. 191-192).

La mère de Banda se trompe. Les blancs ont beau instruire les noirs, ils ne les veulent pas pour pairs. Ils entendent rester les maîtres, et savent écarter les jeunes de l'administration, s'appuyant plutôt sur les anciens, moins éclairés et partant plus dociles, plus serviles. C'est leur avis qu'on requiert chaque fois qu'une affaire sérieuse est à régler :

« A cet effet, ils avaient convoqué tout ce qu'il y avait, dans le village, d'hommes sensés, autant dire de vieillards puisque l'administration éprouvait bien peu de goût à témoigner quelque égard aux jeunes générations, trop turbulentes à son goût, aimant mieux les discréditer et les humilier en faisant semblant de les ignorer, quitte à les entasser dans les prisons » (*Le roi miraculé*, p. 207).

Le colonialiste par conséquent dresse les jeunes contre les vieux et vice-versa, de telle sorte qu'il gagne sur les deux plans : dans l'immédiat, et par la trique, il s'assure les vieillards : ex. travaux forcés organisés avec l'appui des chefs : *Mission terminée – Le roi miraculé*.

A longue échéance, et grâce à l'éducation colonialiste, il se réserve les jeunes. Tant il est vrai que l'éducation coloniale qui développe chez l'Africain un complexe de supériorité vis-à-vis de l'Africain engendre en même temps chez lui un complexe d'infériorité vis-à-vis des Blancs.

Mais si la colonisation en s'appuyant tantôt sur les anciens, tantôt sur les jeunes, provoque une rupture entre le passé et l'avenir de l'Afrique, l'exploitation à laquelle elle soumet les uns et les autres, crée entre eux une solidarité qui assure la cohésion du groupe colonisé. Loin de s'opposer, jeunes et vieux, dans Tanga-Nord, se rejoignent par leur soumission au même colonisateur, par leur dénuement, leur isolement :

> « La nuit, la vie changeait de quartier général. Le Tanga du versant nord récupérait les siens et s'animait alors d'une effervescence incroyable. Il faisait fête chaque nuit à ses enfants prodigues. On eût dit qu'il aurait voulu les abreuver d'une chose qu'ils perdraient peut-être pour toujours : la joie, la vraie joie, la joie sans maquillage, la joie nue, la joie originelle. Mais cela, ils ne pouvaient pas le comprendre. Déjà, ils ne pouvaient plus dire d'où ils venaient qu'en nommant leur village natal, leur tribu d'origine. Ils ne savaient pas non plus où ils allaient, ni pourquoi ils y allaient. Etonnés de se trouver si nombreux ensemble, ils étaient non moins étonnés de cet étrange isolement de forêt vierge où ils se sentaient individuellement » (*Ville cruelle* p. 21 et suivantes).

Pour échapper à cette misère, les habitants de Tanga-Nord s'évadent dans la boisson, la danse, la bagarre :

> « Dans Tanga-Nord, une case sur cinq tenait lieu de débit de boisson... » (*Ville cruelle* p. 21).
> « Les maisons de danse exerçaient une attirance irrésistible sur les habitants des deux sexes » (p. 22).
> « Les rues de ce Tanga n'avaient pas de réverbères, cela va sans dire. Les mauvais garçons, nombreux ici, en avaient profité pour, la nuit, convertir la chaussée en lieu de règlement de comptes » (p. 22).

Misère, abandon, solitude : telle est Tanga Nord. Une masse livrée à elle-même, recrue de soumission, sans autre perspective que les plaisirs les plus frustres : la danse, l'alcool, la violence. « Tanga, Tanga-Nord, je veux dire, était un authentique enfant de l'Afrique : à peine né, il s'était trouvé tout seul dans la nature. Il grandissait et se formait trop rapidement. Il s'orientait et se formait trop au hasard, comme les enfants abandonnés à eux-mêmes. Comme eux, il ne se posait pas de questions, quoiqu'il se sentît dérouté. Nul ne pouvait dire avec certitude ce qu'il deviendrait, pas même les géographes, ni les journalistes, et encore moins les explorateurs (*Ville cruelle* p. 24).

A la vérité, la chose ne les intéresse guère. Un peuple, un pays, leur sont livrés dont ils exploitent consciencieusement la force de travail et les ressources. La prospérité de leurs affaires et leur confort sont assurés. L'inquiétude leur viendra uniquement le jour où quelque idée bien humaine insinuée dans ce

> troupeau, menacera d'y semer l'indocilité. « Vous êtes un traître » dira-t-on à l'instituteur français, M. Salvain, « vous leur racontez (aux indigènes) qu'ils sont des hommes comme nous, comme s'ils n'avaient pas déjà assez de prétentions comme cela ! »... « Pour être un bon patriote, il faut, ainsi que le recommande l'administrateur Lequeux au père Le Guen, veiller sur le sommeil des Africains » (*Une vie de boy*, pp. 79-80).
> « C'est l'époque où jamais de ne pas remuer l'Afrique. Qui peut dire jusqu'où nous entraînerait la moindre agitation ? Plus que la conversion des âmes à Dieu, plus que tout autre chose, ce qui nous importe le plus à vous comme à moi, père, n'est-ce pas la pérennité de votre présence ici – je veux dire la pérennité de cette paix bienfaisante que nous avions les uns et les autres, bien que sur des plans différents, réussi à instaurer parmi ces peuplades déshéritées, frustres, ignorantes du bien et du mal ? » (*Le roi miraculé*, p. 240).

Plus que la conversion des âmes à Dieu, la mission du prêtre est de servir les intérêts capitalistes : « Le catholicisme n'est plus de nos jours qu'un attrape-nègres » remarque Bitama à la p. 130 du *Roi miraculé*.

Et de fait, avant d'engager un boy, le commandant d'une *Vie de boy* s'assure d'abord qu'il est chrétien, que la religion l'a bien abêti. Puis, lorsqu'on s'aperçoit qu'il raisonne, qu'il s'interroge devant les injustices sociales, on s'étonne :

> « Tu es boy, mon mari est commandant ... Personne n'y peut rien. Tu es chrétien, n'est-ce pas ? » (*Une vie de boy*, p.87).

Il est chrétien, il doit se résigner. Et le rôle du missionnaire c'est de permettre cette résignation : faute de quoi, un Le Guen se verra toujours reprocher ses idées subversives :

> « Au fond, qu'est-ce qui vous différencie de l'agitateur communiste ? Hein, en quoi différez-vous du rouge ? Comme lui, vous êtes le mauvais génie de populations pacifiques et débonnaires – et qui ne demandent pas mieux que de rester ainsi, croyez-moi. Vous n'avez de cesse que vous n'ayez mis en branle ces gens innocents et inoffensifs en leur inculquant des notions dangereuses et trompeuses : la liberté, l'égalité devant Dieu, la rédemption, la fraternité et je ne sais plus quelles balivernes. Pourquoi, ne pas leur ficher la paix, puisqu'ils ne demandent que cela ?... » (*Le roi miraculé*, p. 241).

Fiche la paix aux Noirs, c'est-à-dire veiller sur leur sommeil pour se maintenir en Afrique ; se maintenir pour exploiter jusqu'au bout : telle est la mission de tous ceux, commandants, prêtres ou commerçants... qui habitent Tanga-Sud. Tel est le lien qui les unit.

Aussi, nous ne nous étonnerons point de ce que l'administration ignore tout le Tanga-Nord :

> « Elle (l'administration) ignorait tout ce qui concernait cette demi-humanité,

ses joies, ses souffrances, ses aspirations qui, certes, l'eussent déroutée, mais qu'elle n'avait jamais cherché à deviner et encore moins à comprendre, à s'expliquer. Quand elle voulait bien s'occuper de ces gens-là, deux catégories se trouvaient l'intéresser particulièrement. Ceux qui, ayant réussi à se faufiler à travers d'innombrables barrières, avaient accompli une manière d'ascension sociale et dont le Fisc s'avisait soudain qu'ils pourraient aussi bien lui payer un modique tribut, tant qu'à faire. Ceux qui, de loin ou de près, consciemment ou inconsciemment, par leurs propos ou par leurs actes représentaient une menace pour un certain état de choses, conforme à une certaine vision du monde, jugée nécessaire pour certaines raisons, ou plus exactement, pour certains besoins : ce n'était pas bien difficile : on les mettait en pension quelque part et tout était entendu pour la plus grande gloire de l'humanité » (*Ville Cruelle*, p. 23).

Prison, Fisc. Voilà les seuls liens qu'un Africain de Tanga-Nord peut avoir avec l'administration coloniale.

Et si le jour, Tanga-Nord se vide pour Tanga-Sud, c'est uniquement parce que toutes les richesses s'entassent de ce côté-là :

« Le jour, le Tanga du versant sud, Tanga commercial, Tanga de l'argent et du travail lucratif, vidait l'autre Tanga de sa substance humaine. Les noirs remplissaient le Tanga des autres, où ils s'acquittaient de leurs fonctions. Manœuvres, petits commerçants, cuisiniers, boys, marmitons, prostituées, fonctionnaires subalternes, rabatteurs, escrocs, oisifs, main-d'œuvre pénale, les rues en fourmillaient. Chaque matin, les paysans de la forêt proche venaient grossir leurs rangs, soit qu'ils fussent simplement en quête de plus vastes horizons, soit qu'ils vinssent écouler le produit de leur travail... » (*Ville Cruelle*, p. 19).

En échange d'un peu d'argent donc, les indigènes de Tanga-Nord vendent leur force de travail à ceux de Tanga-Sud. Et c'est là l'unique raison de leur incursion dans ce Tanga étranger. Le seul lien qui unit les deux Tanga si proches et pourtant si éloignées : deux Tanga, deux mondes, dont les seuls liens sont des rapports d'exploitant à exploité, de maître à esclave.

***

Nous avons tenté de définir la société coloniale telle que Mongo Béti et Oyono nous la dépeignent, ses traits caractéristiques, ses contradictions. Voyons maintenant quelle attitude adopte le colonisé en face de cette société. On ne peut pas aborder cet aspect de la question sans parler du ton des romans d'Oyono et Mongo Béti. Leur ton est ironique. D'une ironie savoureuse, mais teintée de tristesse, de cette espèce de nostalgie qui habite tous les personnages, les héros en particulier. La raison de cette nostalgie, nous la trouvons dans cette phrase :

« Ils couraient, marchaient, se bousculaient, tombaient de vélo, le tout non sans une certaine spontanéité, seul résidu de leur pureté perdue » (*Ville Cruelle*, ch. II p. 21).

Les pages de nos deux écrivains sont, avons-nous dit, toutes empreintes de cette nostalgie, qui atteint son point culminant dans les moments où les personnages prennent conscience de leur déchéance. Si bien qu'on peut se demander si le regret de la « pureté perdue » n'est pas simplement le regret du bon vieux temps où le nègre était maître chez lui ? « Est-ce que je ne l'ai pas toujours dit, moi, que c'était mieux du temps de nos grands-pères ? Ils ne connaissaient pas ces ennuis-là, eux » (*Ville Cruelle*, p. 175).

L'expression de ce regret est d'autant plus intense que la vie présente est plus difficile. Et lorsqu'elle est ressentie par un ancien, cette nostalgie devient poignante. Ayant vécu d'autres temps, le vieillard a pleinement conscience de sa déchéance : « Méka ne s'était même pas retourné. Il se retrouvait quelques années en arrière. C'était l'époque où le village de femmes de son terrible grand-père s'étendait là-bas, au-delà de toutes les maisons de blancs qu'il voyait devant lui. Que restait-il du village des grands Méka, ceux-là mêmes qui de ce pays étaient des hommes et des vrais ! Une ombre de tristesse passa dans les yeux de Méka ». Il contint son menton de sa main gauche.

> « Il faut savoir durer sur cette terre, pensa-t-il. C'est une chance parfois pénible ... Qui aurait pu penser que les maîtres d'hier seraient les esclaves d'aujourd'hui ? Les « Méka »... murmurait-il, les « Hommes-lions », les « Hommes-tonnerre », les « Hommes-ciel », les hommes qui incarnaient la puissance et dominaient le ciel et la terre dans cette contrée... ». (*Le Vieux Nègre et la Médaille*, p. 169).

Et de plus, il peut mesurer toute l'étendue de son dénuement présent :

> Nti reprenant la question qu'il avait lui-même posée à l'assistance du *Vieux Nègre* (p. 187) : « Est-ce qu'il y a vraiment quelque chose qui vous appartienne au sens où l'entendaient vos ancêtres depuis que les Blancs sont dans ce pays ? » répond : « Qu'est-ce que nous avons dans ce pays ? Riene ! Rien... et même pas la liberté de refuser leur cadeau ! » (*Le Vieux Nègre et la Médaille*, p. 206).

Déchéance, misère, solitude. Telle est la vie que mènent à présent les Africains colonisés. Mais quelles que soient les difficultés de cette vie, elle n'est jamais rejetée. Elle est acceptée de tous, jeunes et vieux. Le fait colonial est reçu comme une réalité concrète, contre laquelle on ne peut rien. Après le traitement qui lui a été infligé à la prison, le vieux Méka lui-même raconte ce qui s'est passé ! Puis conclut :

> « Nous ne pouvons rien sur ce qui est fait, les blancs sont toujours les blancs..., dit Méka en jetant un regard attendri autour de lui. Peut-être qu'un jour... » (*Le Vieux Nègre et la Médaille*, p. 208).

Dans *Une Vie de Boy*, le jeune Toundi qui va devenir le boy du commandant constate paisiblement :

« Je serai le boy du chef des blancs : le chien du roi est le roi des chiens » (p. 33).

Et l'oncle Banda, le tailleur qui se demande à quoi riment le catéchisme, la messe, le chapelet, la confesse, les prières du matin et du soir, et autres lubies, admet que son neveu apprenne le français, « la langue des Blancs puisqu'après tout ces gens-là étaient bien les maîtres du pays » (*Ville Cruelle*, p. 152).

Ainsi, la colonisation imprègne les moindres traits de la physionomie sociale de l'Afrique. Alors se pose le problème de savoir ce qu'il faut faire : revenir à la pureté perdue ou aller de l'avant.

La première solution semble irréalisable : la pureté d'autrefois a été entamée jusque dans les campagnes. Ferdinand Oyono nous l'apprend de la manière poignante que nous avons vue dans *Le Vieux Nègre et la Médaille*, de Mongo Béti d'une façon humoristique dans le *Roi Miraculé*.

> « Le chef ne tarde pas à oublier sa maladie ainsi que ses velléités de conversion, décourageant même la prosélytique générosité de Le Guen qui, en outre, vit avec tristesse le conflit qui l'opposait à Monsieur le Satrape se développer fâcheusement. Essomba Mendouga, bien que chargé maintenant de fardeau de *Lazare*, redécouvrit les joies de la polygamie et de l'obéissance stricte à l'éthique de la tribu. Et cependant, ne le lâcha plus jamais l'obsession de devoir un jour rendre compte de sa vie à Dieu, un être mystérieux, peut-être plus puissant encore qu'Akomo – et, qui sait ? Même des années plus tard, cette sourde frayeur se mutait en panique à chaque douleur ressentie par le chef de la très nombreuse confédération des Essazam : on le voyait, alors, convoquer ses femmes, leur rendre leur liberté, demander à se confesser afin de recevoir la communion et de paraître ainsi au banquet céleste vêtu de la blanche robe des convives de Dieu. Mais jamais, les femmes n'eurent cure de partir, d'autant que, sitôt l'alerte passée, le Chef des Essazam les retrouvait avec gratitude » (pp. 250-251).

Puisque le retour à la pureté perdue est impossible, il ne reste plus qu'à adopter le progrès dont les jeunes représentent les défenseurs.

Il semble que nos deux auteurs, sans renier leur sympathie pour l'ancienne Afrique, adoptent la cause des Jeunes, prennent fait et cause pour le progrès : alors qu'ils sont impitoyables pour les vieillards qu'ils n'estiment pas, Ferdinand Oyono et Mongo Béti, en dépit de l'ironie dont ils accablent leurs jeunes héros, sont pleins de sympathie, d'indulgence voire même d'admiration pour eux.

Le progrès, par conséquent, ne concerne que les jeunes et de plus, il n'est pas infini. Il s'arrête où commence l'insubordination ou la curiosité vis-à-vis du monde blanc. Koumé, le jeune mécanicien dans *Ville Cruelle*, meurt pour s'être révolté contre son patron. Toundi, parce qu'il sait trop de choses sur les mœurs des Blancs : *Une Vie de Boy*. Chez Oyono, comme chez Mongo Béti, toute tentative d'évasion, autre que l'alcoolisme et les plaisirs frelatés, se trouve vouée à l'échec. Pourtant, les modes d'action, les moyens mis en œuvre pour s'échapper ne sont pas les mêmes dans les deux cas : Toundi est seul. C'est un enfant qui découvre le monde, le monde colonisé. Il est trop jeune, trop naïf pour s'apercevoir qu'il est cerné. Et lorsque sur les conseils du vieil infirmier il s'enfuit vers la Guinée espagnole, il est déjà trop tard. La coalition des Blancs a eu raison de lui.

Koumé, lui, a plus d'expérience. Et de plus, il n'agit pas seul : ses « copains », les autres ouvriers de M.T. sont prêts à le seconder. Ils ont pour eux « le nombre et le droit ». Ils savent comment l'utiliser et sont décidés à s'en servir. Pourtant ici aussi, l'opération échoue. Les travailleurs ont pu forcer l'atelier et prendre leur dû. M.T... est bien mort. Mais Koumé, le chef de file, le meneur ne lui survit pas. Recherché par la police, il doit quitter le pays et il trouve la mort dans un fleuve au cours de sa fuite.

La route du progrès dans ces conditions paraît sans issue. Elle semble fermée au noir qui rêve d'un progrès véritable, un progrès libérateur. Le seul progrès qui soit en effet permis au noir dans une société colonisée, est celui qu'offre le contexte colonial. Celui que l'éducation coloniale donne aux jeunes dont on peut faire de brillants seconds. Quant aux autres, une seule voie leur est ouverte, mais vous y mène de façon certaine : la docilité, la servilité. Si les jeunes de la Garde Nationale sont parfois chics pour leurs compatriotes qui essaient de briser le carcan colonial, avec les vieux, il en va autrement :

> « Les jeunes je ne sais pas : peut-être qu'ils sont chics de temps en temps. Ils vous ont laissé filer cet après-midi. Mais les vieux, c'est différent ; ils veulent avancer en grade ; comme ce sont des illettrés, ils comptent sur la docilité... » (*Ville Cruelle*, p. 93).

Ainsi, la colonisation se sert des anciens mêmes pour barrer la route aux jeunes, consommant de la sorte la rupture entre le passé et l'avenir dont nous parlions tout à l'heure. Dans ce monde où le passé manque pour les uns et où l'avenir est forcément bouché pour les autres, rien ne peut se faire tant que la continuité entre le passé et l'avenir n'est pas assurée. Et si l'action des mécaniciens de T... échoua bien qu'ils aient pour eux le nombre et le droit, c'est parce qu'en fait ce qu'ils appellent le nombre n'est qu'un nombre insuffisant. Mais comment cette masse désorientée et livrée à elle-même le comprendrait-elle ?

> « Le drame dont souffre notre peuple, conclut Mongo Béti à la page 251 de *Mission Terminée*, c'est celui d'un homme laissé à lui-même dans un monde qui ne lui appartient pas, un monde qu'il n'a pas fait, un monde où il ne comprend rien. C'est le drame d'un homme sans direction intellectuelle, d'un homme marchant à l'aveuglette, la nuit, dans un quelconque New-York hostile ». Mongo Béti, dans cette conclusion, met le doigt sur le mal et touche enfin le fond du problème. Mais quelle solution y apporte-t-il ? Quel remède nous propose-t-il ?

Il faut oublier le bon vieux temps. Quant aux progrès, il s'arrête où commence l'insubordination vis-à-vis de la hiérarchie coloniale, hiérarchie des civilisations, hiérarchie des races où le nègre inférieur est toujours ravalé. Ce progrès s'arrête encore là où commence le désir de briser la société coloniale : *Ville Cruelle*, de l'intégrer : *Une Vie de Boy*, de retrouver le vieux temps mais modernisé, adapté aux exigences modernes.

Le seul progrès que nous trouvons dans Mongo Béti et Oyono n'est par conséquent rien d'autre que le réformisme. Réformisme, parce que dans le cadre où luttent les héros, cadre que nos romanciers se refusent à dépasser, la révolution est impossible.

Et elle est impossible pour la raison que signale Mongo Béti, à savoir que l'Africain colonisé est un homme sans direction intellectuelle. Faute de direction, les « durs » du genre de Koumé qui, bien guidés, pourraient donner des révolutionnaires, demeurent des révoltés isolés. Lorsqu'ils parviennent à s'intégrer dans un parti, leur manque de formation les empêche d'assimiler toutes les contradictions de la société où ils vivent et ils en sont réduits à réciter des formules toutes faites : témoin ce Bitama du *Roi Miraculé*, jeune adhérent du P.P.P., qui voit le colonialisme jusque dans le sommeil de son ami Kris :

> « ... Et Bitama n'eut pas trop de toute son obstination de futur élève de seconde classique pour arracher le pauvre Kris, qui n'en pouvait mais, à cet odieux colonialiste de Morphée » (*Le Roi Miraculé*, p. 172).

***

Nos deux écrivains en s'éclairant l'un l'autre et Mongo Béti surtout font un inventaire exhaustif de la Société Africaine. Mais il n'y a que cela de fait.

Reste à montrer à cette masse désorientée, à lui faire comprendre la société dans laquelle elle vit. C'est là qu'est le véritable problème.

Mongo Béti l'a entrevu et le suggère dans la conclusion de *Mission Terminée*. Mais il n'indique pas pourquoi ce problème se pose à l'Afrique actuelle. Et il se garde bien d'en esquisser seulement la solution. Or, rien ne peut se faire si ce problème, qui est le vrai problème, le problème réel, n'est pas résolu. C'est pourquoi, nous serions autorisés à regretter que celui qui fut l'un des premiers à voir le véritable problème l'ait éludé et s'en soit tenu à un inventaire, alors qu'en tant qu'écrivain, et écrivain africain, il se devait d'aider les masses à comprendre.

Mais Ferdinand Oyono et Mongo Béti ne sont pas seulement coupables de ne pas expliquer la société colonisée aux masses. Il est un grief plus grand que nous devons leur faire, c'est d'avoir écrit des romans qui ne sont pas mobilisateurs.

Les problèmes n'y sont pas nettement posés mais esquissés chemin faisant, par petites touches. Mongo Béti, en particulier, fait de l'impressionnisme avec les problèmes africains qu'il soulève. Et à ces problèmes qu'il ébauche, aucune solution n'est suggérée. Toute tentative de progrès se trouve nécessairement vouée à l'échec et la mort des héros sympathiques entraîne toujours la démission et la résignation des survivants : « Le mieux quand on tuait un Blanc, c'était de se tuer soi-même, puisque n'importe comment, on était sûr de son affaire » (*Ville Cruelle*, p. 193).

Voilà à quels raisonnements pessimistes les romans démoralisateurs de Mongo Béti et d'Oyono condamnent les masses et le lecteur non averti.

C'est la preuve que nos deux auteurs n'écrivent pas pour le peuple, mais pour la bourgeoisie, pour un petit groupe d'intellectuels. Si Oyono et Mongo Béti voulaient être des romanciers africains, ils auraient à cœur d'éclairer le peuple, ils se soucieraient de donner une direction intellectuelle à cet homme désorienté qu'est l'Africain colonisé. Mais, c'est là une préoccupation qui ne les effleure même pas. Mongo Béti et Ferdinand Oyono se refusent systématiquement à éduquer les Africains. Ils ont choisi de n'être que les témoins de ce raz-de-marrée qui emporte tout en Afrique et veulent bien nous restituer un peu de ce spectacle auquel ils assistent de loin ou de près.

13

Balles d'or de Guy Tirolien

Henri Lopes

Présence Africaine vient d'éditer *Balles d'Or* de Guy Tirolien. Pour en parler justement et en saisir toutes les nuances, il faudrait faire une véritable exégèse de toute la littérature « noire » de ce siècle. Mais la conscience de cette insuffisance ne doit pas nous empêcher de porter un jugement sur l'œuvre qui sort, dussions-nous nous tromper : cela n'est ni une thèse, ni un essai que nous tentons. Simplement, un article pour éclairer nos camarades.

Guy Tirolien est un Guadeloupéen, mais un Guadeloupéen dont le chant concerne tous les Noirs, fussent-ils d'Afrique. Sa sensibilité et l'aisance de son expression rendent agréable la lecture de ces poèmes qui racontent l'histoire d'une lutte contre l'assimilation. Et il y aura encore, pendant un certain temps, des jeunes qui, dans telle retraite de Poto-Poto ou de Marie-Galante, liront avec émotion et profit l'œuvre de ce poète dont, à n'en pas douter, il y a un suc à tirer. Lutte contre l'assimilation, pétition du Nègre bafoué, tel est le leitmotiv de cet ouvrage. C'est tout le sens de la fameuse *Prière d'un Petit Enfant Nègre*, de loin le meilleur poème de ce recueil. Ce recueil, non sans émotion, nous fait refaire le cheminement qu'ont suivi nos pensées depuis l'époque où l'on nous enseignait «nos ancêtres les gaulois... » jusqu'au jour où, on ne sait.

« Quel soleil quel réveil ont fondu à jamais
Mes neiges impossibles ? ».

La démystification accomplie, l'assimilation rejetée, « l'Orphée noir » – pour parler comme Sartre – nous invite à la suivre plonger et chercher les richesses d'une race opprimée. Et sur le mode mineur, l'évocation d'une civilisation hypnotique commence. Tantôt c'est du lyrisme pur (lisez *Karukéra*), tantôt c'est une véritable chanson de nos villages, sous les baobabs où chauffe la joie populaire (*Masque et Chanson*), enfin tantôt c'est l'émotion de qui retrouve la terre natale. Sans doute, le pays natal de Tirolien flotte-t-il dans la mer des Antilles et n'est pas notre Afrique. Mais notre terre exploitée par les monopoles, c'est à elle aussi que pensait Tirolien, quand il écrivait du bateau qui le ramenait :

« Le salaire de l'homme ici,
Ce n'est pas cet argent qui tinte clair, un soir de paye ...
...
Les mouches sont toujours lourdes de vesou,
Et l'air chargé de sueur ».

C'est bien cela, ce qui nous frappe, nous fils des pays colonisés, à chaque fois que nous retournons au pays : la joie qui nous serre à l'odeur de la terre qui nous a vu naître est toujours doublée de la mélancolie que nous impose le spectacle de notre peuple encore colonisé, encore misérable. Le gosier de Tirolien semble aussi à l'aise lorsqu'il entonne gravement l'épopée de la *Mort de Delgrès*, le Toussaint-Louverture guadeloupéen.

C'est là une voie que d'autres poètes devraient suivre, car nous avons-nous aussi nos « Vercingétorix » et « Alexandre Newski » à chanter, pour scander la marche de nos troupes montant à l'assaut de l'impérialisme. Pour donner la mesure du talent de Tirolien, qu'on nous permette de citer ce passage où ses dons de visionnaire, sa capacité de faire rêver le lecteur, sont éclatants :

« Et par les rues béantes,
Je vais mendiant mon pain,
Le pain blanc de l'amour.
Dans la sébile que je tends
J'entends tinter des jetons sales.
Mais j'irai au-delà des faubourgs désolés,
Des marigots d'ombre pourrie,
Au-delà des médinas,
J'irai quêtant l'eau musicale des chansons ».

Peintre, mais aussi musicien, musicien de chez nous. Ecoutez le jouer au tam-tam : « Cataclysmes ! Catastrophes ! Calamités ! ». Evocation rythmique qui scande aussi tout le poème intitulé, *Rythme*.

Malgré ces qualités, une impression désagréable subsiste une fois *Balles d'Or* refermé ; à l'heure où le monde des opprimés apparaît avec fougue sur la scène mondiale et brise ses liens, Tirolien est triste, lui, de n'avoir pu effacer « les souvenirs qu'on ne tue pas ». Et c'est là que la question se pose : Tirolien est-il un poète de la jeunesse ? On est tenté d'écrire qu'il manque pour cela quelques cordes à sa guitare.

L'amour et la révolte ne sauraient nous satisfaire : nous sommes trop engagés dans la lutte de nos peuples. Si, par moment, l'auteur de *Balles d'Or* sait être le chantre des foules (l'Ile pousse vers demain sa cargaison d'humanité), il n'est jamais celui des masses combattantes et on regrette de l'entendre confier :

« J'ai verrouillé ma porte, j'ai tiré les rideaux ».
Pour qui donc chante ce solitaire, fils d'un peuple où l'individu ne peut s'épanouir ? Croit-il que les souffrances de son peuple se résolveront du seul fait que, comme un saint, il les prendra en charge : « … seul
Sur la suprême cime
De l'ultime corail » ?

Ce sont des blues que chante Tirolien. Son incantation douloureuse est celle du Nègre qui pleure sa condition. Bien sûr, c'est beau. Mais le poète doit aussi chanter la vie et vivre avec son temps. L'élite, pour trouver la beauté, a-t-elle besoin de la chercher dans les temps qui ne sont plus ou n'ont jamais été ? Comme si la boisson de vie n'était pas aussi enivrante aujourd'hui qu'autrefois ?

En 1961, on n'a plus le droit de traîner sa «négritude» en écharpe, dans l'atmosphère langoureuse des blues. D'une part, notre douleur n'est plus le fait du racisme mais de l'impérialisme ; d'autre part, puisque la lutte est engagée et victorieuse, au lieu de pleurer, il faut combattre. L'enthousiasme a succédé au désespoir et le jazz a déjà suivi le mouvement qui est devenu plus rapide et plus combatif avec le style bop. S'il a à pleurer, c'est sur les poitrines trouées de balles.

Quand de Johannesburg à Alger, en passant par la Martinique, les masses opprimées s'ébranlent, il y a des *Marseillaises* et des *Chants du Départ* à créer. Les guitares doivent céder le son aux trompettes. Il faut faire éclater le cadre de la « négritude », car dans la lutte du « Tiers-Monde » la solidarité fait litière de la couleur de la peau : un Tshombé n'est pas notre frère (même s'il est noir jusque dans l'âme), et Fidel est le frère de Lumumba.

Pour tout dire, nous demandons à Tirolien et à tous nos poètes de ne pas oublier dans leur chant nos ouvriers et nos paysans qui luttent pour la paix et la démocratie. Souhaitons à nos bardes de rencontrer une Muse qui leur rappelle cette remarque de Romain-Rolland :

« Il est bon que l'humanité rappelle au génie :
- Qu'y a-t-il pour moi dans ton art ? S'il n'y a rien, va-t-en !
A cette contrainte, le génie gagne le premier – certes, il est des grands artisans qui n'expriment que soi – mais les plus grands de tous sont ceux dont le cœur bat pour tous. Qui veut voir Dieu vivant, face à face, doit le chercher, non dans le firmament désert de sa pensée, mais dans l'amour des hommes ».

14

Remarques sur *Chants d'ombre et hosties noires*

Mame Pathé Diagne

Parues séparément entre 1945 et 1948, ces deux plaquettes ont été réunies et publiées ensemble en seconde édition quelques années plus tard.

Il ne s'agit donc pas de les présenter, d'abord parce que des œuvres du poète, ce sont les plus connues, surtout une critique abondante en a largement rendu compte.

Le propos du poète et le poète lui-même ? Disons pour ne pas trop explorer la suite des temps, ni conjecturer outre mesure sur son devenir qu'à l'époque de la publication, il était un jeune écrivain d'Afrique noire. Il « bedonnait » de diplômes et « tout auréolé de titres universitaires » faisait « paître des têtes blondes sur d'arides textes anciens ».

Au lycée Marcelin Berthelot, pendant quelques années, il fut la médiation nécessaire entre les descendants des gréco-latins et la pensée de leurs ancêtres. Esprit rompu à la tradition antique et à ses mythes, il entretenait néanmoins avec ferveur une foi chrétienne solide.

Ajoutons pour finir qu'une profonde nostalgie l'habitait du fait de ce double exil à la fois physique et culturel ; aussi, comme un lamentin entreprit-il de revenir puiser à la source.

Mais entendons-nous bien, il nourrissait un intarissable amour pour sa nouvelle patrie et cet amour aux couleurs fluctuantes en arriva même à ne plus distinguer entre « Soukeyna, sa sœur, et Madeleine, sa sœur de lait » ; il nous le dit et nous comprenons que sa démarche tout naturellement emprunte la forme d'une pérégrination onirique et nocturne pour ressaisir cette Afrique lointaine.

C'est là le climat d'ensemble qui préside à l'élaboration des *Chants d'Ombre* ; *Hosties noires*, sans rompre avec l'Afrique, procédant cependant d'un autre point de vue : c'est un poème de guerre, l'auteur nous le confie.

Mais, je m'aperçois subitement de l'impropriété de bien des termes. Il ne faut user ici que d'un seul thème : le chant. Le poème, Senghor, nous l'affirme et nous l'en croyons, est en Afrique conte, et un conte exige qu'on le dise, pour retrouver sa vie et son rythme dans le verbe, en un mot le conte est incantation.

Chants d'Ombre constituent donc une série ... de chants dans lesquels le poète promène son imagination et la nôtre des bords de la Seine aux rives du Sine pour restituer, par l'image et par la puissance mystique et vitale du mot, un ordre aux choses qu'il nomme. Il se propose de les remémorer, de les recréer pour les restituer dans cet ordre ancien qu'ils ont perdu pour lui. *Chants d'Ombre* atteste cette nostalgie du passé et du lointain et il nous est bien difficile, même avec le recul, à une période de référence contemporaine, à l'œuvre qu'implique notre jugement pour sa validité, de reconnaître immédiatement et intégralement dans cette partie de l'œuvre du poète l'Afrique que nous vivons.

Mais soyons prudent, le poète nous précise que sa mission est :
« de nommer les choses, les éléments de son univers enfantin pour prohétiser la cité de demain qui renaîtra des cendres de l'ancienne ».

Le recours à une Afrique lointaine à la fois dans le temps et dans l'espace est une attitude constante, c'est parfois même lassant à force de passer à côté du réel quotidien et concret. Une Afrique nébuleuse, artificielle qui ne manque pas de séduire l'esprit, malgré sa préciosité.

On déplore un peu cette Afrique des masques de salons, qui agite l'insolite, l'irrationnel et l'émotif pour satisfaire un goût d'époque. Cette Afrique d'ethnographe avec son cortège de totems et ce voile idyllique qui entoure les vieilles sociétés qu'on évoque avec compassion. Remémoration d'une réalité qui se meurt. Car ferait-on sienne l'Afrique des empires, on conviendra néanmoins que la communauté de lignage avec Coumba Ndoffène ou un Guelwar somme toute n'équilibre plus le prestige que confère le poids de la bourse – mais cette noblesse flatte le poète.

Il faut reconnaître cependant que ces fières allusions donnent le ton à l'ensemble. Rappelons-le, cette démarche vers le vieillot, le mitigé, vers le lointain et vers cet ordre ancien convient bien à notre « Prince poète ».

Cependant, certaines parties de *Chants d'Ombre* nous livrent une réalité plus consistante du monde noir. On y découvre une Afrique douce et nocturne, vivante, authentique, grâce à de très belles images et ces pages témoignent d'une profonde intelligence de notre univers ; le poète, souvent avec aisance, trouve aux choses qu'il nomme leurs véritables équivalences connaissant parfaitement les possibilités de la langue, il crée alors sans cesse de belles formes dont il se délecte.

L'évocation de la figure de Toko Waly nous touche car c'est l'oncle, cette pièce angulaire de l'institution traditionnelle, et nous nous surprenons à le suivre notre main dans la sienne, lui qui demeure dépositaire du secret des Dieux qu'il sonde.

Et n'est-il pas par-dessus tout « Celui qui écoute l'inaudible, explique les signes que disent les ancêtres dans la sérénité marine des constellations ».

On voit aussi revivre Joal, cette perle de la petite côte dans sa splendeur. Les femmes noires élancées, racées, du Sine-Saloum, admirables et tout à l'image du poème qui leur est consacré.

Mais bien sûr, elles ne sont pas seulement de lassives princesses de beauté, ni de remarquables futilités, mais avant tout des êtres de chair, vivantes, laborieuses et fatiguées, que le travail puisque :

« Le destin réduit en cendres pour nourrir
les racines de la vie ».

Hosties Noires ne manquent pas de générosité. Elle s'exprime pour Emma, l'infirmière de France, elle s'affirme pour tous ces frères obscurs comme leur peau qui se croisent, venant de tous les coins du monde à la rescousse de cette Europe insolite dont les vieilles articulations craquent sous la machine allemande.

Les meilleurs passages de cette plaquette, ce chant de guerre, ont trait précisément à l'évocation de la vieille Afrique, cette fois la vraie toute présente dans l'amité et la fraternité qui percent à travers ces scènes de pacifiques retrouvailles où la main dans la main on se scrute et se nomme comme pour se communiquer mutuellement des forces nouvelles.

« Et je redis ton nom Diallo
Ta main et ma main qui s'attardent et nos pensées
se cherchent dans la mi-nuit de nos deux langues sœurs »

ou encore cette tendresse à propos des soldats noirs d'Amérique :

« Je ne vous ai pas rencontrés sous votre prison
d'uniformes couleur de tristesse »

et voilà que grisé par son lyrisme le poète nous jette son mot ultime dans cette noble déclaration de guerre contre les ennemis de son peuple car contre tous

« Il a choisi son peuple peinant, son peuple paysan
la race paysanne du monde ».

A la même époque un obscur chantre chinois faisait quelque part en Asie dans les monts du Chen Si une profession de fois identique. Certes, il n'évoquait pas aussi vaguement la « race paysanne du monde ». Mais n'épiloguons pas, prenons seulement rendez-vous avec ce poète qui nous promet dans la ferveur de l'immédiat après guerre un prompt salut pour les masses africaines et en lui souhaitant un bel avenir dans l'administration des choses de la cité. Allons boire à la libération totale et inconditionnelle du Continent – car ne nous jure-t-il pas que les usuriers et leurs comptoirs coloniaux vont être liquidés, les bases militaires qui en préservent les intérêts vidées, les féodalités sur lesquelles s'appuie la domination étrangère abolies avec celle-ci – et nous voyons déjà se profiler à l'ombre de la démocratie rétablie, les masses paysannes affranchies, jouissant pleinement du fruit de leur labeur.

Fini le règne de l'arrogante bureaucratie : la corruption, l'arrivisme et le dérèglement des mœurs vont être mis hors la loi.

- La poésie enfin restaurée par le chant paysan, recréant le monde derrière le sillon, va retrouver droit de cité.

C'est, rappelons-le, l'immédiat après la guerre et pour ne pas déplorer ni tenir l'avenir de la race paysanne du monde, restons en sur cette émouvante et lointaine promesse.

- Nous ne terminerons pas cependant cette présentation sans faire quelques digressions sur la voie où nous engage cette poésie.

N'étant pas nous-même poète et ne nous abandonnant à cet art qu'avec prudence, nous ne saurons prescrire à la génération actuelle qui se sent une vocation, aucun conseil qui puisse tenir du dogme ; du reste l'expérience assez médiocre dont nous bénéficions ne nous le permet guère.

Il est toutefois évident que c'est l'ensemble de notre vie culturelle qui est concernée et cela ne peut laisser indifférent aucun jeune intellectuel, c'est pour cette raison précise que nous nous permettons de reposer un certain nombre de problèmes pour pouvoir contribuer par notre modeste apport à leur solution.

Il y a à notre avis deux aspects essentiels qui surgissent dès qu'on soulève la question relative à la création artistique et sa fonction dans la société – l'un est lié au fond, d'autre à la forme. Certes, entre le fond qui rend compte du contenu et la forme qui indique le mode d'expression, il y a un rapport tellement étroit qu'il rend caduque toute séparation, sinon pour des raisons didactiques.

Mais la distinction demeure nécessaire pour la compréhension de notre analyse et nous la maintiendrons. Ces prémisses posées, il faut faire quelques remarques pour éclairer notre propos.

En ce qui concerne le contenu de la création artistique, tout le monde ou presque est d'accord pour l'engager résolument dans le sens des préoccupations des sociétés dont nous participons et c'est en ce sens que nous rejetons cette gangue qui caractérise une bonne partie de *Chants d'Ombre*.

Cependant, cette poésie pêche aussi gravement dans le mode d'expression qu'elle emprunte.

Les propos que nous livre le poète des *Ethiopiques* nous éclairent si besoin était assez largement sur ce point. Dans l'analyse qu'il nous donne en post-face de l'ouvrage précité, on peut cerner l'essentiel de sa conception sur le devenir de la littérature négro-africaine.

Par-delà les images savoureuses d'un excellent conteur, l'écrivain laisse surgir rapidement le politique qui nous propose le suicide dans cette vague et médiocre voie du métissage cul-turel. Il y loue la beauté du français, cette langue de « gentillesse et d'honnêteté », nous l'en croyons.

Mais définir une littérature nationale africaine à partir des incertitudes et des insuffisances, de la production d'expression française ou anglaise des Nègres qui, au mieux, est nationaliste mais jamais populaire et nationale, procède de vues limitées.

Il y a là une absence totale de confiance dans la richesse de notre patrimoine et de ses possibilités, il y a surtout des doutes évidents sur l'avènement d'une culture nationale authentique. C'est enlever pour longtemps à la création artistique tout moyen d'enracinement et d'audience auprès des masses.

Dès lors, aucune surprise si le poète de *Chants d'Ombre* et d'*Hosties Noires* s'adresse davantage à une nouvelle élite africaine rallongée, à quelques collectionneurs d'antiques bibelots ou à des esthètes cultivés et raffinés.

Rien d'étonnant à ce que le choix de ce public et la forme que cette option implique ait conduit l'écrivain à faire revivre dans sa production le plus souvent, moins la « Race paysanne du monde que des masques ». Rien d'étonnant non plus que le ton, le verbe soit, en retour, constamment à la poursuite d'une certaine noblesse de ton pour ne pas dire d'extraction.

De façon plus générale, il ne faut pas perdre de vue que la poésie africaine d'expression française ne pouvait et ne peut être qu'une poésie de transition, avec une fonction précise qu'elle satisfaisait d'autant mieux qu'elle était engagée à côté de l'élite pour aider à la prise de la conscience des masses. Ce n'est que sous cet aspect qu'elle est susceptible de se justifier à la fois dans sa forme et son contenu.

Mais cette poésie nationaliste au mieux est une poésie datée et il faut résolument passer à l'étape suivante en lui ouvrant une forme nouvelle et des perspectives de plus en plus larges. Ce sera l'étape la plus difficile du fait qu'elle assumera la responsabilité d'une renaissance et d'un approfondissement de la culture populaire dont les masses sont porteuses. Et il ne s'agit pas seulement de faire sienne la cause des masses et de répercuter ce choix dans la création artistique. Il est essentiel que par le mode d'expression on puisse rendre sa pensée accessible au public auquel on s'adresse, les masses africaines en l'occurrence.

Et de ce point de vue, il n'y a pas encore à notre avis de littérature écrite qui réponde sérieusement aux conditions que notre expérience et nos conceptions nous conduisent à établir comme les critères de la création artistique nationale. Il y a des raisons historiques à cela, elles sont nombreuses et nous ne nous y attarderons pas. Du reste, il ne pouvait en être autrement car la forme ou, si vous préférez, le mode d'expression ici est en rapport étroit avec le contenu et, par extension, il entretient un dialogue permanent avec le destinataire du message, c'est-à-dire en dernier lieu ce public populaire que l'on sollicite. Ainsi, à un contenu populaire une forme non moins populaire.

En un mot, le poète populaire du Sine, c'est davantage Alioune Sène qui dit que Léopold Senghor qui est censé traduire. Le poète Senghor n'est pas le chantre populaire du Sine, il ne saurait se confondre au Griot Royal. Le troubadour du Sine emprunte son motif aux réalités qui préoccupent le Sine et les signes qu'il utilise à cet effet pour sa création émanent de l'idiome du terroir, de ce parler sérère qui mieux que tout autre est supposé en exprimer la succulence.

En définitive, le poète du Sine après lequel vous courrez et qui vous intéresse, il est encore au Sine anonyme.

Senghor comme David Diop ou Dadié et même Birago ne sont tout au plus que de brillants interprètes et en cela ils sont ou au-delà ou en deçà du génie véritable du monde africain. Celui-ci a sa sensibilité propre ; cette sensibilité étrangère au français malgré le viol qu'on lui impose reste rétive. On comprend très bien la difficulté de langage qui transparaît constamment dans la poésie noire d'expression française et qui s'en défend, avec plus ou moins de bonheur, soit par d'audacieuses images, soit par une anarchie verbale caractéristique, soit par le rythme obsédant d'éternels Tam-Tam rabattus comme si l'Afrique se résumait à quelques figures de danse préludant l'anéantissement dans la possession sexuelle.

La poésie de *Chants d'Ombre* et d'*Hosties Noires*, car il nous fait bien revenir à notre propos pour finir, n'est ni sans charme ni sans beauté, elle est imprégnée d'une certaine réalité africaine mais par le public qu'elle sollicite et par la forme qu'elle emprunte a abouti à reléguer l'Afrique vraie et sa poésie authentique au rang de prétexte. Il faut en convenir et ne l'expliquer que sous ce rapport.

En conclusion, la poésie africaine écrite nous est encore peu connue, surtout au Sénégal, sinon par Mbaye Rab Guèye, celle à laquelle nous nous trouvons confrontés certes française et petite bourgeoisie. La poésie nationale africaine dans la situation actuelle ne peut être simple imprégnation à la réalité africaine mais se doit d'en émaner, d'y puiser et de s'y épuiser pour en extraire à la fois son contenu et sa forme. La poésie populaire Wolof pour demeurer dans le concret nous enrichira d'autant mieux qu'elle nous aura livré cette sagesse authentique que Kothe Barma distillait par bribes. Il imprimait ainsi à sa profonde réflexion ce rythme naturel au conte, qui se dépouille précisément des halètements et des grimaces qu'évoquent les sempiternelles.

Ames Noires
Tam tam bat
et autre sexe insultant le soleil.

15

Le vieux nègre et la médaille de F. Oyono

Joseph Van Den Reysen

Le *Vieux Nègre et la Médaille*, roman du camerounais Oyono, se laisse lire sans ennui : bien qu'une fois terminé, je l'ai, à la réflexion, trouvé quelque peu superficiel. En fait, l'auteur eut mieux été inspiré de s'en tenir au cadre de la nouvelle, car il n'a manifestement pas encore la « densité romanesque ».

Un vieux paysan, Méka, fervent adepte des Missions Catholiques (il leur a fait « don » de ses terres), apprend que le « Grand Chef des Blancs », le Haut-Commissaire en l'occurrence, va le décorer. Toute sa famille vient partager cet honneur, auquel il se prépare fébrilement. Malheureusement, au soir du grand jour, il se retrouve en prison pour vagabondage nocturne dans le quartier européen du chef-lieu. Ce séjour, assez bref d'ailleurs, dans la prison du Commandant, suscite la prise de conscience de Méka. Il comprend que la médaille où il a cru voir le signe d'une amitié réelle, d'une fraternité même entre les Blancs et lui, n'est en fait qu'un prix de servilité ...

Les Blancs le récompensent d'être un bon nègre qui sait rester à sa place. Malheureusement pour lui, et il en a con-science, Méka perçoit trop tard la vérité. « Je ne suis plus qu'un vieil homme » dit-il. Comme on le voit, le roman d'Oyono traite d'une attitude que nous connaissons bien. Celle de « l'ami » de la France, de l'Africain « loyal », du bon chrétien travailleur, respectueux, à la peau noire mais à l'âme blanche... Oyono critique cette attitude et met au jour les illusions et les déceptions qu'elle comporte. Il y a aussi dans *Le Vieux Nègre et la Médaille* une description vivante de la vie dans la brousse africaine, à l'époque toute récente des Commandants et des Gardes de cercle.

Chaleur des relations familiales, situation subalterne de la femme, travaux des champs, et ombre toute puissante du Commandant par là-dessus. Tout y est. En particulier, il montre bien le mélange de peur, de brutalité, de mensonges qui préside aux relations avec l'administration. Convoqué, Méka tremble de se voir jeté en prison car, d'expérience, il sait où conduisent les convocations officielles. Le Haut-Commissaire affirme que Noirs et Blancs sont désormais frères, mais élude l'invitation à dîner de Méka, etc.

Malheureusement, Oyono ne pousse pas son analyse en profondeur. Ses personnages sont plutôt esquissés que peints. Ils nous intéressent parce qu'ils peuvent évoquer en nous des expériences africaines, mais peu par leur vie propre.

De plus, Oyono fait parler à ses personnages un langage inutilement ordurier. Nous ignorons comment s'expriment les paysans du Sud-Cameroun. Mais il est douteux que leurs expressions mêmes crues aient ce tour scatologique que leur donne Oyono.

Aujourd'hui, ce roman en appelle d'autres. Malgré des réserves, le talent de l'auteur est indéniable. Le récit est bien construit, abondant en notations justes et concrètes. Certaines scènes comme celle de l'attente de Méka sur la place de Ndoum sont excellentes. Et Oyono a vu juste en nous faisant participer à la vision de Méka en ce qui concerne les personnages administratifs.

Aussi, espérons-nous un autre roman plus dense, plus riche. Aux illusions perdues d'une Afrique déjà morte, nous voudrions voir succéder un récit ouvert sur l'avenir.

16

L'Enfant Noir de Camara Laye

Ousmane Camara

D'emblée, l'auteur s'enferme, pour ne plus en sortir, dans la peau d'un garçon de six ans qui va vivre et grandir sous nos yeux, que nous suivrons constamment pour ne le perdre qu'au moment où, presque majeur, il cesse de graviter sous l'orbite familiale. En effet, dès les premières pages de ce livre, nous sommes, pour ainsi dire, sous le charme de ce petit enfant noir que nous ne quitterons plus des yeux. Rien ne nous échappe : ses yeux innocents autour de la case paternelle, sa perplexité devant le mys-tère du petit serpent noir, ses randonnées à la campagne ; nous le suivons dans la longue et lente procession de la cérémonie des lions ; nous entrons avec lui à l'école de Kouroussa et dans l'enclos des circoncis ; puis l'enfant devenu un peu plus grand, c'est le voyage vers Conakry, les années passées au collège technique, les premiers amours et enfin le départ pour la France, le grand saut dans l'inconnu. En fermant le livre, on est sincèrement charmé, ravi. L'un des mérites de Camara Laye et qui le place au-dessus de l'auteur de *Karim* et de bien d'autres, c'est d'avoir su, avec art, simplicité et sans mystification, faire vivre ses personnages. A aucun moment, l'intensité du récit ne se relâche même si çà et là il y a quelques longueurs. On est tour à tour amusé, ravi, inquiet, ému même. Mais une fois le charme rompu, penchons-nous de plus près sur ce livre pour essayer d'en dégager le véritable contenu. *L'Enfant Noir* est avant tout un témoignage sur l'éducation dans un milieu de type traditionnel. Non seulement, l'auteur analyse le contenu des coutumes locales, mais encore il prend la défense de certaines traditions en montrant qu'elles répondaient à des préoccupations d'une grande valeur éducative : par exemple, la cérémonie des lions au cours de laquelle l'enfant est persuadé qu'à quelques pas de lui évolue le terrifiant Konden Diarra et sa troupe de fauves rugissants, a pour but d'apprendre au garçon à s'éprouver pour arriver petit à petit à savoir dominer sa peur, maîtriser ses nerfs. Il y a en second lieu dans *L'Enfant Noir* une valorisation du travail quel qu'il soit : l'admirable scène du bijoutier travaillant l'or, la récolte du riz des paysans de Tindicam, les conseils sur l'orientation professionnelle, en sont un témoignage. Mais ce qu'on ne voit pas dans ce livre, ce sont les rapports avec les éléments de la colonisation. Ce problème est inexistant et l'on peut dire que Camara Laye l'a tout de suite écarté en s'installant commodément dans la peau d'un tout petit enfant qui, avec la candeur caractérisant son âge, nous raconte gentiment ce qu'il a vu et senti autour de lui. *L'Enfant Noir* nous laisse parcourir le journal qu'il a tenu depuis l'âge de 6 ans et nous l'arrache juste au moment où il allait nécessairement être question des rapports avec les éléments de la colonisation. Camara Laye ou plus exactement le petit enfant noir ignore totalement le rôle que jouent les Français chez lui ; il ne les voit même pas si ce n'est au collège de Conakry. Il est tout de même étonnant que le petit écolier n'ait jamais vu le

Commandant de Cercle de Kouroussa (qui ne devait certainement pas être un Africain), ni entendu parler de lui (ne célébrait-on donc pas à Kouroussa les fêtes du 11 novembre et du 14 juillet ?). Dommage, car cet enfant si perspicace n'aurait certainement pas manqué de poser des questions et de recevoir des réponses sur la présence et le rôle de ce Commandant de Cercle.

Bref, *L'Enfant Noir* est un livre bien écrit, intéressant, captivant même, mais qui a pour souci majeur de ne s'aliéner personne en se gardant de prendre position sur un quelconque problème sérieux. Le but de l'auteur est certainement atteint si l'on parcourt les extraits de presse reproduits sur la couverture de l'ouvrage. Quant à nous, nous souhaitons que Laye Camara, qui a un talent certain, accepte de quitter les «hauteurs» pour descendre se « mouiller » un peu. (Editions PLON).

17

Karim de Ousmane Socé Diop

Ousmane Camara

En écrivant *Karim*, Ousmane Socé avait, paraît-il, le souci de nous monter la société traditionnelle sénégalaise aux prises avec un mode de vie nouveau créé par la présence française ; il voulait surtout montrer, en mettant l'accent sur ce que la société traditionnelle à l'état pur avait d'extravagant, d'irraisonné, comment, grâce à l'apport de la civilisation française, s'était créé un brassage ayant donné naissance à une société nouvelle puisant sa force et son harmonie dans les vertus conjugées des deux civilisations.

Pour ce faire, Socé choisit pour héros un jeune Saint-Louisien de 22 ans armé de son Certificat d'Etudes Primaires, employé de commerce. Karim dont le contact avec l'école française n'a en rien altéré les conceptions sociales, entend vivre en digne continuateur de la tradition des « Samba-linguères ».

Enflammé par la beauté ensorceleuse de Marième la Saint-Louisienne, le voilà lancé à corps perdu sur la trace de ses généreux prédécesseurs et ce ne sont plus que soirées ennivrantes où Karim chavire complètement grisé par l'envoûtante évocation d'un passé glorieux.

Hélas, après ces nuits de volupté, ce sont des lendemains plutôt amers où la réalité économique se fait de plus en plus pesante, exigeante, et rappelle à Karim que le temps n'est plus où un « Samba-linguère » pouvait impunément jeter l'argent aux quatre vents. Gêné par cette réalité, Karim persiste néanmoins, mais vaincu sur son propre terrain par un adversaire plus prodigue encore, il semble comprendre la nécessité de rompre avec ce passé onéreux. Le voilà donc parti à Dakar pour se refaire une autre vie. Il aura certes une éphémère rechute, mais grâce à ses fréquentations, l'ordre social nouveau l'absorbe, le transforme complètement et c'est un Karim respectueux des bonnes traditions sénégalaises mais l'esprit désormais totalement acquis aux idées nouvelles qui revient à Saint-Louis épouser Marième et mener une vie paisible.

Ce qui frappe le plus dans *Karim*, c'est son côté superficiel. En effet, il n'y a aucune profondeur dans l'analyse, aucune réflexion sérieuse ; on ne trouve rien sinon un tableau schématique de ce que pouvait être la société sénégalaise entre les deux guerres. Les mœurs de l'époque, surtout à Saint-Louis, sont assez fidèlement décrites, mais d'une manière tellement superficielle qu'on en arrive même à se demander si Socé connaissait vraiment la société sénégalaise ; on se pose d'autant plus la question qu'on a l'impression en lisant *Karim* que la société sénégalaise était composée à l'époque d'une part, de gens de castes essentiellement malhonnêtes et ingrats avec parfois de très rares exceptions, d'autre part de nobles d'une prodigalité et d'une frivolité confinant à une totale inconscience.

De même, Socé ne voit des femmes sénégalaises que l'extérieur ; il ne va pas au-delà des croupes qui se trémoussent un soir de tam-tam ; il passe totalement à côté du problème de la condition sociale de la femme.

A voir les attitudes et les discussions des « intellectuels », on a l'impression qu'au Sénégal, à l'époque de *Karim*, les intellectuels n'avaient d'autre ambition que de singer l'Européen et d'autre perspective que l'assimilation. Quant aux rapports de colonisation, c'est l'élément qui éclaire le mieux sur la nature véritable de *Karim*. Ces rapports ne sont posés qu'au niveau des différentes entreprises où travaille Karim et dans des termes qu'on pourrait presque qualifier de scandaleux. En effet, on a d'un côté le patron européen, compréhensif, paternel, traitant ses subordonnés noirs comme il aurait traité des Blancs, aimant la plaisanterie, et de l'autre le Sénégalais très peu consciencieux, ombrageux au point de ne pouvoir même pas goûter la plaisanterie. Et si Karim perd son emploi, c'est forcément par sa faute, le Sénégalais démissionnant par excès de susceptibilité, au grand regret du patron qui lui ne songerait jamais à congédier un employé.

En voyant Karim en chômage, on espère que par ce biais la véritable nature de la colonisation allait apparaître, mais cet espoir se dissipe immédiatement car l'auteur glisse rapidement sur la question par une lapalissade : s'il y a chômage, c'est parce qu'il y a une crise. Non seulement les problèmes sérieux sont escamotés, mais l'œuvre tout entière se réduit à une idéalisation du Français.

Karim, peut-on dire, a été écrit pour les Français « de la colonisation » d'autant plus que ce « roman » où l'on chercherait en vain une intrigue, où les personnages ne vivent pas du tout et ne nous intéressent même pas, est plus exactement un catalogue des mœurs et coutumes du Sénégal pour touristes en quête de folklore.

Karim, enfin, est mal écrit parce que son auteur semble n'avoir eu à sa disposition que les clichés à bon marché. Tout cela fait qu'en feuillettant *Karim*, il ne s'en dégage que la senteur persistante de moisi qui s'attache à ces vieilles choses désaffectées qu'on avait oubliées depuis fort longtemps dans un sombre débarras.

Le pauvre christ de Bomba de Mongo Beti

Roman 370 pages
Editeur : Robert LAFFONT

Pierre Bambote

Voici ce qu'en dit l'éditeur :

Il faut situer Bomba, siège d'une mission catholique, et le pays des Tala, quelque part au Cameroun, puisque l'auteur est Camerounais. Il y a maintenant vingt-cinq ans que le R.P.S. Drumont a entrepris d'amener à l'église du Christ les noirs de Bomba et des environs. Si l'on s'en tient aux apparences, il a parfaitement réussi. Mais une tournée qu'il effectue au pays des Tala, qu'il n'avait pas visité depuis plusieurs années le convainc vite que son action est toute superficielle, que le baptême ne change en rien l'âme des noirs, et qu'à peine a-t-il le dos tourné, les nouveaux chrétiens retournent à leurs chères et millénaires pratiques. Bien plus, il en vient à avoir des doutes sur la légitimité même de son apostolat ; il se découvre complice de certaines exactions du pouvoir civil. Et puis le fond du problème ne réside-t-il pas dans le fait que « Jésus n'était pas noir » ? A la fin, il partira.

C'est un jeune noir, le boy du R.P.S. Drumont qui nous fait le récit de la tournée du Père à travers le pays des Tala. C'est lui qui nous rapporte ses propos. Le tout avec une naïveté et une ingénuité qui donnent à ce livre un ton unique. Il y a là de quoi rire, pleurer, de quoi aussi réfléchir.

Ce roman m'a paru assez confus. On ne peut le délimiter très exactement une fois pour toutes. Les thèmes et les thèses y sont multiples. Souvent, ils sont plutôt effleurés que fouillés. Ils ont souvent le pied de sables mouvants. On se demande par exemple si au bout de vingt cinq ans de mission au pays des Tala, subitement un Révérend Père Supérieur peut douter de sa mission, en même temps renier pour ainsi dire la religion qui l'a sans doute façonné depuis son jeune âge. Cela, parce qu'il a entendu dire que « Jésus n'était pas un Noir », ou qu'à chaque race d'hommes correspondrait une religion.

D'autre part, il existerait une « âme des noirs » n'admettant pas d'interférences avec « d'autres âmes ». Qu'au bout de vingt cinq ans, le R.P.S. Drumont découvre enfin sa complicité avec le pouvoir civil, le pouvoir des colonialistes, cela nous semble clair. Les uns ne vont pas sans les autres. Si l'on dit : « Jésus n'était pas Noir », on s'expose à enfler un propos minime, on abaisse ce livre, on l'oriente de manière tendancieuse. On ramène le problème qu'il veut poser à une simple question de peau. On voit le danger qu'il y a à laisser échapper de sa plume ces arguments enfantins et vulgaires. Je pense pour ma part que les auteurs doivent se garder d'inventer des théories non fondées, ni de soutenir des thèses fragiles, qui ne peuvent d'ailleurs qu'armer nos ennemis. Au surplus, la multiplicité des thèmes effleurés ne peut cacher que faiblesse, permet de remplir des pages et vous complique le travail.

Nécessité donc de prendre une idée, de l'énoncer clairement, de la fouiller à fond. Ne vivons-nous pas une époque qui, bien que riche en idées, est également caractérisée par la spécialisation ? Si nous voulons, ce qui est normal et recommandé, puiser dans le passé de la Grande Afrique, ce qui peut être ressuscité, les mêmes recherches du rationnel et de l'objectivité doivent nous conduire. Mais nous autres Africains, ne devons en ces jours terribles de luttes décisives, en ces jours où notre pays dépecé est, par ailleurs, au moins assujetti autant que dans le passé, nous Africains, ne devons pas écrire pour faire de la littérature. Ne perdons jamais de vue la Conférence de Bandoeng. Nous devons lutter pour la coexistence pacifique parce que cela est nécessaire pour nous et l'existence même du monde, mais toutes nos forces ne doivent-elles pas se porter contre le colonialisme et l'impérialisme ? Si quelqu'un dit : « non, ce n'est pas vrai ! », tous les yeux sont là pour le regarder, tout le monde est là pour lire sa salade et le juger.

Je m'excuse d'avoir été un peu long dans la présentation du *Pauvre Christ de Bomba* de Mongo Béti. Il m'a fallu le déborder pour ouvrir un horizon nouveau à notre littérature. Ce livre, le premier de l'auteur, a été publié en 1956, un an plus tard, *Mission Terminée* dont je ferai également la critique. Il y avait respectivement cinq ans et six ans que l'auteur était en France quand ces romans ont été publiés.

Je dirai pour commencer que l'auteur a beaucoup de talent. Ce talent provient surtout d'une gouaille dont il me semble que le camarade s'est rendu maître. Cette gouaille est son pire ennemi dans la mesure où elle fait rire à tout propos et qu'elle n'éclaircit pas précisément. De plus, le lecteur occupé à rire, ou cherchant à rire, laisse le problème fondamental au second plan. Il me semble que de ce point de vue la lecture de *La Mère* de Gorki nous sera à tous d'une grande utilité. A ce point de vue mais également parce que *La Mère* est l'exemple de la littérature qui nous intéresse. Qui a lu les *Bouts de bois du Bon Dieu* de Ousmane Sembène a vu comment on peut exalter les luttes révo-lutionnaires, dénoncer le colonialisme tout en demeurant dans une « ambiance » traditionaliste mais propre.

Toute l'action du *Pauvre Christ de Bomba* se passe lors du voyage du Père Drumont de Bomba à Kouma, petit village du « pays des Tala », ce qui, pour commencer, donne un cadre assez étroit, voire régionaliste. Cette action se passe pour ainsi dire autour des histoires de femmes, de fidélité conjugale et fondamentalement autour du problème de la polygamie aux yeux d'un chrétien. De jour et de nuit, le prêtre est appelé pour régler ces graves questions. Les Noirs ne font jamais rien, sinon qu'avec raison, ils craignent le retour des travaux forcés. Ils sont violents et ils jugent tout à travers leur sexe. Ils ne font preuve d'aucune activité intellectuelle, mais comme dit le prêtre, « ils ont la luxure chevillée au corps ». Voilà pour le fond du tableau, fond tumultueux auquel on reviendra souvent.

Si le « Noir a la luxure chevillée » au corps, argument très important dans la bouche d'un Révérand Père Supérieur, il ne peut se satisfaire d'une seule femme, il ne peut donc être chrétien. Le Noir serait fait pour pratiquer l'animisme, comme d'autres le boudhisme, etc. Au-delà, l'homme noir s'avèrerait essentiellement différent des autres hommes, eux-mêmes différents entre eux. Cela métaphysiquement et non pas pour des raisons sociales ou autres. De là à nous dire que l'Africain est incapable d'adaptation, voire d'évolution ailleurs que dans la vie de son village, il n'y a qu'un pas que l'on franchit vite si l'on y met un peu de volonté. Différent donc des autres hommes, de leurs civilisations, le Noir, incapable de les comprendre et d'ailleurs s'en fichant mal, ne peut que jouer une comédie superficielle ; il ne peut que repousser les autres hommes. Le Père Drumont qui, avec sa barbe et sa robe, ressemble à Jésus, personnifie Jésus et la Doctrine de l'Eglise Catholique, est Blanc. Or, « Jésus n'était pas noir ». Le missionnaire repoussé partira. Mais on ne nous dit pas que ce racisme soi-disant des Noirs du Cameroun est le fruit du colonialisme et des exactions du jeune administrateur des colonies, Monsieur Vidal. Faute de ne l'avoir pas dit, je suis bien obligé de l'entendre de l'oreille de l'éditeur. Pourtant, chacun sait que nous étions prêts à accueillir les Européens, à leur ouvrir nos cases. Si nous étions par exemple curieux de leur teint, cela n'était pas du racisme. Sans défendre le catholicisme et des sujets de bavardage tels que « religion » et racisme – thèmes inépui-sables, mais nous devons nous garder au moins pour des raisons sociales et d'unité de l'intolérance religieuse ; les discussions sur les religions et les races sont des bourbiers ; on y épuise ses forces. Des forces dont nous avons besoin pour les luttes qui nous attendent. Je ne veux pas dire non plus que nous devons laisser faire les racistes – donc sans défendre le catholicisme, je pense que ce qu'on peut appeler une « franche explication » aurait amené au R.P.S. Drumont davantage d'ouailles qu'une brebis – Clémentine – en vingt cinq ans d'apostolat.

Mongo Béti est un excellent écrivain. Il n'a pas manqué de relever que le racisme est une des essences de l'esprit religieux. Cela est normal. Le Père Drumont fait vers la fin du livre, avec son compère un abbé, des plaisanteries de mauvais goût. D'autre part, n'avons-nous pas lu que les racistes américains du *Car de la Haine* ? Hitler, disent-ils, est un bon chrétien !… Les plaisanteries de mauvais goût du prêtre ne doivent pas nous étonner. Nous ne devons pas répondre au racisme par le racisme. C'est oublier l'essentiel, c'est nous couper nous-mêmes les bras. Mais tout ce livre baigne dans l'esprit religieux : le prêtre européen, violent, n'aurait fait que répondre aux animistes africains tel que le redoutable Sanga Boto, un homme baptisé, rusé, qui exploite la naïveté – les Africains naïfs – de ses frères et s'enrichit. Religion contre religion, le catholicisme est l'égal de l'animisme avec ses « bric à brac » et les miroirs trompeurs de Sanga Boto… Mongo Béti est un excellent satirique. Mon propos sur son livre devrait s'arrêter là, mais pour ne pas laisser le lecteur sur une mauvaise impression, je crois devoir attirer l'attention du lecteur sur le choix même du sujet. Bien entendu, dans le cadre du colonialisme, le jeune administrateur des colonies, Monsieur Vidal, et le prêtre vont main dans la main. Si ce dernier, d'un cœur sincère, voit un jour la vérité, l'administrateur pleure : fabriquez-nous un catholicisme pour Africains !… c'est-à-dire avec des Curés noirs, fanatisés comme l'abbé Bita qui condamne des femmes à demeurer deux jours debout dans l'eau parce qu'elles se baignent nues.

Les pages appelant le peuple à la lutte n'étouffent pas ce livre. Ce livre semble écrit pour les Européens par quelqu'un qui connaît les mœurs des missions catholiques dans notre pays. Sans mettre en cause la liberté de l'écrivain de prendre son sujet où il veut, de l'accommoder à sa sauce, je crois néanmoins bon de dire qu'il aurait mieux fallu donner plus de relief au personnage du jeune administrateur Vidal, «aux exactions du pouvoir civil», de susciter des réactions par rapport à cela…

alors qu'ici le Père Drumont est le personnage principal et que la question religieuse domine tout. On donne ainsi l'occasion à certains de jouer les martyrs. D'autre part, pour finir, je pense que – contrairement à l'éditeur qui dit que « Jésus n'était pas noir » – constitue le fond du livre, je pense donc que le fond de ce livre, c'est la sincérité du prêtre. Quand il verra à quoi il a voué sa vie, pourquoi il s'est usé durant 25 ans, il jettera pour ainsi dire sa soutane dans la brousse, il partira sans attendre un seul jour, après avoir vu les Africains dans sa pension – les ingrates – contaminées, mangées de la syphillis, les chrétiens qui vivaient à ses crochets, à l'abri des colonialistes l'abandonner précipitamment pour aller semer leur syphillis dans leur village… Vision triste du monde et de l'humain.

***

Le second roman de Mongo Béti est *Mission Terminée*. Voici ce qu'en dit l'éditeur : le héros de ce roman est un jeune Noir du Cameroun ayant piteusement raté son bachot ; il rentre dans son village malgré la terreur que lui inspire son père. Là, il trouve tout le monde en effervescence car une femme est partie avec un homme appartenant à une tribu de la brousse. Il faut aller la chercher et Mezda (paré du prestige que confèrent des études, mêmes ratées) est chargé de cette mission.

Là-bas, il découvre un oncle et un cousin pittoresques qui le présentent comme un phénomène. La femme qu'il doit ramener est repartie plus loin avec un autre homme, mais peu importe. En attendant qu'elle revienne, il est fêté, choyé, consulté comme une autorité.

Bien que l'oncle empoche la moitié des cadeaux qu'il reçoit, il s'enrichit. Les filles tournent autour de lui, mais elles l'intimident et il n'ose avouer qu'il est puceau et que les plus entreprenantes lui font peur. Il finit cependant par séduire une très jeune fille à laquelle on le mariera par surprise. Enfin, la femme qu'il est venu chercher revient et consent à retourner avec lui dans son village natal. Sa mission est terminée, mais il lui reste à affronter la terrible colère de son père. Lequel, quand il voudra le battre, il se fatiguera en se faisant poursuivre. Il s'enfuira, plantant là sa famille et sa jeune femme, que son propre frère épousera à son tour.

Ce roman est intensément vivant… Voici un roman africain qui n'a pas d'arrière-pensée politique.

L'auteur (25 ans), originaire du Sud-Cameroun, est né dans une tribu bantou des environs de Yaoundé.

Si l'on peut bien rigoler comme des bourgeois en lisant ce livre, il m'a cependant semblé absurde qu'un écrivain noir de nos jours puisse écrire un tel livre. C'est un boycottage systéma-tique. On y loue la médiocrité, on s'y complaît. Une mission, même si on n'a rien fait pour l'accomplir, est une histoire de femme légère. Nos compatriotes camerounais, ceux des villages, semblent vivre d'une vie irrationnelle, absurde, sinon qu'on s'intéresse beaucoup là-bas et uniquement à des histoires de femmes, qu'on est bête et qu'on est rusé, comme « l'Oncle ». Quant aux femmes de chez nous, comme elles sont légères ! Le père terrorise sa famille, mais on ne sait pourquoi, à part qu'il est usurier et que son usure s'étend sur tous les villages environ-nants. On a besoin d'explication pour commencer à croire, sinon pour dire que ce livre contient une petite part de vérité. L'auteur aurait dû placer son récit dans un cadre plus intéressant que celui des histoires de fesses. Comme le reconnaît l'éditeur, il n'y a pas de politique dans ce livre. Il ne se passe rien au Cameroun en 1956, ni même dans le Cameroun qui annonçait déjà les maquis et les luttes armées contre le pouvoir colonialiste. Ces luttes populaires allant parallèlement avec celles du peuple algérien et de bien d'autres peuples du monde, du « tiers-monde » comme on dit.

Contrairement aux écrivains européens, voire antillais, qui se cantonnent dans un exotisme assez superficiel si je puis dire, celui de la description des paysages, Mongo Béti va plus loin : ses personnages, les nègres de toute une région, si voulant nous arrêter là, nous essayons de limiter les dégâts, les Noirs de tout un département du Cameroun apparaissent grâce à l'art de Béti, pittoresques, mais d'un pittoresque que je dirai exotique. Si on le trouve sympathique – grâce à leur bêtise soi-disant, grâce à leur manque de morale à peu près total – leur pittoresque exotique ne les fera jamais prendre au sérieux. Car, essentiellement le pittoresque ne consiste-t-il pas à manquer de sérieux devant tout, même en face de graves problèmes qui se posent ? On séduit en riant une très jeune fille qu'on abandonne en riant. En riant, on ridiculise son propre père. On est content d'être recalé à son bachot. On évite de répondre sérieusement quand la population des villages, avide de savoir, vous interroge, et cela deux fois plus qu'une.

Le peuple veut toujours savoir. On ne peut cacher la vérité à ses yeux. On se trahit toujours en voulant le faire apparaître comme bête, essentiellement bête.

Je ne m'attarderai pas davantage sur ce bouquin qui me paraît en recul sur le précédent. *Le Pauvre Christ de Bomba* posait quant à lui un problème. Je n'ai rien lu de tel dans *Mission Terminée*. Je suis sorti de ce livre révolté, mais c'est dans le mauvais sens du mot « révolté » qu'il faut comprendre.

Je pense aux divers moyens de pression dont on use contre les écrivains noirs africains : menaces, argent. Si l'on cède, en même temps que l'on gaspille un talent, fait plus grave, on s'éloigne de son peuple, que l'on a le devoir de contribuer à éclairer. L'on se retrouve dans une quelconque de ces ambassades de la Communauté, qui pullulent, ou comme certains, on perd son temps dans les bistrots de Paris.

Il faut que l'on sache une fois pour toutes que nous ne sommes pas pour « de la littérature pour la littérature ». Au moins, est autant important que ses livres, le contact vivant de l'écrivain avec son peuple est indispensable.

L'écrivain doit vivre au sein de son peuple, dans son propre pays. Il aidera son peuple à mieux poser les problèmes essentiels, concrets, à les résoudre, au moment où la colonisation impérialiste américaine, s'ajoutant à celle de la France, se renforce chez nous en Afrique en même temps que dans le « tiers-monde », au moment où des histoires de racisme risquent de nous faire manquer les questions essentielles, il est également essentiel pour nous que les problèmes peu nombreux, mais clairs soient posés ou rappelés. Nous devons commencer par nous enlever de la tête que l'Europe occidentale et l'Amérique du nord sont le centre du monde, et que sans ces pays, nous ne pouvons pas vivre. Certes, nous avons besoin d'eux comme nous avons besoin de tous les pays du monde ; s'ils ont besoin de nous, nous voulons que ce soit dans un cadre nouveau, d'égal à égal. Nous devons rappeler que nous sommes pour la neutralité, que nous ne voulons faire partie d'aucune coalition armée, nous devons donc lutter par tous les moyens dans nos territoires respectifs pour que cette idée de notre neutralité soit respectée. Si, sachant cela, les impérialistes comme ils l'affirment dans leurs discours (De Gaulle – Kennedy au début juin 1961 lors d'une rencontre), ils nous entraînent dans une coalition armée, nous commencerons par leur dire que ce n'est pas cela la liberté. S'ils nous parlent du «Monde libre», ils mentent autant. Si donc nous n'avons pas de liberté, il nous faut donc la conquérir.

Au demeurant, pour la défense du fameux monde libre, il faudrait d'abord nous montrer l'ennemi qui n'est autre que l'impérialisme américain et français – pour ne pas dire occidental avec son chapeau américain qui risque de mettre le feu aux poudres grâce d'abord au très grave problème de Berlin, aux traditions des généraux allemandes sinon nazis (avec qui, dit-on, nous aurions des amitiés particulières et des biens communs à défendre). Serions-nous tout à fait bêtes, qu'en cas de guerre, si l'on a seulement un peu de jugeote, on devine de quel côté tueront nos armes pour accélérer cette révolution que l'on craint tant. Mais nous ne sommes pas pour la guerre, du moins celle qui défend les intérêts des impérialistes. Donc pas de rampes de lancement d'engins nucléaires en Afrique, chez nous pas d'armées membres de l'OTAN.

D'autre part, la France en ce qui nous concerne, et d'autres puissances colonialistes et impérialistes notamment les USA, depuis quelques années, parlent de nous comme des possessions propres, comme des objets leur appartenant. Les mots « pays sous-développés ou pays en voie de développement » cachent pas mal de saletés. Car selon la philosophie occidentale si je vous fais la charité, je vous possède au demeurant par la force ; j'ai droit de vie ou de mort sur vous ; je vous contrains, j'entretiens des armées sur votre territoire.

Notons en passant cette étrange conception qu'ont les impérialistes de la liberté, pour un peu de charité qu'ils font, la charité en argent investi qui leur rapporte gros. Si même on veut nous endormir, entretenir nos plaies avec un peu d'argent volé chez nous, dans le « tiers-monde », nous acceptons cet argent, il nous revient de droit, mais nous devons dénoncer dans quel esprit on le donne. Le néo-colonialisme occidental à plusieurs têtes, française notamment, doit être dénoncé. Le peuple africain doit savoir. N'oublions pas que ce néo-colonialisme est comme planifié, qu'il met notre pays directement sous les serres des pays du marché commun, auquel marché commun européen, pour mieux nous posséder, ou faire de nous ce que l'on voudra – on nous envoyait les premiers à l'aube devant les obus allemands – on veut nous lier.

En même temps que nous devons dénoncer le colonialisme, rappelons-nous que ce colonialisme a pu s'établir grâce aux hommes en place, les serviteurs de De Gaulle et des impérialistes, ces hommes au front bas n'ont même pas pu prendre des décisions énergiques en faveur de l'Afrique lors de l'assassinat de Lumumba et de ses compagnons, également sur l'Affaire algérienne à l'ONU. Nous devons à notre peuple les dénoncer. Ils seront jetés à bas d'autant qu'ils sont seuls et qu'ils ne comptent que sur l'amitié des étrangers.

En résumé, je dis que le champ donné à l'écrivain par la « Conférence de Bandoeng » est sans limite. Il y a de quoi discuter avec son peuple et écrire les livres les plus vivants et humains. Que peut-on demander de plus pour travailler ? J'ajoute qu'en même temps, l'écrivain doit célébrer l'amitié entre les peuples du monde et leur effort commun pour le progrès, la démocratie et enfin pour que la vraie liberté soit. Ne perdons pas notre temps avec des histoires de racisme ou d'exotisme ! Je m'excuse d'avoir été long pour la critique des livres, mais j'ai tenu à apporter mon écot en ce qui concerne le rapport de la littérature et de la politique.

19

Maïmouna de Abdoulaye Sadji

Editions Présence Africaine 1958

Cheikh Ba

Maïmouna, jeune sénégalaise, belle et « pleine de charmes futurs », a été élevée à l'africaine dans la pauvreté par sa mère à Louga, ville-marché de l'intérieur du Sénégal. Devenue grande, orgueilleuse, susceptible, mais « consciente de son malheur », elle contraignit injustement sa mère à l'envoyer à Dakar auprès de sa sœur mariée à un commis expéditionnaire mondain.

Grisée par son nouveau train de vie, sans expérience des grandes villes et douloureusement insouciante, elle fut séduite par un homme – habillé à l'européenne – qu'elle a vu un soir au cinéma.

Devenue grosse à la stupéfaction de son beau-frère et à la colère de sa sœur, elle retourna malgré elle à Louga.

Déception, persécution, blessure d'amour-propre, autant de sentiments et de souffrances déchireront la pauvre aventurière, « la grande vaincue de la vie », contrainte de retourner à ses « occupations premières » de petite vendeuse auprès de sa mère, au marché de Louga.

Histoire peu extraordinaire... thème banal que le romancier a essayé de développer avec une méthode dichotomique. Cela se retrouve même dans le plan du roman, où dans deux parties bien déséquilibrées du reste est décrite la vie de Maïmouna à Louga puis à Dakar.

C'est la société sénégalaise des années 1930... des souvenirs et des expériences vécues que l'auteur nous décrit en 1958 (date de la première édition du roman : Paris, 1958 Présence Africaine).

Pour lui, c'est un monde déchiré, un monde de conflits, entre la brousse et la ville, la pauvreté et le luxe, l'innocence et la méchanceté, bref entre la tradition et la « civilisation moderne ». Telle est la manière dont il expose l'évolution de cette société tout au long du roman, ce sont toujours les mêmes thèmes : inexpérience contre dangers, pauvreté, luxe, déchéance physique et intellectuelle, préjugés sociaux, mariage, sous-produits du façonnement des villes nouvelles. Tout cela baigne dans une cosmogonie, une morale, une atmosphère de pessimisme, de religiosité, voire de fatalisme, pour ne pas dire de conformisme bourgeois. Tels sont par exemple les propos que tiennent, nous dit-il, les vieilles de Louga :

> « Le monde n'était jamais en équilibre, sa fin approchait à en juger par la dépravation des mœurs, le manque de vergogne de la femme et la lâcheté des hommes. La méchanceté fleurissait comme une plante inutile, le cœur de l'homme se gangrenait de haine et de jalousie. Il fallait se méfier de tout, même de soi-même ».

On aurait dit des propos tenus par des personnages de ... *La Bruyère*...

Le milieu lougatois apparaît comme un monde de pauvreté grouillante mais plein de noblesse et de traditions. Mais « l'existence n'est qu'un perpétuel recommencement » dans le « village mi-barbare » de Louga où les « hommes se livrent à leurs piteux destins, toujours debout et toujours esclaves d'occupations terre-à-terre ». On peut le quitter pour aller là où l'existence promet d'être meilleur à en juger par ceux qui en sont revenus : Dakar (*cf.* à propos de *Maïmouna* : « Tout l'univers était en partance pour Dakar »).

Dakar est un lieu de séjour incomparable ; c'est la ville où une jeune fille de la brousse peut recevoir une bonne éducation, apprendre la couture, le lavage, le repassage, les soins du ménage, l'art culinaire, et avoir un mari socialement haut placé... Autant d'arguments pour justifier l'exode rural. Mais c'est la ville nouvelle, « une ville sans âme parce que sans passé », avec « des foules disparates, toujours pressées, sans véritable lien social ou morale, des foules avides de gains, jetées dans le tourbillon de la lutte pour la vie ». Cependant, tout cela n'empêche pas les femmes du Oualo ou du Sine de venir y chercher un travail de bonnes, les dignitaires du pays (marabouts, chefs de cantons, grands politiciens) d'y venir exploiter des parvenus comme le beau-frère de Maïmouna, Bounama... Selon les saisons.

La grande ville est ainsi la ville du nouveau, la ville où disparaissent l'unité et l'homogénéité de la société au profit du mal et de la force. L'indigène qui se trouve dans ce nouveau monde doit choisir...

C'est ce qu'a fait Bounama, le beau-frère de Maïmouna. C'est un commis expéditionnaire qui a « passé des concours administratifs » et qui est bien noté par l'administration... Il s'est marié à une femme illettrée s'habillant et menant un train de vie « à l'indigène ». Mais lui s'habille, mange et reçoit à l'occidentale... bien que « les formes sociales et religieuses de son pays l'empêchent de rompre avec son milieu et ses traditions et de vivre entièrement à l'européenne ».

L'auteur voit en cette attitude une crise d'adaptation, un conflit de civilisation qui ne peut se résoudre que par la synthèse du traditionnel et de l'occidental. Cette vue a fait son temps et nous verrons plus loin comment il faut... l'assainir. L'impuissance de Bounama qui veut tout briser s'explique par l'importance des préjugés sociaux. Lui-même appartient à la classe des dignitaires (chefs de canton) dont il réprouve le train de vie. Est-ce là un problème de fond ? Nous y répondrons plus loin.

C'est ensuite le problème de la « dissolution » des moeurs et du mariage africain. Mariage forcé où l'amour est sacrifié à « une vie matérielle assurée », formes traditionnelles de faire la cour à la femme (« atmostphère de musique et de parfums »), polygamie et tendances vers l'opulence : « L'opulence chez un Sénégalais se mesurait en outre au nombre de femmes qu'il avait, au nombre de parasites qui vivaient à ses crochets et surtout aux dignitaires du pays qu'il recevait sous son toit ». Voilà les maux contre lesquels il faut lutter pour que la société devienne meilleure.

Tout cela mène l'auteur à une conclusion quelque peu fataliste, voire défaitiste malgré ses velléités de combat... Le mot de la fin du roman : « Tièye Yalla », expression d'étonnement et de résignation, en dit plus long. L'auteur fait ainsi une description bien particulière de la société sénégalaise. Sa nostalgie (« agonie des contrées historiques ») et son hésitation devant la vie nouvelle (« la vie exubérante et mortelle des villes nouvelles ») l'ont fait passer sous silence les véritables problèmes. Maïmouna apparaît comme un tissu de fausses situations, de faux problèmes, de faux conflits. Cela se conçoit d'ailleurs dans ce roman sans perspective révolutionnaire, sans idée-force, bien qu'écrit en 1958, dans les années 1950 pour être plus précis.

Regret des « contrées historiques » devant les villes nouvelles où le manque d'expérience conduit à l'aventure, manque d'éducation, préjugés sociaux, opulence, société déséquilibrée, mais profondément religieuse... telles semblent être les principales questions que l'auteur a soulevées ou frôlées dans son roman. Mais sont-celà des problèmes véritables ? Sont-elles spécifiques au Sénégal ?

L'auteur s'est chaque fois gardé de prendre position, ou d'aller au fond des choses, d'autant plus que ce sont des thèmes banals.

Nous pensons que s'il y a écrasement des villes pleines de traditions par les villes nouvelles ambiguës, s'il y a des aventuriers comme Maïmouna, s'il y a méchanceté et lutte pour la vie, ce n'est pas parce que le monde est mauvais. Cela ne se rencontre pas partout. C'est spécifique non au Sénégal mais aux pays soumis à la domination et à l'exploitation par le système colonial. C'est là le véritable problème. Tous ces conflits apparents, toute cette ambiguïté n'en sont que des manifestations. L'auteur devrait partir de là et en arriver là, et ne pas faire de timides allusions.

Le problème se traduit ici surtout en termes économiques. La supériorité économique de Dakar sur Louga d'une part, l'ambiguïté de son urbanisation d'autre part, sont des phénomènes que l'on peut trouver dans tous les pays coloniaux. Le problème est suffisamment analysé pour que nous nous y retardions.

Comment parler du manque d'éducation de Maïmouna, de la « conscience de son malheur » (sa pauvreté) sans stigmatiser la politique « analphabétiste » coloniale qui a favorisé et entretenu les préjugés sociaux ? Comment décrire le faux conflit d'adaptation de cette jeune fille sans montrer et insister sur la cause du déséquilibre... le système colonial ?

Comment parler de personnages comme Bounama sans montrer qu'ils appartiennent à une couche sociale créée artificiellement par le colonisateur pour des fins immédiates ? Sa révolte contre les dignitaires n'est en somme qu'une bouderie morbide car tous sont des instruments entre les mains d'un même artisan.

Les nombreux parasites et même ces dignitaires sans travail ne sont-ils pas la manifestation d'un chômage entretenu par la structure de la société coloniale ? Les politiciens « aux noirs desseins » et « disposant de la presse » ne signifient-ils pas qu'ils font de la politique anti-nationale et qu'ils n'ont pas d'idéal ni de perspective révolutionnaire ?

La véritable solution pour s'adapter à la vie moderne ne se trouve pas dans la civilisation synthétique qui consiste à plaquer artificiellement les valeurs occidentales sur les valeurs traditionnelles. Elle n'est pas dans une nostalgie du passé ou un regret, mais dans un travail pour faire réhabiliter cela qu'on regrette, pour faire disparaître la cause de son aliénation.

Maïmouna, malgré la simplicité et la clarté de son style, peut être un livre de chevet pour ceux qui sont à l'aise et qui essaient de s'accrocher avec nostalgie au passé. Il faudrait beaucoup plus pour un révolutionnaire.

ANNEXES

Réflexions sur la poésie dite « Nègre d'expression française »

Extrait de *L'Etudiant d'Afrique Noire*
Journal de la FEANF n° 2 avril 1956

Amadou Samb

J'ai lu avec un vif intérêt les articles parus dans *Présence Africaine* sur la poésie nègre d'expression française. L'idée d'organiser un tel débat sur une aussi grande échelle est heureuse. Les discussions qui ont cours donneront, j'en suis sûr, à nos poètes, c'est-à-dire à nos créateurs, une connaissance plus aiguë des exigences du faire en poésie.

Cependant, le point cardinal, ce me semble, n'a pas été dégagé avec netteté. On pourrait, en cueillant de-ci, de-là des idées, proposer une manière d'art poétique à l'intention de nos poètes. Ce n'est point mon propos. Le mien est plus modeste, c'est celui d'un apprenti grammairien.

Que faut-il entendre par poésie nègre d'expression française ? L'épithète « nègre » peut choquer. Certains, d'ailleurs, n'ont pas manqué de relever cette « absurdité ». Je crois qu'il ne faut rien exagérer. On veut faire ressortir tout simplement la sensibilité des Nègres – non essentiellement différente de celle des autres – mais affinée par des expériences dues à des cir-constances historiques. De plus, les langues négro-africaines, sans parenté aucune avec les langues indo-européennes, nous ont habitués à des démarches de pensée spéciale. Nos conceptions du nombre, de l'esthétique, ne sont pas comparables. Le voca-bulaire de nos langues est constitué, en grande partie, d'un stock de noms concrets ; la mise en œuvre du matériel linguistique, rien, assurément, ne rapproche une de nos langues du français, par exemple.

Alors, les conditions initiales étant celles-là, à quelles difficultés doit faire face un poète nègre qui s'exprime en français ?

Je voudrais, avant de pousser plus avant, dire brièvement, selon moi, en quoi réside la *poésie*. Sans hésiter, j'affirme que c'est la *forme* qui permet d'étiqueter un texte « poétique ». Le seul critère de distinction entre prose et poésie, c'est la mise en œuvre, le choix linguistique, en un mot, le *style*.

Qu'on m'entende bien. Il ne s'agit point de formes traditionnelles : la ballade, sonnet, etc., ni non plus de mètres déterminés. Le poète, comme tout artisan ou artiste, une fois sa matière trouvée, doit la modeler, lui donner une forme en tenant compte – eh oui ! – du sentiment du beau de ses « juges ». Or, qu'est-ce que la forme poétique ? Il y a le rythme, l'harmonie, un régistre particulier, un transfert dans un domaine qui n'est pas celui, ordinaire, de la prose. La langue poétique n'est pas la langue de la prose. L'usage syntaxique peut être différent ; l'agencement des mots répond au rythme, au mouvement général du vers. On fait effort pour traduire aussi fidèlement que possible le désordre émotionnel, le rythme lent ou saccadé perçu pendant nos silences.

J'entends d'ici les récriminations de certains. Foin de l'art pour l'art ! Oui. Un poème qui ne serait fait que de procédés de recettes serait mauvais. Le contenu, dans nombre de cas, sinon presque toujours, ajoute à la valeur poétique, la détermine peut-être. Le poète ne doit pas, sans avoir pensé au fond, se donner une forme idéale, simple « récipient » pour contenir des banalités, des vétilles. La forme doit apparaître comme une nécessité du fond en dehors de ses fonctions harmoniques, rythmiques, stylistiques. Difficulté quasi-insurmontable ! Le langage n'est pas exactement superposable à la pensée qui est mouvante. Les émotions que nous ressentons, les vibrations des fibres de notre être fidèlement rendues par la langue poétique. Langue de la trahison, a-t-on pu dire de la poésie. Quoi de plus vrai ! Le langage nous trahit ; il ne nous appartient pas : il est social, il contient des mythes. Il trahit notre pensée *actuelle*.

Ces considérations étant vraies de notre langue maternelle, nul doute qu'elles le soient encore, s'agissant de langue apprise. Ainsi, voici le dilemme devant lequel se trouve le poète nègre d'expression française : ou continuer la tradition poétique française et n'être qu'un pâle imitateur, ou faire une *révolution* dans la poésie française. Essayons de voir ce que serait cette révolu-tion.

Le poète quel qu'il soit – est-il besoin de rappeler un tel truisme ? – doit avoir une maîtrise suffisante de la langue qu'il emploie. L'histoire de cette langue, ses ressources lexicales, phoniques, ses registres ne doivent point lui être étrangers. Sinon, qu'il écrive la prose la plus plate, pour propager les idées dont il veut nous faire charité. Il pourrait aussi, s'il y a, malgré tout, quelque sens du rythme, nous donner de la prose rythmée.

Nos poètes nègres doivent donc, s'ils veulent introduire une couleur poétique plus vive dans la poésie française, faire leur apprentissage. Qu'ils étudient du point de vue stylistique les poèmes français, la structure du français et qu'ils voient dans quelle mesure ce dernier peut s'accommoder d'un autre rythme, celui du tam-tam ? Je le crois ; mais alors, sera-t-il perçu par les usagers français ? Les contorsions syntaxiques, les hardiesses de style qu'exige une traduction (!!!) de l'émotion nègre rendent obscurs, bien souvent, les vers. Les Africains pour qui ils sont écrits, dit-on, ne les comprennent guère, les autres non plus. L'écrivain manque ainsi son objet.

Impasse ! Sans doute. Nos poètes trouvent cependant des lecteurs, et c'est heureux. Ils essaient de transposer en français des images, un parler étrange qui, pour certains, est « poétique ». Si l'on veut. Il est permis, toutefois, d'être plus exigeant. Assez de ces poèmes qui ressassent des lieux communs, des thèmes rebattus : le nègre humilié, les « lendemains qui chantent » !

L'expression poétique est une forme élevée du langage. Il est malhonnête de vouloir donner le change, avec des éléments si réduits. Les images qu'on nous sert dans les poèmes écrits en français sont banales dans nos langues. Les utiliser dans d'autres langues à des fins poétiques, c'est manquer de probité et manifester de la paresse intellectuelle.

La poésie nègre d'expression française a des dignes représentants, qui réfléchissent à leur art, qui se jugent sévèrement. Puissent-ils arriver à l'équilibre et à la force de leur expression ! Je souhaite de tout cœur que leurs tâtonnements cessent et qu'ils parviennent enfin aux régions sereines de la poésie... pure. Je ne répute pas poètes les auteurs de vers chétifs, passés maîtres dans le cliquetis verbal. Si leur vide était muet... passe encore... mais il est sonore !

CRITIQUES DE LIVRES

21

Ville Cruelle de Eza Boto

(Clermond-Ferrand)
Extrait de *L'Etudiant d'Afrique Noire*,
Journal de la FEANF

J. M. Tchaptchet

Ville Cruelle est le titre d'un roman paru depuis l'an dernier aux Editions Africaines. Son auteur est un jeune étudiant africain. Ce livre tranche nettement avec le genre de littérature que nous a servi Camara Laye dans *L'Enfant Noir* et *Le Regard du Roi*. Ce qui est à reprocher à ce dernier, c'est d'avoir – cédant trop consciemment à un certain goût de l'exotisme trop marqué chez les Français – raconte des histoires sans tirer les conclusions nécessaires dans le cadre actuel de l'évolution de l'Afrique Noire.

Eza Boto (Alexandre Biyidi de son vrai nom, connu sous le nom de Mongo Béti), écrivain engagé et bien engagé, échappe à cette critique. *Ville Cruelle* ne peut être enfermée dans une formule standard en guise de résumé. C'est toute une vie dans toute une ville. Colonisés et colonisateurs pris au vif dans une importante partie d'un continent et dans un composé qui n'attend qu'une étincelle pour flamber. Tanga, la *Ville Cruelle* divisée en deux avec d'une part : Tanga-Nord, quartier indigène, misérable, véritable bidonville, mais gaie et d'une gaieté menaçante. « Deux villes… deux destins », écrit Eza Boto. Mais son livre n'est pas une simple description géographique. C'est toute l'atmosphère et l'ambiance coloniale grouillant de vie où défilent côte à côte et avec leurs problèmes respectifs qui s'anastomosent, s'entrechoquent et se combattent, l'administrateur, le missionnaire, le commissaire de police, le commerçant «grec», les gendarmes indigènes, les ouvriers. Au milieu de tout ce complexe, le jeune Banda (héros du roman) prend conscience du drame de la colonisation.

Si Camara Laye écrit ses romans pour un public qu'il tient à garder dans l'ignorance des questions urgentes de son pays, Eza Boto dépasse cette notion de littérature dégagée du siècle et dans un style simple, sans passion, mais ferme ; il lève le voile sur la véritable tragédie humaine de l'Afrique Noire.

22

Un Nègre à Paris de Bernard Dadié

Extrait de *Dakar-Etudiant*,
journal de l'Association générale
des étudiants de Dakar (AGED)

Elimane Kane

Bernard Dadié, déjà connu pour de nombreux ouvrages[3], vient de publier à *Présence Africaine Un Nègre à Paris*. Dans ce nouveau livre, nous retrouvons dans la façon dont il raconte Paris le délicieux conteur qu'est B. Dadié.

Un nègre obtient un cadeau du ciel : un billet d'avion pour Paris. Cette aubaine lui vient d'un ami européen haut placé. C'est un procédé courant. Du coup, notre voyageur devient impatience et frénésie. Il ne voit plus et n'entend plus : il est « déjà pris par Paris comme les génies de chez nous vous prennent les gens et leur enlèvent l'usage de la parole… ». Notre héros, ancien élève de l'Ecole Normale William Ponty et qui n'a pas fait carrière politique comme bon nombre de ses condisciples, arrive à Dakar. Il s'y déambule en « campagnard » dépassé par cette fièvre, ces buildings, ces réunions politiques où il retrouve des visages connus et des préoccupations nouvelles. Il semble indifférent à toute cette agitation et à tous ces soucis, son seul désir est d'être à Paris. Après quelques difficultés, lui qui a le malheur de ne pas être une personnalité invitée du 14 juillet par le Président de la République, trouve enfin une place et le voilà à Paris.

Paris. La ville dont toute sa vie il a rêvé comme beaucoup de ses camarades. Il arrive connaissant d'avance la ville : il a lu et entendu et son séjour va être une confrontation des idées reçues avec la réalité. Il retrouve à Paris l'Histoire de la France avec son sens de conteur, c'est-à-dire en la simplifiant, la poétisant sans jamais la déformer.

Paris, c'est aussi le Parisien. Un homme pressé, agité ; qui ne se repose pas le dimanche, et dont la préoccupation première est l'Amour. Le Parisien est souriant, moqueur et à la fois froid, indifférent à l'égard de ses voisins. Il se dit logique mais a des coutumes bizarres : il se suicide pour de jolies jambes, mange au râtelier tous les jours et tous les jours paye le couvert sans jamais l'emporter ; dans les opinions politiques, il se classe selon sa main droite ou sa main gauche …

Il y a ainsi de nombreuses notations cocasses qui font penser sans aucun doute aux *Lettres Persanes* ou mieux encore aux *Carnet du Major Thompson*. Mais on peut s'étonner légitimement qu'*Un Nègre à Paris* voit la ville avec presque le même œil qu'un Persan ou qu'un major anglais. N'a-t-il pas rencontré d'autres aspects, lui qui est noir et ressortissant d'une colonie française ? S'il n'a connu aucun problème, il faut alors croire qu'il a eu de la chance et que son cas est réellement exceptionnel.

---

3. *Afrique debout*, poèmes (Seghers 1950), *Légendes africaines* (Seghers 1953), *Le Pagne noir*, contes (Présence Africaine 1955), *La ronde des Jours* (Seghers 1956), *Climbié*, roman (1956).

23

Esanzo de Bolamba et *Leurres et Lueurs* de Birago Diop

Ce texte a été présenté lors du séminaire.

J. Van Den Reysen

Leurres et Lueurs de Birago Diop, *Esanzo* de Bolamba, deux recueils de poèmes qu'un monde semble séparer, et qui pourtant à la réflexion se révèlent étrangement connexes.

Esanzo de Bolamba défie toute analyse rationnelle. Du moins, pour nous, il est vain de rechercher un sens dans ces poèmes qui se résument en une accumulation d'images parfois fort belles mais totalement incohérentes.

L'Afrique, le Congo en l'occurrence, vit dans *Esanzo*, mais éclatée, déchiquetée, réduite à un invraisemblable cafarnaüm exotique. Tout cela semble spontané, « nègre » comme dirait M. Senghor, mais on se rend assez vite compte que Bolamba a *lu* et qu'il cherche à rééditer « l'écriture automatique » des surréalistes. Ce qui évidemment n'a que fort peu de rapport avec ce qu'on peut attendre d'un poète africain, surtout congolais.

Birago Diop, par contre, est clair ; ses poèmes ont une forme rigoureuse, la plus rigoureuse même puisqu'il s'agit de sonnets. Mais l'Afrique, pays du poète, en est étrangement absente. L'accent est suranné, l'expression digne d'un romantique attardé. Même sur le plan de la littérature française, Birago Diop ne nous apporte rien ; on ne peut refaire Hugo ou Verlaine.

Clarté de Birago Diop, obscurité de Bolamba, se rejoignent dans un même formalisme, éloignement de toutes préoccupations actuelles, générateur de stérilité.

Si on ne peut reprocher à Diop de chanter son amour, au moins doit-on exiger de lui de le faire en Africain d'aujourd'hui. Quant à Bolamba, sa négritude est plutôt à l'usage des salons parisiens (*cf.* Préface de Senghor).

En conclusion, ces deux poètes nous démontrent vers quelle impasse peuvent conduire des attitudes apparemment opposées. *Leurres et Lueurs*, l'échec d'un certain métissage culturel, *Esanzo* la faillite de l'irrationalisme soit-disant nègre.

La signification révolutionnaire de la poésie de David Diop

Extrait de *L'Etudiant sénégalais*,
Journal de l'AESF – avril 1964

Théophile Obenga

Le poète négro-africain contemporain le plus connu est Léopold Sédar Senghor, chantre couronné de l'Afrique dont le cœur « s'effeuille en pures pétales de chant », comme il l'écrit lui-même.

Que chante Senghor ? Des *Ethiopiques* aux *Nocturnes* en passant par les *Chants d'Ombre* suivis de *Hosties Noires*, l'œuvre poétique de Senghor se veut essentiellement comme invitation – une invitation intime et fervente au cœur même des valeurs nègres originelles.

Nous admettons avec les principaux commentateurs du poète sénégalais : Lamine Diakhaté, Lilyan Lagneau, Thomas Melone, Armand Guilbert... que pour nous convier à ce « Pèleri-nage aux sources », Senghor possède des avantages multiples. Exceptionnelles aussi ses vertus poétiques.

Les mythes de la poésie populaire au Sénégal sont repris avec faveur : le mythe de la Nuit aux soirs ambigus, qui sombrent dans l'équivoque du silence et pourtant si propices au dialogue avec les Ancêtres morts-vivants, le mythe du Sang – le sang comme phénomène de solidarité qui atteste le clan en tant que partage entre moi et les autres.

Et c'est avec discrétion, sûreté, maîtrise que Senghor joue avec des mots d'origine africaine à l'intérieur même de la langue d'importation : « le français, Soleil qui brille hors de l'Hexagone » (Senghor, in *Esprit*, n° 311, novembre 1962, p. 844).

Un tel répertoire lui permet un langage incantatoire étonnant d'où jaillissent des images tactiles, visuelles et sen-suelles :

« Tu es la porte de beauté, la porte radieuse de grâce
« A l'entrée du temps primordial. Et je jouais avec les cailloux et colombes.
« Signare, je chanterai ta grâce ta beauté
« Des maîtres de Dyong j'ai appris l'art de tisser des paroles plaisantes
« Paroles de pourpre à te parer, Princesse noire d'Elissa ».

(*Nocturnes*, p. 27)

Images puissantes de toutes les gammes, de toutes les couleurs, de toutes les nuances, de tous les tons qui donnent le sentiment d'ouverture sur un monde inédit :

« Nuit d'enfance, Nuit bleue Nuit blonde ô Lune !
« ....

« Mourons et dansons coude à coude en une guirlande tressée
« ....
« Nuits chères Nuits amies, et Nuits d'enfance, parmi les tanns parmi les bois
« Nuits palpitantes de présences, et de paupières, si peuplées d'ailes et de souffles
« De silence vivant, dites combien de fois vous ai-je lamentées au mitan de mon âge ?»
(*Nocturnes*, pp. 63-65)

Cette reprise du passé dans une langue qui contraint à l'admiration est elle-même éclairée et conditionnée par l'histoire du Peuple d'Afrique.

En effet, on peut relever çà et là, tout au long de l'œuvre poétique de Senghor, des vers extrêmement suggestifs qui font allusion à la condition serve du Peuple d'Afrique, mais un Peuple qui, déjà, cherche sa propre définition, son propre équilibre : dans *Ethiopiques*, p. 39 :

« Peuples du Sud dans les chantiers, les ports les mines les manufactures
« Et le soir ségrégés dans les Kraals de la misère.
« Et les peuples entassent des montagnes d'or noir rouge et ils crèvent de faim.
« ....
« Pouvais-je rester sourd à tant de souffrances
bafouées ? » ;

dans *Chants d'Ombre* suivis de *Hosties Noires*

« En avant ! Et que ne soit pas le péan poussé ô Pindare !
mais le cri de guerre hirsute et le coupe-coupe dégainé » ;
dans *Nocturnes*, p. 82

« Admirez la locomotive, haute sur pattes, si souple et fine
comme un cheval du Fleuve.
« Elle unit Saint-Louis à Bamako, Abidjan à Ouagadougou,
« Niamey à Cotonou, Fort-Lamy à Douala, Dakar à Brazzaville ».

Mais, *concrètement*, quelle est l'attitude du Président Senghor, socialiste, sinon le refus du combat quotidien.

« Le chant, écrit Senghor dans *Nocturnes* (p.65), n'est pas que charme, il nourrit les têtes laineuses de mon troupeau ».

Ce qui signifie que la Poésie n'est pas seulement une Parole esthétique, mais primitivement une Parole privilégiée qui consacre la liberté du poète. En d'autres termes, la Poésie n'est pas une activité syntaxique sans décision sérieuse de soustraire l'homme de tout ce qui tend à le diminuer : la Poésie est procès, c'est-à-dire une entreprise soutenue par la liberté et la générosité du poète, entreprise qui va au-delà de la simple dénonciation d'un état de fait, au-delà du simple écoeurement face aux « blessures profondes, qui arrosent la terre d'Afrique ». La Poésie, pour nous, est engagement et incarnation : engagement en tant qu'elle est située, inséparable des préoccupations les plus intimes et des inquiétudes les plus profondes du poète qui doit constituer un tout avec son Peuple ; incarnation en tant qu'elle n'est pas une consigne imposée au poète du dehors, en tant qu'elle prend part à la naissance d'une société plus juste, plus humaine.

En ce moment précis de notre lutte de libération et de construction du continent africain, la chance de l'écrivain, du poète, de l'homme politique africains est d'être précisément cette force qui libère en se libérant, cette force libre qui libère.

La parole poétique, vraiment authentique, ne s'instaure pas, selon nous, dans un milieu abstrait, mais dans un monde où il faut s'accomplir, dans un monde où il faut fraterniser et enseigner, secourir et donner, c'est-à-dire dans un monde qui me rappelle à mes obligations et qui m'invite, face à la misère qui crie justice, à me poser comme responsable : civiquement.

Dès lors, « Accepter, par intérêt personnel ou par intérêt de classe, de se faire l'instrument des mesures de répression, de division, d'isolement de son propre peuple, que suggèrent les impérialistes dans le but égoïste de perpétuer leurs profits, implique une attitude qui ne peut que jeter la suspicion sur la sincérité d'un poète et, partant, réduire le pouvoir émotif de son œuvre ». (Pierre Boiteau, *Etapes de la poésie négro-africaine*, in *La Pensée*, n° 103, juin 1962, p. 6).

Heureusement, il y a eu David Diop, qui a opéré le premier l'éclatement d'une certaine conception de la poésie négro-africaine incapable de manifester un engagement révolutionnaire authentique. David Diop, lui dont la pensée, l'existence, le com-portement social demeurent un exemple de volonté, de capacité et de dignité, est sans nul doute le plus grand poète négro-africain de la génération actuelle. Investie par l'histoire du Peuple d'Afrique, l'œuvre si expressive de David Diop participe excel-lemment de l'histoire du Peuple d'Afrique : ainsi, la poésie de David Diop, bien que séparée de son auteur, ne saurait se placer dans l'obscurité puisqu'elle reçoit son sens à partir de l'histoire africaine elle-même, en toute liberté. Il convient maintenant de dégager, dans la mesure du possible, la signification révolution-naire de la poésie de David Diop, en reprenant dans ses grandes lignes une communication que nous avons faite récemment à *Présence Africaine*.

David Diop ne nous a laissé qu'un recueil *Coups de Pilon*, les seuls poèmes édités : un recueil assez mince, mais combien émouvant, d'autant plus émouvant que dès l'aube de l'indépendance de la Guinée, David Diop, mobilisé par le corps et l'esprit dans le combat de libération du Peuple Africain, s'est mis au service de la République Guinéenne, en donnant son enseignement au Cours Normal de Kindia. Dans les traditions africaines – on le sait – les griots, par leur parole et leur chant, galvanisent les énergies des guerriers, symboles de la vertu et de l'honneur. Parole privilégiée d'un homme intégré dans la société, la parole du griot traditionaliste savait regrouper les hommes au sein de la société globale en fonction de leurs desseins communs, et en face des menaces communes.

Or, justement, le chant de Diop évoque de façon admirable et sincère le chant du poète populaire par son dynamisme et son caractère éminemment enseignant. L'Afrique qu'aime et chante Diop est une Afrique déterminée, souffrante, « brûlée par les années », victime de l'exploitation étrangère :

« Afrique dis-moi Afrique
« Est-ce donc toi ce dos qui se courbe
« Et se couche sous le poids de l'humilité
« Ce dos tremblant à zébrures rouges
« Qui dit oui au fouet sur les routes de midi ».

(*Afrique*, p. 21)

Dès lors, totalement engagé dans le grand combat populaire de l'Afrique, Diop dénonce le mal avec courage et lucidité : la colonisation qu'on s'est plu à défendre et à présenter comme un devoir d'humanité n'est en fait que l'expansion d'un système oppresseur abrité par des prétextes moraux :

« En ce temps-là
« A coups de gueule de civilisation
« A coups d'eau bénite sur les fronts domestiqués
« Les vautours construisaient à l'ombre de leurs serres
« Le sanglant monument de l'ère tutélaire
« ....
« Et le rythme monotone des Pater-Noster
« Couvrait les hurlements des plantations à profit
« ....
« Hommes étranges qui n'étiez pas des hommes
« Vous saviez tous les livres vous ne saviez pas l'amour ».

(*Les Vautours*, p. 8)

Cet amour qui préside à l'entreprise poétique de Diop est générosité et sagesse, accomplissement et plénitude, certitude et gloire nouvelle que confère la pratique quotidienne de la vie africaine :

« Il y a ce qui colore les jours à venir
« Comme le soleil colore la chair des plantes
« Et dans le délire des heures
« Dans l'impatience des heures
« Le germe toujours plus fécond
« Des heures d'où naîtra l'équilibre ».

(*Les Heures*, p. 10)

L'attention du poète à l'égard de cet équilibre futur est un espoir total que ni le doute, ni la souffrance n'ont pu ébranler :

« Malgré vos chants d'orgueil au milieu des charniers
« Les villages désolés l'Afrique écartelée
« L'espoir vivant en nous comme une citadelle ».

(*Les Vautours*, p. 8)

Et c'est dans la lumière et la clarté d'un tel espoir indéfectible que Diop marche sur «la route véritable», la route de la franchise vis-à-vis de soi, la route de la vérité, de la beauté et de l'amour :

« La vérité la beauté l'amour
« C'est l'ouvrier brisant le calme meurtrier de leurs salons
« C'est la femme qui passe sensuelle et grave
« Le baiser qui franchit les frontières du calcul
« Et les fleurs des fiancés et l'enfant dans les bras aimés
« C'est tout ce qu'ils ont perdu frères
« Et qu'ensemble nous déroulerons sur les chemins du Monde ».
(La Route Véritable, p. 9)

Jamais David Diop n'affronte le mal tout seul ; il affirme sans cesse la force du groupe : il en appelle à tous les camarades, les nomme, les épèle un à un : Jwyé, Alioune Diop, Aimé Césaire..., les réconforte par la vertu de son verbe pour qu'*ENSEMBLE* leurs « mains crispées dans l'étreinte du combat … montrent à ceux qui pleurent des éclats d'avenir » (p. 11).

« … nous sommes là ensemble comme avant
« Nos maux sont devenus les armes du réel
« Et debout enfin progressent contre l'ombre
« Nous regardons la terre mûrir à la raison ».
(Ensemble, p. 13)

Les voilà, les enfants d'Afrique : ils marchent, la main dans la main, les yeux baignés de liberté : qu'éclatent alors les cordes au vent dur et que s'élève entre les ruines accumulées :

« L'hymne aux muscles bandés
« ....
« L'hymne insolite de l'Afrique en haillons
« Déchirant les ténèbres établis pour mille ans ».
(Aux mystificateurs, p. 16)

Exceptionnel vraiment ce départ étincelant de l'Afrique vers une Afrique nouvelle : l'Afrique elle seule met ses enfants face à face à une nouvelle Afrique. Bientôt la capture du temps sur les plages d'Afrique. Bientôt l'élaboration des dimensions inédites.

L'insécurité vaincue ouvre un nouvel horizon sur « la terre amère et rouge d'Afrique ». Mais déjà que de satisfactions personnelles, que d'abdications, de démissions, de lâchetés et de trahisons !

D'aucuns ont cru devoir « civiliser » les leurs en supprimant brutalement les traditions sur lesquelles avaient toujours reposé l'existence des familles, la vie du village, les actes des gens.

Les Rénégats : tel est le terme très fort par lequel Diop les qualifie. Les Rénégats n'ont pas compris qu'au sein même de la tradition de leur groupe, ils pouvaient retenir quelque réalité positive, susceptible de nourrir la Révolution qu'ils souhaitaient.

Cette incapacité de reconversion, de réinterprétation et d'innovation lucide résulte de l'immixtion en eux des cultures étrangères acceptées comme souveraines. Et pourtant, leur pays était là, toujours parlant, toujours vivant, avec l'insistance d'un visage aimable. C'est précisément ce visage qu'ils ont renié, et les voilà devenus autres :

« Mon frère aux dents qui brillent sous le compliment hypocrite
« Mon frère aux lunettes d'or
« Sur tes yeux rendus bleus par la parole du Maître
« Mon pauvre frère au smoking à revers de soie
« Piaillant et sussurant et plastronnant dans les salons de condescendance
« Tu nous fais pitié ».

Une vigilance extrême reste de règle sur le chemin du devoir : ni le doute sur soi, ni les difficultés, ni les pressions extérieures, ni les tâtonnements des uns, ni les égarements des autres, ne doivent affaiblir, voire fausser notre prise de conscience rigoureuse devant l'ensemble des réalités africaines. Mais ce chemin du devoir, c'est toujours le même chemin : celui de l'« Afrique des fiers guerriers dans les savanes ancestrales » (p. 21) :

« Je vois Soundiata l'oublié
« Et Chaka l'indomptable
« Enfouis au fond des mers avec les contes de soie et de feu
« Je vois tout cela ».

(Nègre Clochard, p. 26)

De ce recueillement et de cette reconnaissance des An-cêtres naîtra un courage indomptable :

« J'aiguise l'ouragan pour les sillons futurs
« Pour toi nous referons Ghana et Tombouctou
« ....
« A grands coups de pilons sonores
« De pilons
« Eclatant
« De case en case
« Dans l'azur pressenti ».

(Nègre Clochard, p. 27)

Dans cette marche guerrière, David Diop n'oublie pas celle qui lui dédie une pensée particulière au vif du combat. Mais le poète ne chante et ne rend hommage à la femme aimée qu'en tant qu'elle symbolise le peuple et est par là même la source nationale du chant révolutionnaire. Une telle symbolisation n'est pas un simple jeu de l'esprit lorsque l'on voit partout à travers l'Afrique la femme participer de plus en plus, chaque jour, à la libération et à la construction du pays.

Ecoutons plutôt le poète, généreux et embrasé, chanter la femme aimée, « ... visage de l'initié / Sacrifiant la folie auprès de l'arbre-gardien / L'idée du Tout et la voix de l'Ancien/ » p. 12) :

« Me plaît ton regard de fauve
« Et ta bouche a la saveur de mangue
Rama Kam
« Ton corps est le piment noir
« Qui fait chanter le désir
Rama Kam ».

(*Rama Kam*, p. 25)

A ce niveau de sa démarche poétique, David Diop, après avoir répondu à l'appel de la liberté, après avoir uni et réconforté les camarades du combat, après avoir opéré un plongeon salutaire dans le passé, échappe à présent à cette erreur qui nous paraît grave, celle de se croire dans un monde sans issue, celle de restreindre notre liberté aux limites de notre destin propre.

C'est dire combien l'entreprise de David Diop est africaine et humaine.

En effet, dès le deuxième poème de son recueil, Diop fonde d'emblée une alliance objective entre son Peuple et les autres Peuples exploités :

« ... des mines de Souaziland à la sueur lourde des usines d'Europe
« Le printemps prendra chair sous nos pas de clarté ».

(*Les Vautours*, p. 8)

et un peu plus loin :

« Je pense au Vietnam couché dans la rizière
« Au forçat du Congo frère du lynché d'Atlanta
« ....
« Entendez-vous bruire la sève souterraine
« C'est la chanson des morts
« La chanson qui nous porte aux jardins de la vie ».

(*L'Agonie des Chaînes*, p. 11)

Tandis que les chaînes agonisent, les vagues de la liberté claquent furieusement sur la Bête affolée :

« De l'esclave d'hier un combattant est né
« Et le docker de Suez et le coolie d'Hanoï
« Tous ceux qu'on intoxiqua de fatalité
« Lancent leur chant immense au milieu des vagues

« Les vagues furieuses de la liberté
« Qui claquent claquent sur la Bête affolée ».

(*Vagues*, p. 14)

Cette clameur d'Afrique aux Amériques, de Madagascar aux Antilles, de l'Europe en Asie :

« C'est le signe de l'aurore
« Le signe fraternel qui viendra nourrir le rêve des hommes».

(*Ecoutez Camarades*, p. 18)

L'idée hautement révolutionnaire qui sous-tend sans équivoque l'œuvre de David Diop revêt une signification qui s'accuse comme intuition profonde de l'humanité africaine. Derrière son dire poétique surgit autrui : sa parole ne porte pas sur autrui, elle ne décrit pas autrui, mais s'adresse à autrui comme liberté, sollicite autrui comme liberté. David Diop qui jouit d'une connaissance intime de la littérature orale africaine sait que le verbe négro-africain est accueil, dialogue, hospitalité : du coup, il ne cherche pas à circonscrire autrui, mais au contraire appelle autrui à se manifester dans sa vérité. Un tel appel invite immédiatement au dialogue. Et une action est aussitôt entreprise.

Dès lors, quoi d'étonnant si David Diop devient attentif aux révolutions anti-capitalistes d'Asie et de l'Europe, aux révolutions anti-colonialistes en Afrique et en Asie, sous la poussée des mouvements révolutionnaires autochtones, à l'action des forces progressistes de tous les pays du monde.

Il y a beaucoup à retenir du message souverainement généreux de David Diop. « C'est le Maïakovsky de la révolution africaine ». Avec lui, nous entendons la voix d'une nouvelle génération, une génération décidée à reconstruire par elle-même l'Afrique. C'est donc une voix qui commence à se faire entendre dans le concert des nations et dont l'idéal créateur ne peut qu'enrichir le monde. (G. Moore, *Seven African Writers*).

25

Hommage à David Diop

Extrait de *L'Etudiant sénégalais*,
journal mensuel de l'Association
des étudiants sénégalais en France (AESF)
n° 1 janvier 1964

Amady Aly Dieng

David Diop nous a tragiquement quittés en août 1960, à la suite de l'accident d'avion survenu au large de Dakar. Sa vie a été trop brève (1927-1960) pour lui permettre de tirer toutes les flèches qui étaient à son arc. Que nous a-t-il laissé en héritage ? Un mince recueil de poèmes : *Coups de pilon*, plein de densité et de chaleur humaine et surtout l'exemple d'une vie dévouée à la cause de l'émancipation de l'Afrique.

David avait horreur de la pure spéculation. L'action transformatrice est au départ et à l'arrivée de sa réflexion. Son sens des responsabilités ne le quitte jamais, même jusque dans sa poésie. Celle-ci n'est qu'un moyen, non une fin pour lui.

Sa David a subi l'influence de ses aînés, il s'en est très vite dégagé ou tout au moins, il a rejeté certaines influences pour ne garder que les bonnes qui ont contribué à donner à son art une très grande résonnance parmi les jeunes intellectuels africains.

Il s'est très vite affirmé contre son aîné Léopold Sédar Senghor sans outrance de langage, en s'engageant résolument dans la voie de la poésie militante et abandonnant à d'autres esthéticiens le soin de s'adonner aux « exercices de style » et aux « discussions formelles ».

Il a choisi son peuple non en parole, mais dans la réalité. Le français, langue des Dieux pour certains poètes africains, est pour David un moyen d'expression provisoirement imposé par la réalité coloniale et historiquement condamnée :

> « Certes dans une Afrique libérée de la contrainte, il ne viendra à l'esprit d'aucun écrivain d'exprimer autrement que par sa langue retrouvée ses sentiments et ceux de son peuple. Et dans ce sens, la poésie africaine d'expression française, coupée de ses racines populaires, est historiquement condamnée ».

David, s'il a une claire intelligence des phénomènes sociaux, ne néglige pas de lutter « par ses écrits pour la fin du régime colonial », condition indispensable à « la renaissance de nos cultures nationales ». Diop a bien saisi le sens profond de la lutte de l'Afrique qui n'est pas un combat uniquement culturel : celui-ci est avant tout politique au sens le plus noble du terme. C'est pourquoi il a pris ses responsabilités en allant enseigner en Guinée au moment de l'indépendance.

David a chanté la « négritude », mais de façon radicalement différente de la manière senghorienne. David a d'abord une foi immense en l'« Afrique des fiers guerriers ». Cette confiance aux hommes de son pays est un trait dominant de son œuvre poétique :

« L'espoir vivait en nous comme une citadelle
Et des mines de Souaziland à la sueur lourde
des usines d'Europe
Le printemps prendra chair sous nos pas de clarté ».

David est le poète de l'avenir ; le passé n'est pas un simple prétexte à des pleurs, à des lamentations ou à des reconstruc-tions mythiques.

Le poète, conscient de sa mission, doit « refuser à la fois l'assimilation et l'africanisme facile ». La négritude chez l'auteur de *Coups de pilon* est un simple moment dans la prise de conscience. Elle refuse d'être « originalité à tout prix », pour n'être qu'une étape dans la redécouverte de soi. La négritude n'est pas close : elle est une simple protestation contre ce que le capitaine nous présente comme civilisation « universelle ». C'est une revendication du « droit à l'initiative ». Fidèle à son amour pour l'Afrique, David dénonce l'hypocrisie des « vautours » de la colonisation.

« Hommes étranges qui n'étiez pas des hommes ».

Il ne ménage pas le rénégat :

« Mon pauvre frère, au smoking à revers de soie
Piaillant et susurrant et plastronnant dans les salons
de la condescendance,
Tu nous fais pitié ».

Si David évoque le passé, c'est pour y trouver des raisons d'espérer. Les héros africains tels que « Soundiata l'oublié » ou « Chaka l'indomptable » sont évoqués non pour nous faire admirer leurs « fastes », mais pour inviter à nous redresser et à monter à l'assaut des citadelles de l'injustice. David, fidèle à l'enseignement de Jacques Roumain, a compris la nécessaire solidarité des « colonisés » et des ouvriers d'Europe dans le grand combat de la libération humaine :

« Et des savanes aux jungles
Nos mains crispées dans l'étreinte du combat
Montrent à ceux qui pleurent des éclats d'avenir
Dimbokro Poulo condor.
Entendez-vous bruire la sève souterraine
C'est la chanson des morts
La chanson qui nous porte aux jardins de la vie ».

David Diop est, pour les étudiants sénégalais, un exemple du militant révolutionnaire qui se refuse à tout esthétisme, à tout verbiage et qui, délibérément, travaille à la naissance d'une Afrique nouvelle. C'est toujours au nom de l'amour des hommes qu'il hait. David a bien compris que la seule couleur n'est pas une ligne de démarcation en matière d'oppression et d'exploitation. Les Tchombé et autres tigres en bois d'ébène sont là pour l'attester... Notre combat a des dimensions sociales incontes-tables. David est certes mort, mais il est présent parmi nous. Son exemple nous aura montré l'union intime du poète et du militant. Il a su harmonieusement, par une grande conscience sociale, par une claire conscience historique et une permanente volonté d'agir, être à la fois un Africain et un homme tout court.

Ousmane Sembène, véritable griot des hommes

Extrait de *L'Etudiant sénégalais*
n° 1 janvier 1964

Cheikh Aliou Ndao

L'on a écrit que Ousmane Sembène est un Richard Wright africain ; il est plus qu'un Richard Wright. L'écrivain américain s'intéressait à une certaine catégorie de ses concitoyens : ses frères de race. Ousmane Sembène, lui, va plus loin ; il témoigne. Certes, il sait qu'il appartient à son pays, il est donc concerné par les problèmes que les hommes y affrontent ; mais il a choisi de prêter sa voix à tous les déshérités de la terre.

Dans son dernier livre *Voltaïque*, Ousmane force l'admiration. Que de chemin parcouru depuis ses premières tentatives. Voilà une œuvre où la profondeur des sentiments s'allie au réalisme des personnages. Ceux dont l'auteur nous parle ne sortent pas de l'ordinaire ; on peut les rencontrer tous les jours. Contrairement à ses prédécesseurs, le romancier sénégalais ne nous crée pas un monde féérique où les héros évolueraient dans un tout petit cercle, presque en dehors des «situations» de leur société.

Toutes les nouvelles contenues dans *Voltaïque* sont des sortes de témoignages ; Ousmane mérite bien le titre de «griot des hommes ; il se contente d'enregistrer ce que ses concitoyens ont le plus à cœur. Courtes ou longues, ces histoires retiennent l'attention du lecteur car elles collent au réel.

Dès le début du livre, Sembène pose le problème du couple dans la nouvelle génération : *Devant l'histoire*. Cette différence de niveaux et de conceptions entre les conjoints est à la base de bien de difficultés. Le tour de force chez l'écrivain consiste à poser tout de suite un problème aussi grave, aussi important, d'une manière si concise ; sans pour autant se prononcer. En effet, l'on s'aperçoit que Ousmane ne vitupère pas, n'invective pas, il laisse le lecteur libre de faire son jugement. Sembène a compris que le rôle du romancier est de raconter, fidèlement certes, mais de raconter.

Avec *Ses trois jours*, l'auteur aborde la délicate question de la polygamie. A mon avis, cette nouvelle est l'une des meilleures, surtout à cause de sa force d'évocation. Cette femme si aimante, si bonne mère de famille, à la patience extraordinaire, est d'une telle présence qu'elle s'accorde à nous.

Décidément, Sembène a un don de narrateur et de psychologue ; il ne nous lâche qu'une fois le doigt posé sur le fait brut ; pourtant, il suggère beaucoup plus qu'il ne dicte ses conclusions. Il a une connaissance profonde du peuple, les scènes qu'il raconte, c'est comme s'il les avait vécues. Dans *Ses trois jours*, le caractère du mari est si bien rendu : cet inconscient, ce viveur, cet égoïste perdu par l'excès de volupté, cet indigne père de famille, on le rencontre encore chez nous.

Prise de conscience nous dévoile le syndicaliste qui a trahi, le combattant d'hier devenu « collabo » ; nous le reconaissons avec sa bedaine et sa besace, ses mensonges et ses faux-fuyants. Même celui-ci, Ousmane le laisse parler, nous écoutons ses arguments, nous assistons à ses tentatives de séduction, de sophisme, etc. Sembène refuse l'inutile et l'anecdote. S'il écrit, c'est parce qu'il sait que la plupart de ses frères voudraient se faire entendre et ne le peuvent pas. Aussi, n'est-il pas un écrivain qui se réfugie dans la contemplation ou dans une tour d'ivoire ; il va vers le peuple, sur les misères duquel il veut attirer l'attention.

Un amour de la Rue Sablonneuse ne montre-t-il pas comment des parents cupides gâchent le bonheur de leur fille en la mariant à un « bedonnant », pour l'unique raison que c'est un nanti.

Le talent de l'écrivain, son sens d'observation, se retrou-vent aussi dans les histoires ayant pour cadre la « Métropole ». Nous sommes persuadés qu'il s'agit d'événements auxquels Ousmane a été mêlé, à cause de la force de persuasion contenue dans ces nouvelles. Sembène a découvert l'art d'être un bon romancier : le don de soi. Que ce soit *Chaiba*, *La Noire de…* ou *Lettres de France*, Ousmane peint avec réalisme la désillusion, l'échec, la faillite, la misère. Il ne suffit pas de quitter son pays natal pour ignorer le chômage. Partout, c'est la même exploi-tation, les mêmes privations, c'est plus dur en France où les Nègres et les Arabes sont loin de leur « monde ». Ces trois nouvelles nous mettent face à face avec ce qu'il y a de plus humiliant et de révoltant : un patriote algérien dont la vie est brisée, une négresse qui voit le bonheur qu'elle imaginait se révéler être une dure existence à Marseille, etc. La petite Diouand exploitée jusqu'au suicide ; pour avoir fait goûter à son patron « les joies de l'exotisme », elle est venue mourir loin de sa Casamance.

La pièce maîtresse reste *Voltaïque*, le dernier récit, très bien mené du début à la fin. L'auteur ne néglige aucun aspect de ce drame de l'époque des négriers. Les personnages ne sont pas de simples marionnettes : la grand'mère, avec son pied-bot, la fillette au regard apeuré, ne comprenant pas ce que maintenir lui veut le monde des adultes, le père tendre et digne, le chasseur d'esclaves antipathique et grossier. *Voltaïque* est d'une vivacité extraordinaire presque conçu comme un scénario, surtout le pillage du bateau.

Même quand Sembène transcende « le réel » comme dans *La mère, Mahmoud Fall, Communauté*, il ne perd pas de vue son propos : les préoccupations humaines. C'est ainsi qu'un conte sur le chat et la souris aboutit à la communauté rénovée.

Il ne manquera pas de gens pour reprocher à Ousmane Sembène quelques maladresses de style. Que ceux-là sachent que c'est le fond qui intéresse le romancier. Il y a tellement de choses à dire, qu'il serait absurde de s'attarder à des règles ou à une phraséologie de salon. Sembène ne s'embarrasse pas de préciosité ; ses mots sont simples, crus, ils s'adressent à tous les « lettrés » depuis le certificat d'études jusqu'à l'université. Ce besoin de communiquer sa pensée est si intense qu'il a conduit l'écrivain de la littérature au cinéma : seul moyen de toucher les masses de chez nous. Ousmane sait combien il est douloureux pour un auteur d'Afrique de prétendre être utile à ses frères dans une langue qu'ils ne parlent qu'imparfaitement, et même le plus souvent, pas du tout. C'est pourquoi, Sembène a posé le problème des langues africaines au colloque de l'Université de Dakar. Hélas, la vieille garde et sa nouvelle vague sont plus préoccupées « d'une Nouvelle Défense et Illustration de la Langue Française ». La postérité saura gré à Sembène d'avoir soulevé la question. L'Histoire est avec lui, contre les « Toubabisés ».

27

Langues et littérature

Extrait de L'*Etudiant sénégalais*
Mars 1964

Cheikh Aliou Ndao

Nul n'ignore le rôle joué par la littérature militante dans la lutte libératrice des peuples colonisés. Poèmes chantant la liberté, fresques faisant revivre un passé glorieux, romans étalant les horreurs du système colonial, ont largement contribué à la prise de conscience des masses et nourri leur combativité.

Une constatation est cependant à faire : tandis qu'en Asie, dans le Moyen-Orient et le Maghreb, les langues autochtones ont servi de support à cette littérature, en Afrique noire et singulièrement dans les territoires colonisés par la France, les écrivains se sont surtout exprimés en langues européennes ; c'est là un fait à déplorer et il convient d'y remédier au plus tôt. Ce n'est pas qu'un nationalisme haineux et étroit nous pousse à rejeter tout ce qui vient du colonisateur pour nous replier sur nous-mêmes.

Des raisons tangibles et objectives, raisons d'une importance capitale au regard des intérêts de nos peuples militent en faveur de cette reconversion. N'est-il pas légitime et naturel, s'adressant à ses concitoyens, de leur parler la langue qu'ils comprennent ? N'est-ce pas compromettre le développement de nos langues que de ne point exploiter leurs ressources ?

En s'exprimant en une langue européenne, l'écrivain africain s'adresse à une minorité d'intellectuels, la grande majorité de ses compatriotes, ceux-là mêmes qui ont besoin d'éducation, de nourriture intellectuelle étant tout bonnement négligés. Or, toute littérature qui ne s'accroche à la formule creuse de « l'art pour l'art » remplit nécessairement une fonction sociale, politique ou religieuse : l'écrivain convie son audience à une sorte de communion où, grâce à la magie de son art, ses idées, ses émotions de-viennent celles de tous. Une sorte de mutuelle influence s'exerce entre lui et les réalités de son milieu. Dès lors, l'écrivain africain qui ne s'exprime qu'en une langue européenne, s'installe dans une littérature amputée de sa fonction naturelle, une littérature où l'on cherche une sorte de consécration plutôt qu'à s'unir à son peuple et le servir.

L'artiste solidaire de son milieu, vivant la vie de ses compatriotes, partageant leurs soucis, leurs souffrances, menant les mêmes combats qu'eux, s'adresse d'abord à eux. Qu'on n'aille pas opposer la vaste audience internationale qu'il peut avoir en écrivant en une langue européenne, à l'audience trop restreinte de son milieu. L'argument n'est pas solide : n'oublions pas en effet que les œuvres qui valurent à Tagore le prix Nobel en 1913 avaient été rédigées directement en bengali et traduites ensuite par lui en anglais.

Certes, nous nous trouvons aujourd'hui devant un fait accompli : des langues européennes, l'anglais et le français, constituent des langues de liaison permettant à un grand nombre d'Africains de se comprendre. Mais cela ne change rien à ce que nous préconisons, car il n'est nullement question de supprimer l'usage et l'enseignement de ces langues. Il s'agit tout simplement d'accorder à nos langues une place de plus en plus grande, et dans l'enseignement et dans la littérature ; étant entendu que dans un avenir plus ou moins lointain, quelques-unes des langues africaines passeront au premier plan, les langues européennes n'étant alors étudiées que comme langues étrangères.

Les avantages qui résulteraient de l'enseignement de nos langues et du développement des littératures vernaculaires sont multiples. Citons-en quelques-uns :

1) Recul rapide de l'analphabétisme ; il est beaucoup plus facile à un adulte d'apprendre à lire et à écrire dans sa propre langue que d'étudier une langue étrangère ;
2) Diminution de la durée des études : il est plus facile d'étudier une quelconque discipline dans sa langue maternelle que dans une autre ;
3) Conservation et enrichissement de notre patrimoine culturel ;
4) Disparition du fossé qui sépare l'intellectuel africain de la masse ;
5) Emancipation culturelle : le combat pour la liberté doit se compléter par la « décolonisation » des esprits.

Nous dira-t-on que tout ceci est bien beau, mais les langues africaines ne sont que des dialectes sans consistance ou sont trop pauvres pour répondre aux exigences des réalités modernes ? C'est là l'argument des mystificateurs obscurantistes. Toutes les langues sont susceptibles d'évoluer, de s'enrichir indéfiniment à partir d'une structure de base : le développement d'une langue concerne essentiellement l'assouplissement de l'expression, la création de concepts nouveaux, des innovations dues aux compositeurs. Or, la structure de base est un don de la nature ; tout groupement humain homogène possède un moyen d'expression répondant à ses besoins.

Là où l'on rencontre une organisation sociale, une littéra-ture populaire (chants, contes, relations orales), des conceptions morales et religieuses, existe nécessairement une langue aux possibilités immenses. Dans le cas particulier d'hommes trans-plantés, détachés de leur sphère culturelle (esclaves transportés en Amérique par exemple), on comprend qu'une mosaïque d'expressions d'origines diverses constitue ce que l'on appelle langue pauvre. Cette appellation n'est d'ailleurs exacte que durant une période transitoire, car avec l'usage, les structures se stabilisent, s'harmonisent et l'on assiste à la naissance d'une véritable langue (le créole).

En dehors des contingences historiques (contact avec d'autres cultures), le plein épanouissement de la langue d'un peuple dépend de l'usage qu'en fait son élite intellectuelle. Pensez donc qu'à l'époque de Cicéron, le latin passait pour une langue pauvre devant la langue grecque et ses monuments littéraires. Les intellectuels romains sous-estimaient le latin, leur propre langue, et par snobisme ne parlaient et lisaient que le grec. Cicéron, dans l'introduction de son ouvrage *Des termes extrêmes des biens et des maux* (traduction de Jules Marta, pages 1 à 9) nous laisse entendre qu'il allait s'exposer à toutes sortes de critiques par le seul fait qu'il se mettait à traiter des sujets de philosophie en latin et déclare : « Pour ma part, je me demande toujours avec étonnement d'où vient ce dédain si étrange pour les choses de chez nous. Ce n'est pas du tout le moment de faire une démonstration en règle : j'estime et je l'ai souvent dit, que la langue latine non seulement n'est point pauvre, comme on le pense généralement, mais qu'elle est plus riche même que la langue grecque ». Le latin doit donc son développement ultérieur aux écrivains qui comme Cicéron avaient confiance en ses possibilités. La langue française a connu la même situation ; Joachim du Bellay dans son manifeste *Défense et illustration de la langue française* s'élevait contre les humanistes qui s'obstinaient à écrire en latin et exhortaient ses compatriotes à étoffer leur propre langue par des emprunts et des créations de concepts nouveaux. Cependant, la tendance à écrire en latin et à imiter servilement les auteurs de l'antiquité persista jusqu'à la « querelle des anciens et des modernes » au XVIIème siècle. La langue française à son tour a conquis sa personnalité propre grâce à ses écrivains. Voilà donc des exemples qui prouvent que le niveau de développement d'une langue à une époque donnée n'est pas quelque chose de définitif. La langue s'assouplit, s'enrichit, à mesure que les intellectuels qui la pratiquent élargissent leur expérience et leur champ d'activité.

Nos langues ont souffert dans leur développement d'un manque de système d'écriture : sans écriture, le compositeur meurt emportant ses œuvres. Ainsi, des noms de compositeurs et penseurs comme Kocc Barma nous parviennent sans qu'on sache exactement ce qu'ils ont pensé. Aujourd'hui, il existe des systèmes d'écriture permettant de transcrire correctement un certain nombre de langues africaines. Au syllabaire wolof déjà publié sous les auspices de la FEANF, va succéder bientôt un syllabaire pulàr utilisant le même alphabet à quelques phonèmes près. Il est à souhaiter que les autres langues africaines utilisent le même alphabet en y ajoutant au besoin des signes correspondant aux phénopènes qui leur sont particuliers, afin qu'il existe un système unifié d'écriture en Afrique.

Il est à souhaiter (et nous devons l'exiger) que l'enseignement des langues vernaculaires figure le plus tôt possible dans les programmes scolaires.

Nous devons à nos peuples et à notre postérité de fournir les efforts nécessaires pour enrichir et conserver nos valeurs. Cicéron justifiait sa détermination d'écrire en latin en ces termes :

> « Je dois évidemment… travailler aussi, par mon activité, mes études, mes ouvrages, à l'instruction de mes concitoyens ».

L'Afrique ne manque pas d'écrivains qui pourraient dans un proche avenir promouvoir une littérature en nos langues et par leurs propres créations et par des traductions d'œuvres littéraires des autres peuples. Encore une fois, il n'est pas question de nous replier sur nous-mêmes, car toute culture qui se veut humaine et humanitaire doit s'orienter dans le sens de l'universalité.

L'*Harmattan* de Sembène Ousmane

Extrait de *L'Etudiant sénégalais*
Journal de l'AESF

Cheikh Aliou Ndao

Avec ce livre, il me semble qu'il s'agit plutôt de « tranches de vie » que d'un roman. J'entends par là que nous sommes loin d'un récit conçu autour d'un ou de plusieurs personnages dont l'auteur s'attache à étudier « l'état d'âme » comme dirait l'école académicienne. Bien que Ousmane Sembène se défende de bâtir une théorie du roman africain, il s'avère que sa manière réponde parfaitement à l'art de chez nous, qui est essentiellement participation ; c'est d'autant plus vrai que dans le théâtre traditionnel, il est difficile de faire une distinction entre acteurs et spectateurs.

En effet, au fur et à mesure que le griot mime le rôle de l'hyène ou du lièvre, il est accompagné, soutenu, imité par l'assistance. J'ai retrouvé ce souci de donner un rôle à tout le peuple dans l'*Harmattan*. Après avoir pris le référendum comme toile de fond, l'écrivain montre les personnages un à un. Ainsi, nous avons : le docteur Tangara face au référendum, Joseph, le catéchumène, face au référendum, Thioumbé, Lèye, Koffi, Sori et tous les militants conscients, face au référendum.

A la lecture du livre, il se dégage tout de suite une impression de cassure. Voilà ce petit monde, avec sa vie de tous les jours, brusquement confronté avec le problème du « oui » et du « non ». Que faire ? A qui s'adresser ? Se demandent les gens, surtout les illettrés. Vont-ils faire confiance aux chefs, à ceux qui les ont toujours guidés ou aux jeunes ? La contradition apparaît. Les fils ne demandent plus l'avis de leur père, comme autrefois. Rien que par ce thème, Ousmane soulève un des aspects des changements sociaux : la détribalisation. L'autorité patriarcale, un père tout puissant dictant ses lois, se heurte à la volonté du refus. Ainsi, est posé le divorce des générations. Les « vieux » ne peuvent comprendre que tout ne soit plus comme avant et les jeunes eux non plus ne peuvent comprendre que l'on veuille violer leur conscience. Le romancier débouche sur cette lutte, cette incompréhension par l'opposition entre Thioumbé et son père. Thioumbé, au nom si évocateur, est le type de la fille « évoluée » dans le meilleur sens du terme. Responsable envers elle-même puisqu'elle se fait l'égale des hommes, mais aussi responsable envers son peuple qu'elle fait passer avant l'obéissance à Joseph. Ousmane a brassé plusieurs thèmes à la fois dans ce roman. Son pouvoir d'observation, le sens de son milieu, lui permettent en quelques lignes, avec précision, de nous donner les tableaux les plus saisissants des scènes africaines. Je ne puis m'empêcher de penser à certains dessins de Papa Ibra Tall devant les descriptions de Sembène. Cependant, malgré le grand nombre de gens que nous côtoyons tout au long de l'*Harmattan*, l'écrivain a su quand même camper certaines silhouettes dont le réalisme ne cesse de poursuivre le lecteur à la fin du livre.

Lèye par exemple est d'un engagement si total et chaleureux qu'il fait penser à l'auteur. Sa rencontre avec le Premier Ministre est l'un des meilleurs moments du récit. Cet artiste qui refuse la plume pour le pinceau car, dit-il « écrire en français, c'est enrichir une langue étrangère », ressemble beaucoup à cet autre auteur qui délaisse quelquefois la littérature pour l'écran. Et la question revient toujours : écrire pour qui ? Le personnage de Tangara est sympathique au départ. Pauvre docteur qui a cru que l'on peut se limiter à faire un travail consciencieux, sans « faire de la politique » comme si « faire de la politique » ne concerne que ceux qui en ont le temps.

Voilà l'exemple de l'intellectuel égoïste mais surtout naïf, qui dit qu'il occupe une fonction purement technique et se met la main devant les yeux pour ne pas voir le soleil. Tangara découvre trop tard qu'il a eu tort de n'avoir pas fait comme son collègue Koffi.

Ousmane Sembène tout en donnant une plus grande place à certains personnages dont les dimensions dépassent de beaucoup celles des autres, ne laisse rien échapper. C'est ainsi que le monde des colons : Luc, le commissaire, le lieutenant, est peint assez fidèlement. L'option fondamentale du romancier l'empêche de tomber dans le piège ; il évite de schématiser, en mettant les Noirs d'un côté, tous bons, et les Blancs de l'autre, tous méchants. Au contraire, Ousmane dénonce les collaborateurs du « docteur » Luc ; ces Africains qui ne sont d'aucun bord et qui arrivent toujours à tirer leur épingle du jeu. La fièvre pré-électorale est bien rendue par l'écrivain.

Du début à la fin de l'*Harmattan*, même quand Sembène fait des digressions, il n'en reste pas moins soumis à son sujet : le référendum. Le déploiement des forces de l'« ordre », la morgue des colons, la corruption, le cynisme qui consiste à acheter la faim des pauvres gens avec des sacs de riz, le chantage, tout nous est livré par une plume sûre. Face à ces moyens, la détermination des patriotes est magnifique ; et l'on trouve une unité parmi les conscients, depuis les intellectuels comme Koffi jusqu'au réparateur de vélos Sori. L'auteur ne rate pas l'occasion de montrer le rôle du prolétariat qui, malgré la « victoire » du « oui », se remet aussitôt au travail, sûr du succès à venir.

Que dire de l'art de Sembène ? Le langage employé par le romancier traduit si bien les personnages que l'on a l'impression de les entendre s'exprimer dans nos langues. Quand Marh Kombetti parle, on se croirait en face d'une de ces matrones d'Afrique s'exclamant en Wolof ou en Bambara. Nous avons une illustration de cet exemple dans la scène des « Marieuses » avec leurs proverbes, leurs phrases ésotériques, leur sagesse.

L'auteur réussit aussi à mener la description du référendum avec ses bruits, ses violences, ses menaces, en même temps que l'étude des sentiments personnels : l'amour de Sori et de Thioumbé ou l'évolution de l'intrigue entre Charlotte et Tangara.

Dans l'*Harmattan* perce parfois l'humour du romancier, comme lorsque Tangara rend visite au Ministre de la Santé. Ici, en quelques mots, l'écrivain dévoile « l'arrivisme » des mal élus et ce reste de manque d'hygiène ou leur harem.

Naturellement, comme Sembène sait mener un récit et a le sens du suspense, notre attention est sous-tendue et nous demandons ce qui va se passer après.

Aussi, le lecteur ne peut qu'être impatient de suivre une œuvre aussi riche.

29

L'aventure ambiguë de Cheikh Hamidou Kane

Extrait de *L'Etudiant sénégalais*,
novembre-décembre 1964
Journal mensuel de l'Association des
Etudiants Sénégalais en France (AESF)

Babacar Sine
(Editions Julliard)

Un livre qui a fait beaucoup parler de son auteur dans la presse africaine (*Bingo, Afrique Nouvelle, Dakar-Matin, Vie Africaine*) comme dans la presse française (*Esprit, L'Express*, etc.) ; un grand tam-tam de publicité a été organisé pour célébrer le récit de l'Aventurier, Cheikh Hamidou Kane ou plutôt Samba Diallo. Que dis-je ? C'est presque tout un : Samba Diallo, héros du livre, raconte Hamidou Kane, car il s'agit avant tout d'une autobiographie : Cheikh Hamidou Kane nous invite à connaître son aventure personnelle.

Une aventure apparemment banale pour nous, étudiants, mais significative : un enfant africain, Sénégalais en l'occurrence, pétri de la culture de son milieu social et de la culture islamique, rencontre au détour de sa vie, sur son chemin, l'« Occident », une autre civilisation portée au bout du canon dans la fièvre de l'exploitation coloniale.

Mais tout cela nous aurait laissés indifférents si à travers son drame personnel et au-delà de celui-ci, Hamidou Kane n'avait posé des problèmes qui concernent directement notre génération ou s'il n'avait essayé de répondre aux problèmes que notre génération se pose : la critique du système colonial et de ses institutions, le contenu du système colonial, notre position face à l'« Occident », la nature et le contenu de notre contribution à la lutte générale contre des formes d'aliénation de l'homme, la nature et le contenu de nos alliances avec les autres peuples du monde ; autant de questions qui ont hanté Hamidou Kane au cours de sa périlleuse aventure. Suivons alors notre aventurier !

Le cas Hamidou Kane

En lisant le livre de Hamidou Kane, on a l'impression de se trouver devant une fresque peuplée de personnages qui déconcertent par leur sagesse : des professeurs de philosophie dans un salon, un long récit abondamment farci de réflexions philosophiques : Samba Diallo (Hamidou Kane), son père, le maître coranique qui incarne le haut idéal du parfait sage, la Grande Royale, cette princesse extrêmement lucide, tout ce petit monde familial spécule sur un unique centre d'intérêt : Dieu. On pourrait craindre que cela soit très aride, au point de décourager le lecteur peu averti des abstractions métaphysiques : il n'en est rien. Cheikh Hamidou Kane a eu la chance heureusement de forger un style sur mesure, pur, agréable et limpide qui tempère la rigueur philosophique qui court tout le livre.

De ce lot de personnages qui défilent devant nous, il y en a un qui domine de toute sa personnalité : Samba Diallo. C'est un intellectuel africain qui a été à trois écoles, à vrai dire, au lieu de deux, contrairement à ce que pense Cheikh Hamidou Kane lui-même : à l'école de la Tradition et la culture africaine proprement dite, à l'école coranique où le maître entend le façonner à son image et à l'« école nouvelle », entendez l'école de la culture
française : trois couches d'influences diverses qui se superposent sur le même individu, mais qui se superposent mal parce que conflictuelles et opposées ; et c'est le drame personnel de Hamidou Kane, et c'est ce qui crée l'ambiguïté foncière de sa situation, écartelé ainsi entre divers appels ou pôles contradictoires. « Un être double » dit Aragon. Laissons-le le confesser lui-même :

> « Je ne suis pas un pays de Diallobé distinct, face à un Occident distinct, et appréciant d'une tête froide ce que je puis prendre et qu'il faut que je lui laisse en contrepartie. Je suis devenu les deux : il n'y a pas une tête lucide entre les deux termes d'un choix ; il y a une nature étrange, en détresse de n'être pas deux ».

Ainsi, chez Hamidou Kane, la prise de conscience du fait colonial s'accompagne d'une crise de conscience, l'une et l'autre étant deux moments intrinsèquement liés d'un même mouvement. En attendant de sonder la profondeur de cette prise de conscience, soulignons, à ce stade du cheminement de l'auteur, la manière dont il subit le drame colonial et le niveau où celui-ci se joue chez lui. Ce drame colonial, avec toutes ses dimensions : économiques, sociales, politiques et culturelles, n'est senti que comme un fait de conscience, un phénomène subjectif et personnel : la conséquence la plus directe du système colonial, c'est la misère morale et spirituelle, non économique et sociale, cette façon particulière, spéculative et abstraite de vivre le fait colonial, qui constitue la toile de fond de l'*Aventure Ambiguë*, s'explique on ne peut plus aisément si l'on a en vue les racines sociales et la situation sociale objective d'où la personnalité de Cheikh Hamidou Kane s'est dégagée. D'ailleurs, le livre lui-même est une mine d'indications assez éclairantes sur ce point : Cheikh Hamidou Kane est issue d'une famille féodale représentant «ce qu'il y a de meilleur» dans l'aristocratie du pays des Diallobé, une famille qui n'a pas souffert matériellement de l'exploitation coloniale, qui en a même bénéficié ; certes, le jeune Samba Diallo, ici Hamidou Kane, a connu une vie d'errance dans le peuple au temps où il était mendiant, mais c'est le cas de rappeler que ce fut seulement une courte période nécessaire au noble, au futur chef pour tremper son caractère ; en outre, il a reçu une forte dose d'intoxication religieuse qui l'a modelé dans une mesure très appréciable, sous la férule du maître coranique.

A ces diverses influences objectives, s'ajoute le fait que Hamidou Kane est un intellectuel qui a beaucoup hérité de tous, de la philosophie et de la culture bourgeoise reçues : l'individualisme et l'esprit d'abstraction. Le mystère s'éclaircit et nous comprenons comment, à son niveau propre, il ne pouvait poser concrètement le problème colonial et autrement que de façon spéculative et subjective.

Ici, l'on mesure bien la distance qui sépare Cheikh Hamidou Kane et Ousmane Sembène : deux pôles, deux approches différentes du problème colonial, deux types d'Africains. À la différence de l'*Aventure Ambiguë*, l'œuvre de Ousmane Sembène est plus réaliste et plus militante, où grouille ce petit monde de personnages sympathiques et réels, sortis du peuple et étant ce peuple, ignorant les débats de conscience, ou les inquiétudes métaphysiques mais vivant concrètement les contradictions du système colonial : avec l'*Harmattan* et *Voltaïque*, c'est la réalité sociale coloniale dans toute sa nudité qui nous est étalée. La différence entre Hamidou Kane et Ousmane Sembène, c'est celle entre le mystique exilé et frémissant d'angoisse dans l'impuissance de sa déréliction et le militant embrayant sur la vie de son peuple.

Il manque à Cheikh Hamidou Kane de radicaliser sa prise de conscience en se radicalisant lui-même, en combattant sur les positions des masses laborieuses.

Curieuse concordance qui fait que cet « exilé métaphysique » de l'*Aventure Ambiguë*, coupé de ses racines spirituelles et morales, soit aussi un « exilé politique », car Hamidou Kane est un technocrate, un bureaucrate, par essence, donc un être coupé de son peuple. Est-ce un pur hasard ? A vrai dire, il semble que non. Cela ne traduit et ne reflète que le lien certain, la solidarité étroite existant entre l'œuvre et la vie de l'auteur, entre son être social et son être intellectuel.

Il est paradoxal de constater qu'en fait, les deux éléments de la contradiction vécue par Hamidou Kane ne se situent pas entre l'Afrique traditionnelle et l'« Occident ». On chercherait en vain une donnée africaine dans le problème que l'auteur vit. Le drame de Hamidou Kane est surtout de nature religieuse, la conscience malheureuse du mysticisme musulman le plus intégriste. Hamidou Kane jette même la méfiance sur la « négritude », sûrement parce qu'elle contient en son sein un relent de paganisme que le musulman intégriste qu'il est ne peut bénir par souci de purification métaphysique. C'est ainsi qu'il écarte subtilement la négritude du champ de son débat de conscience : « Je ne sais pas exactement ce que ce terme recouvre » dit-il.

L'atmosphère de saturation religieuse dans laquelle il a baigné a été jusqu'à le nettoyer de toutes les impuretés africaines qu'il recélait encore en lui ; sorti de ce lavage, Hamidou Kane n'est plus un pur Diallobé, et presque plus un Africain ! Il est surtout un mystique, qui se heurte à l'« Occident », souillé par le « matérialisme ». C'est le Maître coranique, qui veut le modeler à son image, qui est ici chargé de l'opération-lavage ! « Le Maître croyait profondément que l'adoration de Dieu n'était compatible avec aucune exaltation de l'homme ; or, au fond de toute noblesse, il est un fond de paganisme ». Ou bien « Sa (le maître) dureté pour le garçon était à la mesure de l'impatience où il était de la débarrasser enfin de toutes ses infirmités morales et de faire de lui le chef-d'œuvre de sa longue carrière ». Ces quelques lignes sont assez édifiantes et se passent de tout commentaire ; qu'il suffise seulement de préciser que par « infirmités morales », il faut entendre toutes les influences, habitudes et valeurs africaines que le sage Maître décrète des tares susceptibles de vicier la pureté mystique de son « talibé » ou élève. Comment alors cet Africain, campé ainsi devant nous, doublement dépersonnalisé et mutilé par les cultures islamiques et françaises dont il est sevré, pose-t-il des problèmes qui le sollicitent et comment entend-il les résoudre ?

Une vision mystifiée et spéculative des problèmes et de leur solution

L'on peut dire, d'une certaine façon, que tout le livre de Hamidou Kane est un tissu d'accusations diffuses et sourdes contre le système colonial, car celui-ci est le grand responsable de sa conscience malheureuse, de son drame personnel. Mais pour rendre justice à l'auteur, il faut reconnaître qu'il a lancé quelques critiques directes contre l'invasion coloniale, et sous la forme d'une évocation poétique et saisissante :

> « Le pays Diallobé n'était pas le seul qu'une grande clameur eût réveillé un matin. Tout le Continent noir avait eu son matin de clameur. Etrange aube ! Le matin en Afrique noire fut constellé de sourires, de coups de canon et de verroteries brillantes. Ceux qui n'avaient point d'histoire rencontraient ceux qui portaient le monde sur leurs épaules. Ce fut un matin de gésine. Le monde connu s'enrichissait d'une naissance qui se fit dans la boue et dans le sang ».

Cette évocation poignante de la conquête coloniale est une véritable tranche de poésie ! Elle s'inscrit sûrement sur une des plus belles pages du livre. Qu'est-ce à dire ? Elle nous enseigne qu'à chaque fois que l'auteur quitte son « horizon pour celui de tous » selon la belle expression que Paul Eluard, son regard découvre le spectacle d'une moisson de réalités plus abondantes et plus riches que son univers personnel et son art en gagne en profondeur et en grandeur humaine. Hélas ! Cette leçon n'est pas celle que nous apprend l'*Aventure Ambiguë* : la réalité coloniale dans toute son ampleur n'apparaît qu'à travers quelques failles dans l'univers étroit de la conscience troublée et malheureuse de Hamidou Kane. Masochisme intellectuel ? Presque.

La critique du système colonial a conduit Hamidou Kane à enquêter sur le responsable de cette grande aberration : « l'Occident » et l'auteur de déverser sur lui ses foudres et sa colère. « L'Occident » de Hamidou Kane est un « Occident malade » qui chancelle sous le poids de ses tares, une épidémie de grangrène : le matérialisme, la technique, l'oubli de Dieu et du sacré, etc. tous ces slogans qu'une certaine littérature bien connue a ressassé avant lui et ressasse encore : Kierkegaard, Jaspers, Gabriel Marcel, Mounier... tous ces représentants de la philosophie bourgeoise décadente à l'époque de l'impérialisme se reconnaîtront dans la critique que porte Hamidou Kane à « l'Occident », nos mystiques modernes comme René Guenon et Chrishna Murti, etc. peuvent aussi applaudir cet Aventurier qui les rencontre au cours de son aventure. Une collision troublante à vrai dire. Le livre, par exemple, de René Guenon *Le Règne de la Quantité et le signe des temps* et l'*Aventure Ambiguë* de Cheikh Hamidou Kane exhalent le même parfum pour l'essentiel, par les coups qu'ils assènent à l'Occident et à la science moderne. La critique que fait le noble fils des Diallobé ne me semble être qu'une vue mystifiée et une conscience aliénée de la civilisation bourgeoise au stade impérialiste qui s'embourbe dans ses contradictions avec son cortège d'aliénations économiques, sociales et humaines. C'est assurément la bourgeoisie capitaliste qui a aliéné les masses laborieuses en « Occident », qui s'est aliénée elle-même et qui a universalisé l'aliénation en aliénant les peuples d'Afrique et d'Asie ! « L'Occident » n'est rien dans cette monstrueuse histoire ! C'est que Hamidou Kane conçoit mal l'Occident, celui-ci sous sa plume devient une entité quasi-métaphy-sique qui couvre tout et rien, cette réalité hypostasiée de l'Occident nous cache les masses laborieuses, alliées naturelles de nos peuples d'Afrique, qui sont en gésine pour accoucher d'un monde nouveau où l'homme pourra s'installer plus confortablement pour construire « une architecture de réponses », une bonne « répartition des réponses », selon les belles expressions de Hamidou Kane lui-même. Goûtons maintenant les termes dans lesquels cet « Occident » est blasphémé :

> « Mais l'Occident est possédé, le monde s'occidentalise. Loin que les hommes résistent, le temps qu'il faut, à la folie de l'Occident, loin qu'ils se dérobent au délire d'occidentalisation, le temps qu'il faut pour tirer et choisir, assimiler ou rejeter, on les voit, au contraire, sous toutes les lattitudes, trembler de convoitise, puis se métamorphoser en l'espace d'une génération, sous l'action du nouveau mal des ardents que l'Occident répand ».

Cette vue indifférenciée de l'Occident se ressent dans la conception que se fait Hamidou Kane de l'« Ecole » en tant que celle-ci symbolise la culture française : « lier le bois au bois », c'est le rôle de l'école, un rôle purement pratique ; l'école est un ustensile comme diraient certains philosophes, un instrument pour mettre au service de l'homme les moyens et le savoir technique pour domestiquer la nature. Comment les colonisateurs ont-ils pu « vaincre sans avoir raison » ? se demande la Grande Royale, un personnage du récit de l'*Aventure Ambiguë*. C'est l'école, qui enseigne le savoir-faire qui est la clé du mystère ; et Hamidou Kane d'accepter l'école pour ce fondement pratique et par un retournement dialectique, il entend utiliser l'école, cette arme des colonisateurs, contre eux-mêmes. Une conception purement pragmatique de l'école et de la culture française, réduite ainsi à une seule de ses dimensions. Ici encore, Cheikh Hamidou Kane s'arrête à la surface et ne plonge pas jusqu'au fond du problème. Mais c'est incontestablement la science moderne que Hamidou Kane assimile d'ailleurs hâtivement à l'Occident qui subit ses assauts les plus virulents.

> « Alors, dit-il, je vous souhaite du fond du cœur de retrouver le sens de l'angoisse devant le soleil qui meurt. Je le souhaite à l'Occident, ardemment. Quand le soleil meurt, aucune certitude scientifique ne doit empêcher qu'on le pleure ».

Ou bien :

> « l'évidence est une qualité de surface. Votre science est un triomphe de l'évidence, une prolifération de la surface ; elle fait de vous les maîtres de l'extérieur, mais en même temps elle vous y exile, de plus en plus ».

Ces lignes sont assez éloquentes pour apprécier dans quel horizon philosophique Hamidou Kane se situe. C'est l'exaltation frénétique et passionnée du mysticisme et du subjectivisme les plus plats. Derrière ces lignes, c'est l'ombre de Henri Bergson qui se profile. Ces sons de cloche que nous avons tant entendus, ne rassemblent que la paroisse de ceux qui ont peur des problèmes que posent la science et la technique modernes et qui tentent désespérément d'endiguer le flot des grandioses révolutions scientifiques qui secouent le monde actuel ; ils sonnent aussi et surtout le glas de la philosophie bourgeoise décadente avec ses variantes de mysticisme et d'irrationalisme. Qu'il suffise de rappeler que cette attitude de Hamidou Kane n'est ni africaine ni musulmane spécifiquement ; c'est un contraste de la philosophie réaliste dans son ensemble. Hamidou Kane devrait se mettre à l'école de Georg Lukacs pour apprendre l'histoire de l'irrationalisme.

Pour rendre bien à Hamidou Kane ce qui est à Hamidou Kane, soulignons qu'il a une conscience bien dégagée de la solidarité des destins, aussi bien individuels que des peuples du XXème siècle ; l'on peut regretter que cette chaîne de solidarité exclut pourtant les maillons importants tels que les masses laborieuses d'Europe et les forces du socialisme.

« Nous n'avons pas eu le même passé, dit-il, vous et nous, mais nous aurons le même avenir rigoureusement. L'ère des destinées singulières est révolue ».

Cette chaîne de solidarité des destins, cette fraternité objective de situations, Cheikh Hamidou Kane lui donne un contenant tout particulier. L'apport des peuples du « Tiers-Monde » est de nature surtout spirituelle, une sorte de « supplément d'âme », le mot est de Bergson, au monde agonisant sous les coups du matérialisme. Et voici ce que dit Hamidou Kane :

« La Cité future, grâce à nos fils, ouvrira ses baies sur l'abîme, d'où viendront de grandes bouffées d'ombre sur nos corps desséchés, sur nos fronts altérés. Je souhaite cette ouverture de toute mon âme. Dans la cité naissante, telle doit être notre œuvre, à nous tous, Hindous, Chinois, Sud-Américains, Nègres, Arabes ; nous tous, dégingandés et lamentables, nous les sous-développés qui nous sentons gauches en un monde de parfait ajustement mécanique ».

Cheikh Hamidou mutile encore notre réalité d'Africains et appauvrit notre contribution qui doit se jouer à tous les niveaux ; politique, économique et social, il est vrai, en évitant de tomber dans les aliénations de la civilisation bourgeoise.

La fin du récit, c'est la fin aussi de Samba Diallo, qui va mourir, et qui va dans cet acte, signer le constat de son propre échec, même si dans l'instant il entrevoit l'éclair d'un salut dans l'éternité, et c'est aussi la fin de cette *Aventure Ambiguë*.

Aussi, ce récit de Hamidou Kane nous concerne, mais nous déconcerte : il ne nous donne aucune perspective exaltante dans cette histoire dont «la vérité, dit-il, est toute de tristesse» et il ne nous propose que l'impuissance de la solitude.

Ne nous aventurons pas à écouter la triste sirène de l'Aventure Ambiguë ; pour échapper au drame de Hamidou Kane, une seule et unique solution s'impose : combattre sur les positions de notre peuple et nous mettre à son école.

Abdoulaye Sadji, notre maître

Extrait de *L'Etudiant sénégalais*
Octobre 1964

Cheikh Aliou Ndao

Il faut avoir connu l'homme et médité l'œuvre, pour mesurer ce que les Lettres sénégalaises doivent à l'auteur de *Maïmouna*. A une époque où la médiocrité, le mensonge et la facilité permirent à d'autres de se tromper en croyant en une gloire littéraire, le mérite de Abdoulaye Sadji aura été d'avoir soumis son travail à une critique sévère pour le triomphe de ses convictions. Je ne crois pas à la théorie de l'écrivain double ; ce créateur qui dit certaines choses par sa plume et continue à les nier par son comportement social, n'est qu'une invention bourgeoise. Donc parler de l'auteur de *Nini*, c'est aussi évoquer l'homme que j'ai vu présider un meeting organisé en faveur des étudiants non boursiers à Dakar. Qu'il s'agisse de ses conférences ou de ses articles, toute l'action de Abdoulaye Sadji n'a jamais eu qu'un seul but : la défense de la dignité de l'homme noir.

Peut-être que Sadji, comme tous ces intellectuels de son temps, a cru à « l'assimilation » du moins tout à fait au début. Mais il a su discerner ce que cette politique comportait de trahison des valeurs nationales et de complexe d'infériorité. C'est ainsi qu'il a pu prendre ses distances. Voilà ce qui explique qu'il vante nos sociétés, leur culture, notre patrimoine, etc.

Cependant, il est plus intéressant d'étudier l'œuvre de l'écrivain pour se rendre compte si l'auteur essaie de les rendre plus « indépendantes » de sa plume. Alors que *Karim*, qui lui, sait lire et écrire est plus impardonnable de nous avoir rien appris. Il faut replacer *Maïmouna* dans son cadre. L'intention de Sadji est de décrire les illusions perdues d'une petite villageoise. Ce qui est bon à remarquer, c'est que l'écrivain était en train de mûrir son talent, car nous allons mieux le saisir avec *Modou Fatim*.

Modou Fatim

De toutes les œuvres de Sadji, je considère cette nouvelle comme la plus accomplie. *Modou Fatim*, sous un dehors léger et presque comique, est pourtant un écrit social à caractère dramatique. Toute l'expérience de l'auteur, sa connaissance du milieu sénégalais, se révèlent avec aisance dans *Modou Fatim*. Cette nouvelle pourrait sortir de la plume de Ousmane Sembène. Le lecteur était habitué à un Sadji Abdoulaye plus détaché du sujet, plus impartial, alors que dans cette petite brochure, Modou, notre paysan, ne nous quitte pas une seconde.

Ce cultivateur qui fuit l'aridité des champs ou la période de la soudure pour aller à Dakar tenter sa chance, ressemble beaucoup à Maïmouna qui rêvait d'être aussi « civilisée » que sa sœur Rehana. Mais au lieu d'une petite fille impatiente de découvrir une grande ville, nous avons affaire à un homme mûr, qui pense que quelques mois dans la capitale pourraient l'aider à « s'en sortir ».

Modou Fatim voit que tout le monde émigre du Walo, soit pour s'installer au Sine Saloum ou en Casamance. La raison, Modou ne l'ignore pas : la terre s'épuise et ne nourrit plus son homme.

Je dis bien que ce récit est le chef-d'œuvre de Sadji. Il a bien saisi les changements des notions ancestrales telles que l'hospitalité, la solidarité, à cause de l'introduction de l'argent, et les nouveaux rapports sociaux. L'auteur à travers son héros dénonce cette détérioration de nos sociétés contaminées par le capitalisme et la recherche du gain. C'est ainsi que Modou Fatim ne peut s'expliquer le comportement de Diokel, son compatriote. Il lui semble que ce n'est plus le même homme, ayant habité le même village que lui. Cependant, Modou comprend vite que dans une ville, il faut savoir se débrouiller soi-même et que tous les moyens sont bons. Ainsi, cet homme, bon paysan, scrupu-leux et intègre, rongé petit à petit par les vices de la ville, n'écrit même plus à sa femme. Comme tout le monde, il deviendra arrogant, méprisera l'hospitalité, aura des rapports avec la femme de son hôte.

Dans *Modou Fatim*, l'auteur nous aide à nous souvenir qu'en fait rien n'est figé et que nos traditions sont en train d'épouser le rythme de notre temps et les conditions de notre époque. C'est ainsi que ce qui était impensable il n'y a que quelques années, ne choque plus personne mais encore, dans son village, aurait eu honte de regarder la femme d'autrui, en est-il arrivé là ?

Je suis sûr que ceux qui ont reproché à l'auteur de *Nini* d'avoir été moins engagé, découvriraient un autre aspect de l'art de Sadji dans *Modou Fatim*. Pourtant, même dans ce récit, l'auteur poursuit toujours le même thème : l'Illusion. Seulement, ici c'est beaucoup mieux concrétisé. Modou croyait que la misère sévissait à la campagne. La ville lui ouvre un monde misérable qu'il n'avait jamais connu. Dans son village, la vie était dure mais au moins il jouissait d'une liberté relative. Qu'offre Dakar à ses semblables : des baraques. Combien ses héros romanesques expliquent quelques-unes de ses attitudes ou même les justifient ?

Si l'on se penche avec soin sur l'œuvre de Sadji, il semble que le grand thème de ces écrits (*Maïmouna*, *Nini*, *Modou Fatim*) est la poursuite d'une Illusion. On dirait qu'il y a corrélation entre l'enseignant qui s'est laissé tenter et tromper par l'Assimi-lation, et *Nini*, *Maïmouna*, *Modou Fatim* qui finissent tous par découvrir la vanité de leurs chimères.

Nini

L'on a été trop sévère avec Sadji en faisant la critique de cette « nouvelle ». Pourtant, en se reportant à l'époque où Sadji a écrit, on découvre que *Nini* n'est ni un réquisitoire contre les mulâtres, ni une anecdote réactionnaire et raciste ; au contraire, c'est un apport progressiste. En effet, pour en revenir à cette idée de la poursuite d'une illusion, rien mieux que ce livre n'illustre mon propos. Qui est Nini ? Une jeune mulâtresse qui fait tout pour vivre dans le rêve ; cette demoiselle veut oublier que si elle est née de sang blanc et noir, il n'en demeure pas moins vrai que malgré son orgueil d'appartenir quelque peu à la race des Elus, elle est conditionnée par son milieu traditionnel, avec sa grand'mère noire et musulmane, avec ses talismans et ses croyances magiques. Donc, Nini doit se rendre à l'évidence. Saint-Louis du Sénégal, malgré une longue période d'occupation française, n'est pas une ville en Bourgogne. Le romancier veut prouver à son héroïne qu'il n'y a aucune honte à se vouloir noire et à appartenir à son pays. Voilà ce qui est positif et progressiste dans *Nini*. Il serait donc injuste et même faux de reprocher à Sadji d'avoir posé une question de couleur. Il a plutôt fait ressortir le drame des Métis de son temps, qui sont une somme de contradictions, du moins la plupart d'entre eux. En effet, leur condition sociale les rapproche des Nègres de Saint-Louis, la couche la moins favorisée, alors que leur mentalité les porte vers les privilèges de la classe « supérieure », les Blancs. Résoudre, surmonter cette contradiction, consiste à accepter sa condition en s'alliant à la fraction la plus déshéritée de la population. C'est ce mouvement dialectique que *Nini* aurait dû effectuer et c'est ce que Sadji avait déjà indiqué. Quel que puisse être notre point de vue sur les autres aspects du livre, seul ce côté progressiste devrait nous retenir.

Maïmouna

Dans ce roman, se rencontre également le thème de l'Illusion. Maïmouna découvre que Dakar n'est qu'un mirage. Fallait-il tout quitter : la tendresse de sa mère Yaye Daro, ses compagnes, les joies sereines de son petit village pour aller « perdre son honneur » à la grande ville ? En somme, n'était-il pas préférable de supporter une vie médiocre à Louga, mais digne, plutôt qu'une existence brillante mais honteuse à Ndakarou.

Le principal reproche fait à ce roman est qu'il a été conçu comme si Maï et sa mère sont hors de leur milieu et que l'on ne sait rien des autres habitants du village et surtout de leur dure existence. Il y a une part de vérité dans ce reproche. Cependant, nous devons être indulgents en nous disant que l'auteur veut sans doute choisir cette pauvre veuve qui essaie d'éduquer sa fille en vendant de maigres denrées, pour illustrer les malheurs de l'ensemble des villageois. Ou tout simplement, contrairement au roman russe du XIXème siècle (Tolstoï, Dostoïewski), il préfère s'appuyer sur un milieu plus réduit pour mieux cerner la psychologie des personnages. En considérant *Maïmouna* avec un peu de recul, on peut, sans se tromper, dire qu'il est plus positif que *Karim*. Car au moins Maï et Yaye Daro sont des femmes, analphabètes, on comprend que certains problèmes leur échappent, surtout brûlants, des bidonvilles, des lits crasseux où les poux, les puces et punaises se disputent la place. Un travail temporaire comme manœuvre journalier au port, besogne épuisante. Devenir «bana bana» avec trois paires de lunettes et quelques sous-vêtements, de quoi poursuivre et ennuyer les touristes, tout en reniant ses principes, en vivant de mensonges.

De nombreux Modou Fatim fréquentent Dakar ; candidats à la misère, guettés par les maladies et le chanvre indien. Et pourtant, quelle philosophie ! Un « bana bana » ne me dit-il pas un jour sur l'avenue W. Ponty :

« Je sais bien qu'ils nous attaquent à leur Radio en nous insultant. Ils nous demandent d'aller travailler les champs au lieu d'importuner les touristes. Moi qui suis paysan, j'y reste, avec le peu que j'y gagne. A moins que nous allions tous ensemble au soleil. Mais rester à l'ombre et me crier de suer pour eux, je refuse ».

Mon bonhomme éclata de rire et courut derrière un touriste yankee.

En s'attachant à souligner cette poursuite de l'Illusion, je ne pense pas me tromper en affirmant que Sadji dénonce et condamne la fuite de la réalité. Que ce soit pour *Nini*, *Modou Fatim* ou *Maïmouna*, la leçon qu'enseigne l'auteur est que rien ne sert d'essayer d'échapper aux difficultés. Ce qu'il faut, c'est accepter sa condition mais en la changeant. Or, c'est à mon avis ce qu'il y a de plus positif dans la carrière littéraire de Sadji. A-t-on jamais vu une indication plus directe pour le combat ? Le rêve n'est acceptable que quand il conduit les hommes vers un meilleur devenir. Voilà la leçon de notre Maître.

31

Note de lecture sur *Kaïrée* de Cheikh Aliou Ndao

Extrait de *L'Etudiant sénégalais*,
Journal mensuel de l'Association
des Etudiants Sénégalais en France (AESF)
n° 2 février 1964

Cheick Ba

Notre camarade Chèc Ndao vient de faire publier un recueil de poèmes, *Kaïrée*, prix des poètes sénégalais de langue française 1962. Le recueil comprend une quinzaine de poèmes, d'inégale longueur, mais d'égale chaleur et d'égale vigueur. Dans tous les poèmes, le poète vit et revit l'Afrique et nous entraîne parfois gaiement, mais d'une façon toujours pittoresque, vers la saisie de ses moindres aspects : L'Afrique des calamités naturelles, à la domestication difficile :

« Lassitude des longues pentes arides
Vers les cœurs inexpugnables
Trop duré la pluie silencieuse
des blanches sauterelles
Sur mes nuits d'insomnie ».

L'Afrique de la misère, de la faiblesse devant une nature hostile :

« Afrique
Les toits de tes cases
Griffent le ciel sourd
A l'anxiété de leur misère
Ma prière du matin du soir ».

L'Afrique d'hier, envahie par les colonialistes, « hôtes non invités » et « vautours centenaires », penchés avec cynisme sur sa chair qu'ont défendue le canon, la poudre, le dibi, la lance et le dioung-dioung.
Si le poète fait chanter le griot de ses ancêtres, Samba Niambali, c'est moins parce qu'il se plaît à dormir sur leur gloire passée et d'en tirer orgueil, que pour prendre exemple sur eux dans la lutte qu'il mène actuellement contre ces mêmes ennemis, restés les mêmes sous un masque nouveau. C'est l'occasion pour lui d'exalter en même temps la valeur du « lion de Guilé », Ali Boury Ndiaye et Yang-Yang, le résistant qui de « Mouk-Mouk au Macina » a prouvé qu'il était l'un des plus grands stratèges de la résistance contre les colonialistes. L'évocation de la lutte de libération actuelle est d'une vigueur et d'une force expressives. Les poèmes *A Jomo Kenyata*,

Pleurs (à David Diop), *Larmes de flammes pour Lumumba* en contiennent l'essentiel. Ce dernier poème mériterait une étude spéciale vu sa richesse, son contenu et la construction du vers. Chec ne nous fait pas seulement revivre ou vivre cette atmosphère d'héroïsme, de « la fougue furieuse des galops d'antan », il prend position et se sent engagé plus que jamais. Ecoutons-le encore dans *Pleurs* (à David Diop) :

« Ceux qui puent la peur des prisons
Ne sont pas de mon horizon
Ceux qui lèvent leur verre à la prospérité
Des possesseurs
A l'exploitation des leurs
Ne sont pas de mon horizon
Mes pagnes aux lutteurs ».

Il nous donne des exemples de lutteurs :

« Boiront à ma gourde de miel
Toi
Kenyata
Dans ton château de solitude
guetté des guêtres et des casques d'acier
Grimaçant derrière les barbelés
Toi
Kwamé
A ma droite
Dans le cercle des Adoptés
Toi
Petit wolof de Rufisque
Devinant les couchers de soleil
Sur Soumbedioun
De tes fenêtres d'ombre ».

Le poète, parfois pittoresque, espiègle ou « sentimental » nous entraîne par un rythme de tam-tam et de griot vers les chemins de la vie Africaine et les Africains. C'est la veillée, la réjouissance au clair de lune, au cours de laquelle se goûte le charme de la femme africaine :

« Yama, Yama Ndiaye
Que donnerai-je à Koumba Laobé
Pour ton collier d'ambre
Pour ton galé
Caprice de mes doigts de Rebelle
O veillée
O soirées
Sur le sable jaune de Yang-Yang ».

C'est le chant du griot, avec tout le rythme et le pitto-resque qui l'accompagnent habituellement :

« Kenyatta
Je clame ton nom
la main sur l'oreille
je me tourne vers le Nord
    le Sud
    l'Est
    l'Ouest ».

C'est la danse endiablée de la charmante fille sénégalaise : regardons Koumba Laobé danser le « Guin-Té ».
« Guin-té
Guin-té
Guin-té
…
Guin-té
du pied droit
Guin-té
du pied gauche
Guin-té
du déhanchement
…
Et lorsque
Victorieuse de tes compagnes
mais vaincue par les galants
tu t'arrêtas aux pieds des batteurs
l'éclat de rire de tes pagnes
nous éclaboussa de ton gongo ».

La valeur et l'intérêt des poèmes de Chec résident dans le fait qu'il a assimilé assez sérieusement son milieu, qu'il a « le sens du terroir » comme on dit. Cette assimilation est si obsé-dante que chaque fois il n'hésite pas à employer des termes locaux adéquats. Ce qui frappe, c'est qu'il nous entraîne dans le processus de son expérience de l'Afrique depuis son enfance (l'école coranique, les jeux d'enfants, le maraudage et les baigna-des dans les marigots, etc.) jusqu'à maintenant. Nous n'avons ni le temps, ni même la compétence nécessaire pour étudier la technique du poème de Chec. Nous y reviendrons plus tard.

Il n'y a pas de poésie « engagée »

Extrait de *L'Etudiant sénégalais*
Novembre-décembre 1965

Cheikh Aliou Ndao

Il n'y a pas que des poètes révoltés, tout est dans la forme. Telle est la « conviction » de certains intellectuels sénégalais qui vont jusqu'à tirer vers eux la poésie d'un David Diop, en essayant de faire de ce militant un puriste. Certes, je reconnais qu'à notre époque de vers libre, il peut paraître difficile de voir ce qui sépare poésie et prose. La versification stricte n'étant plus admise comme seul critère, quelques censeurs prétendent édicter un nouvel art poétique. A de jeunes auteurs qui veulent avant tout dire leur solidarité dans la lutte quotidienne de tous les op-primés, ils opposent une doctrine rigide, qui d'après eux, donne-rait la formule magique d'un bon poème, et nos intellectuels d'énumérer leurs lois. Peut-on parler de poésie sans le poète ? Tout vient de lui. Iqbal n'a pas tort d'affirmer :

« Maint poète naquit après sa mort
Il ouvrit nos yeux après que les siens fussent clos... ».

Nos intellectuels sénégalais dont nul ne doute de la vaste culture savent bien quel rôle social le poète joue dans l'histoire humaine. Eux, si fiers de leur « humanité », n'ignorent pas que le poète dans la plupart des sociétés où les faibles n'ont pas le droit à la parole, narguent la furie des puissants. Dans les pays de régime despotique, il paie de sa vie sa fidélité à ses conceptions. Il est temps d'abandonner l'idée du poète idole, du poète dans sa tour d'ivoire, occupé à travailler, à ciseler, à purifier le langage. Sortons du colonialisme culturel légué par l'enseignement reçu dans une université bourgeoise.

Maintenant, même les Français sont obligés de libérer leur langue (Alyosius, Bertrand, Rimbaud, Apollinaire et les surréalistes), n'est-il pas surprenant que des Africains se veulent les héritiers de Vaugelas ?

Parce qu'elle est liberté totale, la poésie refuse le corset ou la camisole de force. Elle est libération de celui qui l'écrit ; elle est libération de ceux à qui elle s'adresse. Elle est la main qui brise l'opacité des choses pour pointer l'index sur la Beauté, afin que les hommes soient éclaboussés par sa clarté.

Aucune cloison n'existe entre le fond et la forme. Dire d'un poème qu'il n'est pas révolutionnaire parce que trop beau, ou bien qu'il est trop révolutionnaire pour être beau est un non sens. La poésie n'est pas détachée de son auteur. Elle sort de son cœur, de son sang, de sa chair, de sa joie, de ses souffrances. Seule compte l'attitude du poète dans la vie.

Comme le dit Sékou Touré, « il ne suffit pas d'écrire un poème révolutionnaire pour participer à la révolution ». Un poète révolutionnaire vit pour et par la Révolution.

Pendant la résistance du peuple français contre l'occupation nazie, des poètes ont écrit des pages d'histoires avec leur sang. Max Jacob et Desnos sont morts en déportation. *Le Chant des Partisans* est sorti de la plume d'un poète.

Le poète épouse toujours une cause, il appartient à une époque, à une classe ? Quand il écrit, il sait que ses poèmes ne plairont pas à tous. Même le créateur qui se croise les bras est engagé, mais il l'est du mauvais côté. Il importe de respecter nos principes tout en étant les meilleurs. Un bon poème convainc mieux. Il y aura toujours Aragon, Garcia Lorca, Guillen, Hikmet, Neruda et les autres.

Cependant, chaque fois qu'un réactionnaire s'incline devant leur valeur, c'est une victoire pour nous. Un poète révolutionnaire n'est pas forcément celui qui ne chante que les combats. Il demeure l'artiste qui frémit devant la Nature ou la courbe des sourcils d'une jolie fille.

Pour revenir à l'Afrique, les griots restent nos guides ; ils amusent le Damel au clair de lune, mais sont au milieu de la mêlée dans la lutte contre l'envahisseur. Les poètes révolution-naires entretiennent la flamme dans le cœur des faibles pour un nouveau monde à bâtir, car ils reconnaissent avec Igbal que : « La vie est semblable à la mort, quand elle perd le désir du combat ».

33

Le congrès des écrivains et artistes noirs à Rome

Extrait de *L'Etudiant d'Afrique Noire*,
journal mensuel de la Fédération
des Etudiants d'Afrique Noire en France
(FEANF), n° 25 avril 1959

Amady Aly Dieng

En septembre 1956 à Paris, les écrivains et artistes noirs avaient tenu leur premier congrès que l'on qualifia de « Bandoeng culturel ». Depuis cet événement qui entrera dans l'histoire, l'Afrique est devenue le théâtre de multiples conférences qui l'ont portée sous les éclairages de la scène internationale. Le chemin qui a mené de la Sorbonne à l'Institut Italien pour l'Afrique a été marqué par des bornes historiques, comme Le Caire, Accra, qui ont très souvent servi de référence aux congressistes. L'indépendance de la Guinée, qui vient de reculer les frontières de l'humiliation et de la honte sur l'empire français, a porté un témoignage vivant par la voix du Président Sékou Touré.

Devant cette cascade d'événements qui sillonnent sans cesse l'Afrique, longtemps condamnée au silence et à l'absence de l'histoire, les Ecrivains et Artistes Noirs avaient besoin de faire le point pour recenser les liens de leur unité et mesurer leur responsabilité. Cette tâche fut accomplie en grande partie à Rome, du 24 mars au 1er avril, dans la sérénité des commissions. Si la première rencontre de Paris avait livré pour une large part la primeur de ses travaux au public, le Congrès de Rome avait choisi une autre démarche, un autre style de travail : le secret des délibérations de commissions. Néanmoins, le public a pu écouter quelques communications qu'il a su apprécier à leur juste valeur.

Leurs auteurs provenaient de différents horizons géographiques. Ils nous présentèrent des rapports sur les thèmes les plus divers. L'Haïtien Price Mars, sur la paléontologie, la préhistoire et l'archéologie ; le Sénégalais Cheikh Anta Diop, sur l'unité culturelle africaine ; le Martiniquais Frantz Fanon, sur le fait culturel et l'histoire nationale ; le Malgache Rabemananjara, sur les fonctionnements de notre unité culturelle tirés de l'époque coloniale ; le Jamaïcain Eric Williams, sur le leader politique considéré comme homme de culture ; l'Antillais Aimé Césaire, sur la culture et la colonisation.

De plus, d'autres rapports de grande valeur furent lus et étudiés en commissions. Les documents sont si considérables qu'on ne peut en rendre compte. Seuls les thèmes principaux peuvent être mentionnés.

Le rôle de l'écrivain et artiste noirs fut sérieusement discuté. L'art pour l'art, doctrine si chère aux gros bourgeois repus, fut froidement repoussé du pied.

Le thème de l'engagement inspira et, mieux, imprégna les travaux de la Commission de Littérature où se côtoyaient des hommes aussi différents d'âge que de pays ou de conceptions comme René Maran et Sembène Ousmane, Aimé Césaire **et** Bankolé Timothy, Glissant et Mercer Cook. Le mythe de l'autonomie complète de l'art par rapport à la politique fut sévèrement dénoncé et mis au rancart.

Comme l'on pouvait s'y attendre, la note dominante du Congrès était constituée par les relations qui existent entre la politique et la culture, ou plus précisément entre la colonisation et la culture. Dans ce domaine, la grande vedette du Congrès fut Aimé Césaire, l'auteur du *Discours sur le colonialisme*, non pas parce que tout le monde épouse toutes ses idées en général, mais parce qu'il a su, en termes énergiques et souvent poétiques, exprimer les aspirations profondes des peuples opprimés.

Le colonialisme est à l'agonie, il est désormais atteint d'une maladie incurable qui lui laisse encore quelques années de sursis : ses funérailles ne sont pas encore célébrées... Césaire nous en avertit : « Nous sommes à l'heure où le colonialisme est non pas mort, mais se sait mortel et perd de son assurance historique ». C'est dans ce contexte qu'il définit la mission de l'homme de culture noir : « L'écrivain, l'artiste prépare la décolonisation en hâtant le murissement de la prise de conscience nationale sans quoi il n'y aura jamais de décolonisation ». Ces propos lapidaires pouvaient facilement prêter à des équivoques ou soulever des sérieuses objections.

Césaire l'a senti et a pris rapidement les devants pour écarter certaines conceptions qui ont connu leurs heures de gloire dans la littérature française.

> « Il ne s'agit pas, dit-il, de conception messianique du poète ou de l'écrivain, et l'écrivain n'est ni créateur de nation, ni créateur de valeurs nationales, mais la création artistique exprime et donne forme à cette expression par un retour dialectique, créé ou recréé à son image, le sentiment dont elle n'est que l'émanation ».

Dans la lutte nationale, l'homme de culture a sa place. Dans son domaine, il peut contribuer utilement, car dans le système colonial « la création artistique est déjà libération », puisqu'elle est une initiative historique que le système lui-même nie.

La seconde mission que l'auteur du *Cahier d'un retour au pays natal* assigne à l'homme de culture est de « préparer la bonne décolonisation et non pas n'importe quelle décolonisation ».

Là, il n'épargne ni son mépris, ni son sarcasme imagé contre la décolonisation imparfaite « qui déplace la servitude et au terme de laquelle on voit un groupe d'hommes se servir contre leurs propres peuples de l'instrument forgé par le colonialisme ». Quelle actualité ! Quelle vérité ! Il semble que Césaire plaide pour nos peuples momentanément désarmés devant la lâcheté de « nos politiciens communautaires ».

Préparer la décolonisation, tel est le rôle de l'homme de culture. Cela veut dire que nos peuples ne sont pas mûrs pour assumer leur liberté et conduire leur propre barque.

Césaire perçoit déjà les vieux thèmes éculés de nos « politicailleurs sans parole et véreux » qui veulent condamner nos compatriotes à faire des stages sous la férule des colons. Il pose la question et y répond catégoriquement.

« Est-ce à dire que pour préparer la bonne décolonisation, il faut ménager les étapes et les transitions ? **Non. La vraie décolonisation sera révolutionnaire ou ne sera pas ».**

Voilà clairement posé le problème fondamental. Le poète continue le fil de sa pensée : «Et la décolonisation brutale, la seule radicale, se passe de tout apprentissage de la liberté et de l'indépendance nationale, précisément grâce à l'activité des hommes de culture qui «font faire à leur peuple l'économie de l'apprentissage de la liberté». Ces thèmes n'ont pas retenu exclusivement l'attention des congressistes. L'actualité brûlante des événements africains a sollicité leur regard et appelé une prise de position.

Le Congrès réclama « l'**indépendance** et l'**unité** des pays colonisés » et qualifia le XXème siècle comme le siècle de la décolonisation. Il réclama la cessation immédiate « des conflits violents qui ensanglantent l'Afrique et notamment l'Algérie, le Nyassaland, le Congo Belge, l'Angola, etc. par des solutions pacifiques et conformes à la Charte des Nations Unies et la Déclaration Universelle des Droits de l'Homme… ».

Le choix de l'Afrique (Sahara) comme champ d'expérimentation d'armes nucléaires fut condamné, ainsi que l'utilisation des tirailleurs « sénégalais » dans les guerres coloniales. La libération de tous les Africains emprisonnés ou exilés pour leur lutte en faveur de l'indépendance nationale figurait au cahier de doléances du Congrès.

La rencontre de Rome a eu des fruits qu'il serait bon de faire partager à nos peuples. Ses résultats sont incontesta-blement positifs. La marche des événements dans le monde et en Afrique particulièrement est si vertigineuse que nous sommes acculés à faire des suggestions amicales à nos compatriotes. Pour vivre, il faut abandonner les pas de tortue pour vibrer avec notre époque. Il est temps de ne plus chercher pour nos cultures des « brevets de valabilité » de l'Occident. Il est temps pour les écrivains et artistes noirs de délaisser les capitales européennes pour se donner rendez-vous sur une parcelle libre de la terre nourricière. Cela aura le mérite de marquer sans aucune équi-voque leur adhésion symbolique et effective à l'indépendance des peuples africains. Le « seul brevet » que nous devons chercher sortira de la victoire de nos peuples sur le colonialisme.

La Société Africaine de Culture, pour échapper aux dernières convulsions de l'agonie qui ont conduit à la tombe toutes les organisations panafricaines ayant toujours vécu sous les cieux européens, devra réviser ses formes d'organisation en fonction des objectifs de lutte de libération nationale des peuples de notre continent. Les changements intervenus en Afrique Noire au cours de cette dernière décennie postulent une adaptation qui doit dépasser les formules d'organisation jadis adoptées par le docteur Dubois. C'est là une suggestion amicale qui mérite d'être examinée. Nos revendications ont dépassé l'égalité du Noir et du Blanc. Elles se situent maintenant au niveau de nos peuples et non d'individus. Les frontières de nos alliances doivent être révisées en fonction des objectifs de libération.

L'efficacité de notre lutte nationale est à ce prix.

34

Postface

Amady Aly Dieng

Depuis la tenue en juillet 1961 du séminaire de la FEANF sur la littérature négro-africaine d'expression française, il y a eu de nouvelles productions littéraires. C'est pourquoi, nous avons demandé à Cheikh Aliou Ndao de procéder à un survol de la littérature africaine de langue française après les années 1960. Il était le mieux qualifié pour ce travail de mise à jour. Car il a participé aux travaux du séminaire de la FEANF et a continué à produire des œuvres littéraires. Cheikh Aliou Ndao ne pouvant pas parler de ses ouvrages, nous avons demandé à Madior Diouf de nous parler de ses dernières pièces de théâtre.

Dakar, le 2 mai 1983

35

Survol de la littérature africaine de langue française après les années 1960

Cheikh Aliou Ndao

Aujourd'hui, l'on se rend compte que la Fédération des Etudiants d'Afrique Noire en France avait fait œuvre de précurseur en organisant ce premier séminaire sur la littérature africaine. Bien sûr, il y a eu les deux congrès du Monde Noir à Paris en 1956 et à Rome en 1959 sous l'égide de la Société Africaine de Culture.

Cependant, ces deux assises furent différentes de la rencontre des étudiants. Dans ce cas là, il s'agissait d'examiner les diverses facettes de la culture du Monde Noir alors que dans celui-ci, l'accent allait être mis exclusivement sur la littérature africaine d'expression française. Il faudra attendre 1963 pour voir l'Université de Dakar emboîter le pas à la FEANF en abritant un colloque sur le même thème. L'histoire retiendra de ce séminaire le sérieux des débats, l'importance des communications, malgré une époque propice aux condamnations idéologiques et aux exclusions réciproques. En revoyant le travail accompli l'observateur découvre que la FEANF n'a jamais passé son temps aux invectives, aux dénonciations du colonialisme sans rien proposer. Une recherche méthodique fondée sur la critique scientifique a guidé les étudiants africains dans tous les domaines. Mais où en était la littérature africaine d'expression française avant le séminaire ?

Le nombre des écrivains était si infime que la critique étudiait toutes les œuvres du Monde Noir ensemble ; aussi bien les écrits d'un Sénégalais que ceux d'un Martiniquais ou d'un Haïtien. Certaines communications ont même traité du phénomène littéraire chez les Noirs Américains, dans les Caraïbes et à Cuba. La souffrance du peuple noir depuis l'esclavage et la dispersion était le seul critère retenu pour étudier tous les auteurs sans distinction. Le Nègre continuant à être méprisé, opprimé et tué à cause de la couleur de sa peau, sa littérature reflétant cet état ne devait s'étudier que globalement. C'est ainsi que l'on trouvera sous le même moule le trio Damas, Senghor, Césaire, à côté de Langston Hughes et Nicolas Guillen. La revendication au respect de sa spécificité, sa culture propre et sa personnalité a été commencée sous toutes les latitudes par les fils d'Afrique. Au moment où dans les années 1930 les étudiants venus du continent et leurs frères des Antilles parlaient de Négritude à Paris, Harlem connaissait le mouvement de la Renaissance Noire et Cuba le négrismo : une présence africaine dans la culture nationale. L'Africain était considéré en bloc : qu'il continuait de vivre dans la patrie de ses ancêtres ou qu'il fût transplanté Outre Atlantique. L'idéologie dominante présentait le Nègre pareil à lui-même, dans toutes les circonstances, sous tous les climats ; les œuvres sorties de son cerveau devaient être étudiées en tenant compte de cette vérité.

A part l'*Anthologie* de Senghor et celle de Damas (je mets à part le livre de Blaise Cendrars), il y avait peu de critique systématique de notre littérature. Je me dois de mentionner les articles parus dans *Présence Africaine* ; des comptes rendus de lecture par des écrivains comme Lamine Diakhaté, David Diop, Mongo Béti, etc. Plus tard, nous aurons les ouvrages de Kesteloot, Mercier et les classiques de Nathan, etc. Le petit nombre des écrivains africains poussait la critique à relever les noms de tous ceux qui avaient signé un texte. Il fallait recenser des compilations sur l'ethnologie, des recherches sur les proverbes, maximes et autres ; le but poursuivi était moins une approche scientifique, que de faire découvrir, faire connaître et peut-être faire aimer. On a l'impression que notre seul interlocuteur est l'Occident, et qu'il demande une preuve de « civilisation », de capacité. L'argumentation reposait sur une véritable passion, une susceptibilité qui acceptait peu de défauts. Ce ne fut pas sans raison que notre littérature s'affirma d'abord en poésie ; celle-ci n'est-elle pas un jaillissement des entrailles, chaque fois que l'être est blessé, ou trop ému pour parler normalement comme les autres ? Chant patriotique, cri de révolte, incantation conjura-toire, cantique pour la terre natale, la poésie de cette époque porte la marque indélébile d'une Afrique qui palpe ses plaies et pointe un index accusateur vers le colonialisme. C'est une pé-riode floue où les poètes parlent du Blanc en général, en le peignant sous des couleurs diaboliques, l'opposant au Nègre martyre, intègre, humilié, mais debout dans l'honneur du refus.

Le roman n'était représenté que par le Sénégal, à l'exception de l'Ivoirien Bernard B. Dadié et de Hazoumé dont l'œuvre *Doguicimi* hésite entre l'ethnologie pure et la littérature. Le théâtre se limitait à la production de l'Ecole Normale William Ponty ; les œuvres tentaient de restituer en français une certaine saveur du terroir. Il s'agissait d'un théâtre total avant la lettre, intégrant la musique, le chant, la danse, et se jouant en plein air, dans la cour de l'Ecole. Bien que surveillé par le colon, le théâtre de Ponty a essayé de sortir l'Afrique de cette peinture « infantiliste » que l'imagerie officielle tentait de créer. Ce ne fut pas facile ; quelques auteurs ont parfois adopté les préjugés des Occidentaux à l'égard de leur culture ; mais le positif l'emportait de loin et c'était l'essentiel. Les productions de Ponty étaient souvent collectives ; les élèves d'un même territoire montaient ensemble leur spectacle, parfois même le texte de la pièce était écrit en commun. Ceci explique la rareté d'auteurs dramatiques individuels de cette période, à part Bernard Dadié, Amadou Cissé Dia, Fodéba Keïta et quelques autres.

Avant notre rencontre sur la littérature africaine en langues européennes, de nouveaux noms avaient déjà envahi l'arène des Lettres. On s'était familiarisé avec les nouvelles d'Abdou Anta Kâ et les poèmes de Lamine Diakhaté ; Ousmane Sembène, Laye Camara, Ferdinand Oyono, Mongo Béti, Cheikh Hamidou Kane, Seydou Badian allaient s'ouvrir une brèche qui deviendra une grande avenue dans nos Lettres. Cette génération va rompre avec la conception de ses aînés. On constate que le roman va prendre le dessus sur la poésie ; si un auteur comme Ferdinand Oyono continue encore à faire une critique acerbe de l'Occident, si Mongo Béti fustige les tares congénitales de la colonisation, alors que Cheikh Hamidou Kane ramène les choses à un débat philosophique autour de la perte de l'identité culturelle et la destruction des âmes par des armes encore plus subtiles, difficiles à cerner,

Ousmane Sembène commence à poser un regard sévère sur nos propres sociétés. Il n'est plus question de ne dévoiler, de n'exalter que nos vertus, de désigner plutôt ce qu'il y a de rétrograde dans nos traditions, ce qui nous empêche de prendre notre essor. Le désenchantement occasionné par l'accaparement du pouvoir par des politiciens qui n'étaient pas tous préparés à une indépendance politique véritable, va ouvrir le champ vaste de la critique à nos écrivains.

Le clan des intellectuels n'est pas oublié ; c'est ains que le côté léger de la vie des étudiants en France est disséqué par Aké Loba dans *Kocoumbo*. Les préoccupations locales commençaient à percer dans les écrits de nos romanciers. On opposait l'Afrique à l'Occident, mais la tendance était de mieux centrer les problèmes sur sa patrie. A partir de ce moment là, prenait naissance d'une manière encore indécise l'image de littératures nationales d'expression française. Ousmane Sembène illustre bien notre propos.

Dans le *Docker Noir*, dans certaines nouvelles de *Voltaïque*, dans les *Bouts de bois de Dieu*, dans l'*Harmattan*, il s'est voulu écrivain africain, mettant l'accent sur les souffrances de tous nos peuples, l'expérience du colonialisme ; par la suite, nous le voyons nous présenter dans *Niayes*, le *Mandat*, *Xala* et le *Dernier de l'Empire*, des situations sénégalaises bien plus « typées ». Il ne serait pas superflu qu'un chercheur étudie un jour ce mouvement à partir de l'extérieur vers le noyau.

On a comme l'impression que nos auteurs ont compris qu'ils ne pourront parler au nom des autres Africains, des autres hommes, qu'en étant d'abord fidèles à leur propre milieu qui en fait est une parcelle du continent et du monde. Abdoulaye Sadji et Ousmane Socé l'avaient bien compris en se contenant de nous camper des Sénégalais des villes et de la campagne, leurs comportements qui demeurent si présents parmi nous.

En poésie, nous n'avons pas tout de suite assisté à une révolution, la scène continua à être dominée par Senghor, Césaire et Damas, avec une timide percée de Bernard Dadié. Le poète ivoirien est venu du combat libérateur au sein du Rassemblement Démocratique Africain (RDA) et de la prison politique pour nous tenir un langage nouveau. Il rompit avec l'hermétisme et mit sa poésie à la portée des simples lettrés d'Afrique. Ce fut le même phénomène avec les vers libres de Birago Diop.

Les enseignants, les élèves trouvent ainsi des textes sortis de leur terroir et capables de remuer quelque chose en eux. On n'a pas besoin d'une initiation au surréalisme pour saisir les poèmes de Birago Diop et Bernard Dadié.

Il y a la même sève pleine de révolte chez David Diop ; sans se réclamer de la Négritude, dans un style simple, clair, limpide, il coula son amour du sol natal dans des vers aux accents guerriers, « purificateurs ».

La jeunesse africaine s'est sentie concernée en s'emparant des poèmes de David Diop pour les réciter par cœur. Chronologiquement, il fut l'un des premiers de sa génération à être publié puisqu'il figure déjà dans l'*Anthologie* de Senghor parue en 1948. Peu à peu, Lamine Diakhaté, Malick Fall et Lamine Niang semblent avoir pris leur distance et tracé leur chemin propre, se dégageant des influences. L'on mesure ce qui sépare *Primordial du Sixième jour* de *Nigérianes*.

Dans ce dernier recueil, c'est un poète parvenu à la maturité, dominant son art, face à son destin qui laisse libre cours à son souffle. Même si à l'avenir, Lamine Diakhaté nous donne un recueil plus dense que *Nigérianes*, nous continuons à penser que ces poèmes-ci semblent résumer l'œuvre du Sénégalais ou constituent une pause essentielle dans sa création. Le roman domine tellement cette période que l'on entend à peine parler de poètes sauf peut-être au Bénin avec Paulin Joachim, en Côte d'Ivoire avec Bonigui et Charles Nokan qui se révèlera dramatuge et romancier.

N'oublions pas qu'un pays comme le Zaïre n'avait présenté que Bolamba comme poète avec la préface de Senghor pour son *Esanzo*.

Quant au théâtre, il est resté longtemps le parent pauvre de ces années soixante. Presque, il n'y avait que Fodéba Keïta ; cependant, son spectacle insistait davantage sur les ballets et le chant plutôt que sur des textes ; néanmoins, certaines œuvres telles que *Minuit*, *Aube Africaine*, dans la lignée de la *Légende du Baoulé* de Dadié, étaient un mélange de tout ce qui relie le théâtre à ses origines. Ces morceaux pouvaient être dits, joués, chantés, mimés et dansés. Avec le *Maître d'école*, Fodéba Keïta aborda la comédie mais ce fut la seule tentative. A Dakar, au théâtre du Palais, Sonar Senghor mit en scène la *Fille des Dieux* d'Abdou Anta Kâ ainsi que *Sarzan* adapté d'un conte de Birago Diop par Lamine Diakhaté. L'on ne peut passer sous silence l'mportance des Centres Culturels Africains organisés sous l'égide des Gouverneurs français de l'époque, car ils permirent d'entretenir un engouement pour l'art dramatique dans l'Afrique Occidentale et Equatoriale. En Côte d'Ivoire, des anciens de Ponty comme Coffi Gadeau et Amon d'Aby écrivaient des œuvres de critique sociale, à côté de Bernard Dadié. Faut-il remarquer que la pièce historique était absente du théâtre africain ? Ces années qui ont précédé l'indépendance ont permis de constater que seul le quotidien semblait préoccuper nos dramaturges. Les thèmes abordés con-cernaient la dénonciation de moeurs dépassées, le changement de mentalité, le gaspillage, l'alcoolisme, le charlatan, les faux marabouts, le mariage forcé, le parasitisme, la rencontre malaisée de l'Occident et de l'Afrique, l'escroquerie, les « évolués » qui ne savaient pas choisir le meilleur de ce qu'apportait « la Civilisation », etc. etc.

Donc autour des années soixante, le théâtre historique fondé sur la réhabilitation de nos héros nationaux, la restitution de l'image exacte de nos traditions travesties par des livres scolaires tels que *Moussa et Gigla*, *Mamadou et Bineta*, *Mon Ami Koffi*, dont le rôle était d'enseigner à nos enfants le mépris de leur culture et l'admiration béate de l'Occident, n'était presque pas présent. Dix à quinze ans après l'indépendance de nos pays, avec les Editions Clé à Yaoundé et NEA à Dakar, la création littéraire va connaître un nouvel essor. Avant, seule *Présence Africaine* acceptait nos manuscrits ; quelques rares auteurs ont eu la chance d'attirer l'attention d'éditeurs parisiens. Plus tard, nous verrons Pierre Jean Oswald, L'Harmattan, Karthala, se consacrer presque entièrement à l'Afrique. Le mouvement se maintient avec les *Classiques Africains* de Juliard CEDAC à Abidjan et Monde Noir chez Hatier. Le nombre de lecteurs semble avoir augmenté ; une critique littéraire surtout d'origine universitaire a pris naissance. Clé nous a permis de faire connaissance avec les écrivains de l'Afrique Centrale. Pendant des années, seul le nom de Tchicaya U'Tam Si brillait au firmament de cette partie du continent, tout au moins pour les non avertis. Ceux qui suivaient de plus près le courant intellectuel savaient qu'il y avait eu Malonga et ses romans et qu'un jeune congolais Martial Sinda avait fait paraître son… *Premier Chant de départ* ; on rencontrait également ici ou là des poèmes de Henri Lopès. Nous parvenait aussi la poésie de Bamboté.

Pendant ces premières années qui ont suivi l'indépendance, il est difficile de savoir quel est le genre privilégié. Les Editions Clé ont tellement publié que beaucoup lui reprocheront d'avoir exagéré ; pourtant, ce fut une bonne chose. Cela a donné l'occasion aux vrais écrivains de s'affirmer alors que ceux qui n'avaient pris la plume que pour un bref instant se sont tournés vers d'autres cieux, une fois leur message délivré.

Dans cette période de Clé, les points saillants demeurent les comédies de Oyono Mbia, les romans de Lopès, de Francis Bebey et le premier recueil de poèmes de Jean B. Tati-Loutard. La découverte de l'écriture poétique de Loutard fut une révélation pour moi ; je ressentis un apaisement ; enfin, voilà un poète de notre génération qui osait s'exprimer en tant qu'être humain, en tant que Congolais, en tant qu'Africain. Il ne lui importait pas de nous dire qu'il était noir et triste, e restant fidèle à lui-même, en maîtrisant la langue qu'il avait empruntée, Loutard a donné de grands moments à sa poésie. Je ne fus pas surpris de partager ses conceptions en lisant beaucoup plus tard son *Art Poétique*, en postface à *Racines Congolaises*. Seule la sincérité servie par le talent compte dans ce domaine. Je ne regrette pas d'avoir consacré un article à Jean B. Tati Loutard dans un numéro de *L'Ouest Africain* car il vient de remporter le Prix J.C.A. pour ses *Nouvelles Chroniques Congolaises*. *Tribaliques*, *La Nouvelle Romance*, *Sans Tam-Tam* de Lopès vont beaucoup compter dans les rapports de Clé avec l'opinion internationale ; il s'agit d'œuvres qui, aussi bien par les thèmes : nos échecs, nos mensonges, l'oppression des femmes, que par le style, ont tout de suite atteint le public connaisseur.

Quant à la comédie de Mbia, c'est d'autant plus encourageant que l'auteur a commencé sa carrière littéraire, étant élève au lycée. Fin observateur de la société camerounaise, Oyono a su peindre les aspects introduits par la civilisation extérieure à l'Afrique, ainsi que les problèmes nés d'une telle situation. Ses personnages sont si réels et convaincants qu'ils se sont imposés au cinéma.

En Afrique Occidentale, la même période connaît un véritable bouillonnement. Le respect de la langue fut brisé par les *Soleils des Indépendances* de Kourouma. L'auteur a introduit le parler Malinké dans le français ; il a coulé les phrases de sa langue maternelle dans le corps des mots.

Ce fait nouveau avait surpris et séduit dans cette partie de l'Afrique ; faut-il préciser que bien avant, des écrivains comme Sembène avaient mis des formules Wolof dans leurs romans ? Amos Tutuola avait fait pareil au Nigéria, montrant le chemin à Amadou Kourouma. L'écrivain ivoirien constitue quand même une exception dans notre littérature.

En général, on s'efforce d'écrire comme en Navarre, même lorsque comme chez les Béninois Behly Quenum le thème est fondamentalement né au terroir. L'étonnant c'est que Kourouma n'a été connu que grâce au Canada ; son manuscrit a dû être rejeté par les éditeurs français ou africains pour non conformité aux règles établies. Ceci n'est qu'une hypothèse ; mais sait-on jamais ?

L'écrivain Camara Laye a vu son œuvre suivre un itinéraire en dents de scie. La presse internationale fit un accueil triomphal à l'*Enfant Noir*. Dans ces années pré-indépendance, la critique européenne n'avait pas la même vision que les Africains. L'œuvre de Camara fut saluée en Occident à cause de son thème, son «africanité», ses mystères, sa fraîcheur et surtout son style. David Diop et Mongo Béti furent plus réservés dans *Présence Africaine*. Ils se sont étonnés de ce que Laye ait peint une Afrique idyllique à une époque où même enfant, il a dû entendre parler d'indigénat, de travail forcé, de chicotte, de commandant Toubab et de garde cercle. Il faut garder à l'esprit que le livre parut à une période très dure de la lutte anti-colonialiste où les fusillades, les emprisonnements de militants RDA étaient encore dans toutes les mémoires.

La critique africaine pardonnait difficilement une telle candeur à un auteur de chez nous. Les livres de Laye Camara venant après l'*Enfant Noir* n'ont pas rencontré le même succès. Le *Regard du Roi* fut considéré comme génial par la critique européenne qui y a vu des traces du nouveau roman, d'une quête tournée vers la psychanalyse, alors que les Africains l'ont trouvé obscur. *Dramouss* pose problème ; il n'est pas digne de l'auteur de l'*Enfant Noir*.

Si notre ami Laye Camara était encore parmi nous, il se rendrait compte que peut-être le meilleur de lui-même se trouve dans la tradition orale. Il nous le prouve avec *Kouma*, en nous livrant des trésors insoupçonnés grâce à son art de conteur.

D'autres auteurs guinéens ont observé nos sociétés actuelles avec un regard fort critique ; Alioune Fan Touré, Monnembo, Sassine donnent une peinture pessimiste pour ne pas dire désespérée du pouvoir politique. Le jugement dur, presque négatif qu'ils portent à l'encore du continent ne se comprend qu'à travers l'amour fou qu'ils éprouvent pour leur patrie. Même si leur œuvre ressemble à un réquisitoire, ils n'en visent pas moins à écrire des romans et non des thèses. Ils savent bien que l'engagement politique à lui seul ne constitue pas une création, l'essentiel est de parvenir à l'œuvre d'art sans se renier.

Au moment où se tenait le séminaire de la FEANF, le Sénégal fournissait le plus grand nombre d'auteurs ; il est réconfortant de constater qu'il n'en est plus de même. La Haute-Vola, patrie de Delobson, de Ki-Zerbo, de Balima, de Nazi Boni, sans compter les jeunes comme Gueguene et André Nyamba, peut s'enorgueillir d'un poète de talent comme Titinga Pacère. Avocat féru de sociologie, il a la chance de bien connaître sa civilisation pour pouvoir donner à l'Afrique et au monde la saveur du terroir des Mossi. Pays de culture arabe, la Mauritanie avec Youssou Guèye, Assane Y. Diallo et le sage Oumar Bâ, grâce à la langue française, parvient à faire saisir l'âme pulaar, wolof et soninké. Même le Niger, où Boubou Hama avec plus de trente ouvrages sur tous les genres, semblait être le seul sur la scène a révélé un romancier comme Idé Oumarou. Fily Dabo Sissoko, Mamby Sidibé, Amadou Hampathé Bâ, Seydou Badian, Mamadou Gologo ont su faire vibrer la terre de Soundiata en nous. Imprégnés de leurs coutumes, moins acculturés que les autres, produits d'une civilisation ancestrale encore vivace malgré l'Islam et l'école française, les écrivains du Mali peuvent prétendre à une certaine originalité. Comme par prémonition, voyant venir l'ombre de l'Occident ravageur, et voulant laisser un témoignage, Fily Dabo Sissoko et ses confrères ont puisé leurs idées, leurs images, bref l'essence de leurs œuvres dans la terre des Aïeux ! L'on n'est pas étonné de voir que la veine continue avec la génération de Massa Makan Diabaté, Alkaly Kaba et Gaoussou Diawara.

De nos jours, on remarque trois phénomènes dans nos pays. Il y a d'abord une renaissance du théâtre, l'entrée des femmes écrivains et la multiplicité des genres. Lors du séminaire, le théâtre fut peu abordé et j'ai déjà donné les raisons, insistant sur le cas Fodéba Keïta et l'apport de PONTY. Avec l'accession de nos pays à l'indépendance politique, le genre théâtral refleurit. Il est vrai que pendant la période coloniale à partir de 1948-50, un dramaturge comme Thierno Bâ a vu ses pièces interdites à cause de leur contenu. *Minuit* et *Aube Africaine* de Fodéba ainsi que certains poèmes de Bernard Dadié furent également interdits. Donc avec la fin nominale de la domination coloniale, comme s'ils se sentaient libérés, nos dramaturges s'attaquèrent à nos héros nationaux.

Ce ne fut pas par hasard si le 19ème siècle occupa une si grande place dans notre théâtre historique. Pourquoi cette époque, et non celle de Soundiata ou de Kankan Moussa ou de Dan Cissé du Ghana ? Les événements évoqués étaient tout proches ; certains vieux en ont même été les acteurs ; ce fut également la période la plus glorieuse face à la colonisation. Le 19ème siècle nous donne l'image de ce dont nos Ancêtres furent capables devant la supériorité des armes de l'Occident. Habités de leur seul courage, de l'amour de la patrie et du sens de l'honneur, ils se sont avancés la poitrine nue devant la mitraille pour que la terre des Aïeux ne connaisse pas la honte. Les dramaturges africains n'ont pas tourné le regard vers le passé par pure exaltation d'une époque de grandeur révolue de vertus enfouies. Abordant l'indépendance nouvelle, ils ont voulu indiquer des figures qui n'ont pas démérité. S'adressant aux dirigeants politiques, au peuple, ils ont presque dit : « - de grandes épreuves nous attendent sur la voie de la construction nationale ; d'immenses difficultés, d'innombrables obstacles se dresseront sur notre chemin, mais nous n'avons pas le droit d'échouer. Nous devons nous armer de ténacité, car au siècle passé des hommes beaucoup moins armés scientifiquement n'ont pas hésité à défier l'envahisseur au péril de leur vie... ». Il faut voir les pièces historiques toutes adossées au 19ème siècle comme une invitation au dépassement non un retour en arrière du reste impossible, non souhaité.

Si les dramaturges ont mis en scène des rois, des reines, des dignitaires, etc. ce n'est certainement pas à cause d'une admiration pour la féodalité, mais parce que tout simplement l'Etat en place, le peuple, la société se saisissait à travers la personne de son monarque. Le souverain était l'incarnation, le symbole de la nation, l'image de la divinité. Tout ce qui affaiblissait le roi diminuait les forces de la patrie. Voilà pourquoi le souverain devait réunir toutes les vertus et ne souffrir d'aucune infirmité physique ou morale, cela explique le meurtre rituel du roi ou son bannissement s'il trahissait les idéaux de la patrie. L'on comprend pourquoi Chaka, ce roi Zoulou, qui pourtant n'a pas eu à combattre contre les Blancs ait inspiré tant de dramaturges. Ce rassembleur, ce bâtisseur de la nation Zoulou fut donc à l'origine de beaucoup de pièces écrites vers les années soixante ou peu après. Toutes gravitent autour de la notion de patrie, de construction nationale, des difficultés du pouvoir, de l'égoïsme, de l'élite, du sacrifice à consentir pour l'intérêt général, de la trahison des anciens compagnons, etc.

Des auteurs aussi divers que le Guinéen Néné Khaly, les Sénégalais Abdou Anta Kâ, Senghor, Djibril Tamsir Niane, le malien Seydou Badian, le jeune dakarois Marouba Fall, sont tous séduits par le personnage de Chaka. Pour incarner leurs idées, les dramaturges englobent le continent dans son ensemble, parfois même ils interpellent le Noir en général. C'est ce que nous voyons avec Bernard B. Dadié, *Thogo Gnini, Iles sous le vent, Béatrice du Congo*, etc. Le cadre ne devrait pas tromper la critique ; une pièce historique ne restitue pas la vie des aïeux ; son analyse exige une méthode rigoureuse et une vaste culture. La subtilité et la connaissance des ficelles du théâtre permettent de voir que dans *Le Choix de Madior*, Ibrahima Sall s'adresse aux hommes, aux femmes de son temps, non aux contemporains du père de Biram Yacine Boubou.

A présent qu'il n'est question que d'égalité, des droits de la femme, etc., le jeune dramaturge sénégalais ne donne-t-il pas l'exemple de Yacine Boubou à ses sœurs modernes ? Ainsi, l'image de la femme oubliée, ne participant pas à la marche de l'histoire, tombe devant l'acte de cette tiédo (ceddo) ; ce qui, en filigrane, nous fait voir que l'idée de la femme soumise ou effacée est venue chez nous avec des traditions étrangères à notre conception du monde. Sall souligne également à ses sœurs que si Yacine a été capable d'un tel geste au 17ème ou 18ème siècle, dans les temps présents leur place est à côté de leurs frères pour travailler au destin de la patrie. Voilà donc une pièce qui, bien que située à une époque révolue, donne à nos contemporains des leçons de patriotisme, d'engagement, de sacrifices, d'amour maternel, etc. Naturellement, le sens du tragique contenu dans l'œuvre de Sall appartient à tous les siècles. J'ai parlé du *Choix de Madior*, j'aurais pu avancer l'*Exil d'Albouri* et souligner l'idée de fédéralisme ou de panafricanisme, les différents pôles de la femme dans notre société, etc.

Dans la société pré-islamique, l'homme ne jouit d'aucun privilège par rapport à sa compagne ; d'où le comportement guerrier, viril de Madjiguène ; ce trait n'est pas l'apanage de la famille royale, il relève de notre patrimoine. Voyez autour de vous ; la femme Lébou joue le rôle d'intercesseur entre les Dieux et l'homme dans la société animiste, la puissance spirituelle lui est pratiquement réservée. Interrogez les mœurs Sérère, Guéléwar, le matriarcat, les Mancagne de Casamance, et Madjiguène ne sera pas une exception, mais au contraire en tant que valeur permanente. Par-delà l'esthétique, le théâtre historique s'ouvre à l'anthropologie. Beaucoup de gens ne sachant rien de nos institutions anciennes, nos dramaturges ressuscitent les différentes fonctions d'autrefois. Là où des compatriotes non avertis ne voyaient que despotisme, esclavage, manque de liberté, oppression des castes, il est bon de montrer : cohésion du groupe, solidarité, respect de l'homme et démocratie. Ne fallait-il pas rappeler le rôle du griot, son importance, alors qu'il a tendance à se laisser corrompre par le système monétaire. L'Africain moderne devait-il ignorer le vrai visage du Maître de la Parole, du responsable des archives, de l'ambassadeur, du gardien des vertus cardinales, du censeur redouté, de l'initié au secret des Dieux ? Le dramaturge ramène les choses à la normale rend sa dignité au griot, l'aide à renouer avec son personnage et donne une leçon à ses détracteurs.

A part Thierno Bâ et Jean Pliya qui ont dit quelque part avoir voulu retracer exactement la vie de Lat-Dior et de Béhanzin, nos dramaturges n'ont pas cédé à la tentation de se dire historiens. Ils veulent redresser, corriger les fabulations introduites par le colon mais leur domaine reste le théâtre. L'accent mis sur le 19ème siècle et l'insistance sur les hauts faits, les exploits ont suscité une mise en garde de la part d'une certaine critique. L'on a reproché à notre théâtre d'être trop épique et de se détourner des problèmes présents. Relevons d'abord la confusion entre théâtre historique et théâtre épique. Toute pièce tirée du passé n'est pas forcément épique ; toute pièce moderne n'est pas irrémédiablement sans sens de l'épopée.

L'épopée est un souffle majeur « insufflé » dans une entreprise collective capable de pousser les acteurs de l'événement à se dépasser. Il arrive quelque fois qu'un individu se détache du groupe à cause de ses qualités propres, pour se mettre à la tête. Ce qui compte, c'est le mouvement d'ensemble, la force domptée, domestiquée, l'intelligence au service du grandiose, de l'exploit. Un dramaturge peut écrire plusieurs pièces épiques ayant pour cadre notre époque présente.

De nos jours, la colonisation des Terres Neuves du Sénégal Oriental par les paysans du Cayor, la conquête des usines par les ouvrières de Dakar, la percée du mouvement Baay Faal, son implantation dans des forêts hostiles, les grandes grèves de l'époque coloniale, le syndicalisme depuis l'UGETAN, voilà bien des thèmes modernes susceptibles de donner de belles œuvres épiques sous la plume de nos jeunes dramaturges. Si Bakary Traoré a dit : « le théâtre africain sera épique ou ne sera pas », c'est différent de : « le théâtre africain sera historique ou ne sera pas ». Il observe que l'Africain admire ceux qui accomplissent des faits dignes d'éloges, qu'il s'agisse d'événements passés ou actuels. Non seulement il les admire, mais il veut les imiter, suivre leurs pas, les dépasser.

Si jusqu'à présent on compose des chants de gloire pour Lat-Dior ou Albouri, on en compose aussi pour Aynina Fall, notre contemporain syndicaliste. Le grand nombre de pièces historiques est une fausse impression – car il n'y a même pas assez d'œuvres de théâtre et encore moins de pièces historiques. Deux mille ans d'histoire, pas même une vingtaine.

Il y aurait de quoi s'inquiéter si les dramaturges qui ont écrit des pièces historiques n'avaient produit que cela. Qu'en est-il en réalité ? Abdou Anta Kâ n'a-t-il pas écrit *Penthioum Fann* une pièce à l'avant-garde du traitement de la maladie mentale ? *Général Manuelho*, *La Fille des Dieux* ? Que dire de *Delo*, *Galang Galang* de Thierno Bâ ? *La Décision*, *L'Ile de Bahila*, *La Case de l'Homme* de l'auteur de ces lignes appartiennent-elles au théâtre historique ? Il n'y a pas de ligne de démarcation entre des dramaturges tournés vers un passé sans lien avec le temps présent et des auteurs uniquement concernés par les problèmes quotidiens. Il n'y a que des créateurs. Le goût prononcé par les pièces de critique de mœurs, de thèmes sociaux, ces œuvres qui posent le regard sur nos tares présentes, nos manquements, ont toujours existé et même dominent notre art dramatique. Il n'est que de voir du côté du Progrès association de fonctionnaires à Saint-Louis entre les années 40 et 50, les compagnons du théâtre africain, les œuvres de Abdou Ndéné Ndiaye, de Goundiam, de Bernard Dadié, Coffi Gadeau, Amon d'Aby, les productions des *Tréteaux*, du *Nouveau Toucan*. Même le théâtre Sorano entre 1966 et 1983 n'a mis en scène que *L'Exil d'Albouri*, *Sikasso*,

Amazoulou, Lat Dior ou les chemins de l'Honneur et *Dialowaly* comme pièces historiques. Il est à souhaiter qu'il y ait de la place dans notre théâtre aussi bien pour *La Patrie ou la Mort* de Mamadou Traoré Diop qui traite de la guerre de libération du PAIGC, pour le *Président* de Maxime Ndebeka, l'œuvre de Charles Nokan et Tchicaya, de Gaoussou Diawara que celles de Bilal Fall et de Marouba.

   Ce serait une grande perte si l'on arrivait à décourager des auteurs comme Ibrahima Sall et Alioune Badara Bèye sous le seul prétexte qu'ils écrivent des pièces historiques tournant le dos à nos préoccupations. L'Art n'est pas la copie du réel : le contingent permet rarement de prendre ses distances pour aboutir au chef d'œuvre. Que chaque dramaturge se sente libre selon son tempérament, sa culture, ses influences, ses choix, sa personnalité, de donner à l'Afrique le meilleur de lui-même. Pas de limite au talent d'un créateur. L'on peut écrire une pièce qui se passe à l'époque des cavernes ou de TAHARQUA le Pharaon, sur une île perdue ou dans un monde onirique ; l'on peut nous compter nos malheurs quotidiens, nos espoirs déçus, mais aussi nos victoires et le rire de nos enfants ; l'essentiel est d'atteindre l'œuvre d'art et non un simple discours ou une affiche. L'on pourrait même imaginer le dernier couple sur terre après la catastrophe nucléaire qui nous guette et montrer aussi la monstruosité de la guerre. Tout est permis dans le théâtre ; la seule barrière à ne pas franchir est celle de la médiocrité, du plagiat. Un jeune auteur n'a pas le droit de reproduire exactement ce que les aînés ont déjà fait ; ce risque existe dans le théâtre historique. Comme il y a des centaines de pièces sur les rois de France et les Grands d'Europe, de même plusieurs versions d'Albouri, de Lat Dior, de Samba Guéladjo peuvent voisiner ; cependant, l'on n'a pas à répéter Cissé Dia ou Thierno Bâ. Il semble que les craintes des critiques se dirigent vers là ; si le dramaturge qui s'attaque à un thème ancien traité ne le renouvelle pas, s'il donne l'impression du déjà vu, il aurait tort de ne pas s'essayer à autre chose. A l'époque du Séminaire organisé par la FEANF (les années 60), on ne parlait pas de femmes écrivains ; nous parvenaient les noms d'Annette Mbaye et de Guiguitte Sadji qui écrivait surtout des articles. Annette Mbaye était signalée par des poèmes mais on savait qu'elle écrivait aussi des nouvelles ; sa culture dans le domaine du cinéma l'a amenée à la critique du septième art.

   Il faudra attendre des années pour être témoin de l'irruption de nos sœurs dans l'arène littéraire. Il ne va pas s'agir d'autobiographie comme celle de la Malienne Awa Keïta, mais de fiction fondée sur une véritable connaissance de nos réalités. Les Sénégalaises Aminata Sow Fall, Mariama Bâ, Nafissatou Diallo apportent un nouvel éclairage. Les femmes possèdent l'esprit de détail dans ce qu'il a de plus noble. Leur plume introduit, souligne ce qui échappe à leurs confrères. Toujours dans la nouvelle et le roman, il faut s'arrêter à Ken Bugul avec le *Baobab fou*, Mame Seck Mbaké dans plusieurs genres dont le dernier en date est son essai sur l'émigration : *Le Piment et le Froid*, Ndèye Coumba Diakhaté reste fidèle à la poésie.

   Henriette Diabaté et Awa Thiam proposent une analyse sociologique sans complaisance, la Zaïroise Faïk Nsuji s'est déjà imposée sur le plan international à cause de la qualité de son écriture. Ces Africaines qui viennent à peine d'entamer leur marche dans le monde des Lettres nous ont apporté une moisson abondante, belle et réaliste. Une nouvelle génération d'écrivains frappe à la porte depuis ces dix dernières années. Elle a un esprit fertile, curieux, une impatience frénétique et promet des changements dans bien des domaines pour ne pas dire des bouleversements. Elle s'essaie au théâtre, à la nouvelle, au roman, à la poésie, au conte, bref elle veut aiguiser son talent au contact de tout.

Certains ont réussi à se faire une place, en ne comptant que sur leur valeur. Amadou Koné, Soni Labou Tansi, Sada Weïnde Ndiaye, Mbaye Gana Kébé ne théorisent pas leur aventure littéraire. Ils se contentent de proposer leurs œuvres et laissent la critique et l'opinion décider des palmes à distribuer. Si les deux premiers sont de bons narrateurs qui maîtrisent parfaitement l'instrument linguistique, les deux Sénégalais taquinent également la musique. A mon humble avis, Mbaye Gana Kébé et Sada Weïnde Ndiaye donneraient de grands moments à notre littérature s'ils se spécialisent dans la nouvelle. Du reste, l'anthologie publiée par les NEA a révélé que la plupart des jeunes auteurs sénégalais ont écrit des nouvelles : Amadou Guèye Ngom, Bilal Fall, Baba Gallé Same, etc., Malick Dia sur les traces de ses collègues vétérinaires Ousmane Socé et Birago Diop a fait paraître un roman qui montre bien qu'il ne s'est pas aventuré dans l'édition sans avoir appris à domestiquer la langue qu'il emploie. Bien qu'il s'agisse de la rencontre entre deux cultures, son roman *L'Impossible Compromis* va beaucoup plus loin que celui de Cheikh Hamidou Kane. Il n'est plus question de l'Islam face à l'Occident, mais de notre moi profond, notre identité primordiale, notre fond anté-islamique. La poésie est bien représentée par Paul Dakeyo imposé par des recueils percutants, esthétiquement réussis, d'Almeida, Wewere Liking, Francis Bebey.

Au Sénégal, les deux Sall, Amadou Lamine et Ibrahima rejoignent ce courant et sortent un peu des sentiers battus. Il y a d'autres poètes que l'on ne présente plus tels que Oumar Willane, le Doyen qui avoue sa prédilection pour le vers bien travaillé, Mamadou Traoré Diop, le combattant de la Liberté, Mbaye Gana Kébé qui connaît les diverses ressources de notre musique, Sada Weïnde Ndiaye maître de langue mais dans la rigueur, Adam Loga Coly poète de la terre natale et du bruissement de la forêt, Nabil Haïdar disciple d'Omar Khayydur, Ndèye Coumba Mbengue sensibilité et douceur, Annette Mbaye d'Erneville dont l'art n'a pas appris à biaiser avec la sincérité.

Nous avons même commencé à voir de la littérature pour enfants. Fatou Sow Ndiaye ne manquera pas de marquer ce nouveau genre. La critique africaine s'est affermie autour des Universités de Dakar, Abidjan et Yaoundé. L'organisation de séminaires sur le théâtre, sur l'esthétique africaine, sur le critique africain et son public, a rendu ces hauts lieux des pôles très importants dans l'élaboration d'une nouvelle démarche de notre littérature. Les noms de Ngal, Kadima, Zadi, Kotchy, Melone, M. Kane, M. Diouf, Kesteloot ne peuvent pas être ignorés. Quelques-uns parmi ces critiques ont également écrit des œuvres d'imagina-tion : Zadi pour le théâtre, Kadima pour la poésie, et Mudimbe pour ses nombreux romans. Ajoutons les anthologies de Tati Loutard, et de Paul Dakeyo sur les poésies congolaise et camerounaise. Dogbé à lui seul tient bien la place du Togo avec ses innombrables publications grâce à sa propre maison d'édition Akpagnon. *Silex* qui appartient à Dakeyo et *Sankoré* de Pathé Diagne aideront Akpagnon à faire mieux connaître notre littérature. Nous sommes loin des années soixante où la FEANF avec peu de moyens, un grand engagement dans les destinées du continent, organisait ce premier séminaire consacré à la littérature africaine d'expression française.

En se limitant à la fiction, j'ai laissé de côté beaucoup d'auteurs qui, comme Massata Abdou Ndiaye sont surtout connus à cause de leurs essais, même s'il leur est arrivé d'écrire des pièces de théâtre. Sinon, il faudrait mentionner les Bakary Traoré, Babacar Sine, Amady Aly Dieng, Obenga, Iba Der Thiam, Pathé Diagne, Bocar Cissé, etc. Nous assistons à la réalisation d'un des souhaits de la FEANF : l'emploi des langues africaines. Ce que disait David Diop dans la préface de la deuxième édition de *Coups de Pilon*, n'est pas tombé dans l'oreille d'un sourd. Assane Sylla, Guy Menga, Gaoussou Diawara, donc un Sénégalais, un Congolais, un Malien ont tous produit en français et dans leur langue maternelle. Chez nous se déroule une expérience très enrichissante avec des dramaturges et poètes comme Cheikh Tidiane Diop et Mademba Diop qui sont célèbres à cause du wolof compris de la majorité des Sénégalais.

Il y a aussi beaucoup d'auteurs de langue Pulaar. L'avenir de notre littérature se trouve dans cette voie comme l'avait si bien pressenti David Diop. En attendant, nos écrivains de langue française, bien enracinés dans leur culture originelle, s'efforcent de publier des œuvres fidèles à la sève du terroir. Pas un ne met en doute la conviction de David Diop : nous apporterons le germe de notre peuple, le sel de la tribu, notre pierre à l'édifice de la Culture universelle par le biais de nos langues.

36

Un hymne au sens de l'honneur : *Du sang pour un trône ou Gouye Ndiouli un dimanche* de Cheikh Aliou Ndao

Madior Diouf
Maître-Assistant
Dakar, le 17 avril 1983

L'auteur de *L'Exil d'Albouri* vient de faire paraître sa sixième pièce : *Du sang pour un trône ou Gouye Ndiouli un dimanche*. Par son projet implicite d'édification sur l'honneur, son information historique, sa facture également, cette pièce de Cheikh Aliou Ndao dit de manière persuasive que la veine historique est encore féconde dans le théâtre sénégalais. Le cadre qui en est le Saloum et sa province du Ndoukoumane, les faits évoqués qui concernent les relations du Cayor et du Saloum, la création des personnages qui met l'accent sur le sens de l'honneur, l'esprit même de cette évocation d'un aspect pénible du passé révèlent une constante de la création dramatique de l'auteur. Le relief donné à ce qu'il y avait de plus grand dans nos valeurs et le souci de le proposer en exemple.

Avec *Gouye Ndiouli un dimanche*, Cheikh Aliou Ndao recrée l'univers de *L'Exil d'Albouri* : la Cour, le Conseil du royaume, la préparation de ses séances, les discussions politiques où apparaît un sens élevé de l'Histoire, un certain «guévarisme» de la résistance à l'entreprise coloniale. Le damel Macodou qui a perdu le trône du Cayor n'est pas exactement préoccupé d'obtenir au Saloum un sceptre de rechange. Sans doute, souhaite-t-il que son fils Samba Lawbé, roi du Saloum, abdique en sa faveur. Mais son projet qui rappelle celui d'Albouri fait du trône du Saloum l'élément d'un plan de résistance à la colonisation comportant l'alliance avec le «Foutanké». Le damel Macodou a la même hauteur de vue qu'Albouri. L'idéal qu'il sert est identique à celui du roi du Djoloff. Son éthique le rapproche encore de Bourba. Mais Cheikh Ndao n'a pas écrit deux fois la même pièce. *Gouye Ndiouli un dimanche* est un précieux document historique avant d'être un hymne au sens de l'honneur. Les événements fort simples ne constituent pas l'essentiel à ce sujet. Le damel Macodou perd son trône et demande à son fils Samba Lawbé, pour les besoins de son projet de résistance à la colonisation, de lui céder le trône du Saloum. C'est ignorer la tradition en ce fief des guélawars, où ce geste n'eut jamais d'exemple. Le Conseil du Saloum s'effarouche des prétentions de Macodou et le roi Samba Lawbé destitue le beuleup du Ndoukoumane pour avoir accueilli le damel et finit par exterminer son propre père et les forces de celui-ci dans la plaine du Gouye Ndiouli. Cet affrontement fraticide entre princes du Ndoukoumane, divisés par Samba Lawbé et aussi entre le roi du Saloum et son père, n'est pas l'intérêt dominant de la pièce. L'intérêt historique réside d'abord dans le relief particulier que Ndao a su donner aux différentes fonctions composant le pouvoir royal au Saloum. Il les a incarnées dans des personnages vivants : Bisik, Bisset, Farba, Diaraf, Fara Dioung

Dioung. Le sérieux et la fermeté avec lesquels chacun d'eux assume son rôle à la Cour révèlent un pouvoir très organisé et très partagé, bien qu'il s'agisse d'une royauté. Jaraaf est un roi sans sceptre. L'importance de son pouvoir impressionne. Elle n'est pas fondée sur la différence d'âge entre Samba Lawbé et lui. Jaraaf et Farba sont à la fois mémoire et bouclier du royaume. Ils incarnent la tradition et son respect scrupuleux. Ils ont même le pouvoir de bannir le roi, s'il se montre indigne, en ordonnant de battre le «jiin» qui fait les rois errants et proscrits. Cheikh Ndao a élaboré par une image fidèle de l'équilibre des pouvoirs entre les guelwars et les lamanes au moment de l'organisation du pouvoir central au Saloum comme au Sine du reste. Le pouvoir d'Etat a laissé sauves les prérogatives essentielles de l'autorité antérieure à celle des guelwars. La pièce de Cheikh Ndao a bien montré le rôle important du diaraaf.

Mais l'auteur de *Gouye Ndiouli* a atteint la vérité historique par un autre aspect de sa création : l'éthique et l'atmosphère d'époque. Un prince du Ndoukoumane, démocrate et musulman, peut évoquer avec une distanciation heureuse la tragédie du *Gouye Ndiouli*. Cheikh Ndao l'a réussi. Il a même su exprimer une nostalgie attendrie à l'évocation d'une époque singulière, celle de l'honneur intransigeant où la guerre était un sport au service de l'éthique du noble, la période d'une certaine conception de la vie, où le projet du Foutanké irritait le thiédo amateur d'eau-de-vie et jaloux de son pouvoir. Ndao a particulièrement lustré l'image de cette humanité de braves. Aucun de ses preux ne connaît la moindre faiblesse devant le devoir. La frontière entre les castes n'existe plus quand il s'agit de suivre la voie tracée par les traditions. Niambali, Fara Dioung Dioung, Bisik et Bisset sont aussi fermement soucieux de leur devoir que Farba et Jaraaf. Ni l'amitié ni l'intérêt personnel ne peuvent les détourner des prescriptions de la tradition. Chez les princes, cette éthique de l'action a la grâce du comportement détendu et souriant, surtout aux heures les plus intenses de la situation dramatique. L'accueil que les princes du Ndoukoumane font à la déclaration de la guerre par le Conseil du Saloum est éclairant à ce sujet. Le dialogue semble exprimer un rendez-vous pour un sport intéressant :

- Bisik : le Conseil du Saloum unanime attend la maison Sadéné, dimanche à Gouye Ndiouli. Que vos amis viennent avec vous ou non.
- Siré Biram Daxaar : Dimanche au lever du soleil, nous serons à Gouye Ndiouli.
- Ndiougaari Baasin : Bisik ! remercie le Saloum de nous offrir un dénouement inespéré. Nos amis du Cayor seront peut-être avec nous.
- Bisik : Dimanche à Gouye Ndiouli !
- Bakkar Baasin : Dimanche à Gouye Ndiouli ! « Ce courage tranquille prépare la fournaise fraticide de Gouye Ndiouli. Ces personnages sont profondément humains cependant : le déchirement bien qu'il ne soit exprimé que par Samba Lawbé et Linguère est vécu avec peine par tous les personnages. Mais la souffrance des braves se dissimule sous le maintien qu'impose l'éthique de la grandeur d'âme. Le lustre soigné de ces images de nobles et de braves est la manière attendrie dont Cheikh Ndao, prince du Ndoukoumane, pense aux

épreuves que l'Histoire a fait vivre à sa famille ; c'est également sa manière de proposer leur vertu en exemple.

Gouye Ndiouli un dimanche est une œuvre belle et tendre sur un sujet de la folie des hommes ; les violences pour le pouvoir. Le succès résulte d'une maîtrise technique de la pleine maturité chez le dramaturge. Cheikh Ndao affine sa manière à chaque œuvre. Dans sa sixième pièce, aux vertus de la litote, de la mesure et du mot en situation dans l'expression, Ndao ajoute un rythme narratif plus rapide que dans *L'Exil d'Albouri* et une concentration tragique plus perceptible. Le temps est singulièrement mesuré à Samba Lawbé. Le tragique des forces conjuguées du destin, de l'espace et du temps qui passe trop vite est intensément vécu par ce roi que l'Histoire a fait faire tirer sur son propre père.

La continuité narrative fluide à souhait, l'insertion de scènes d'un comique de haute tenue dans ces débats dramatiques pour des choix tragiques, la qualité des dialogues, surtout aux moments les plus intenses de l'action, tout cela relève d'un art consommé du langage théâtral chez Cheikh Ndao qui avec *Gouye Ndiouli* redonne vie à la veine historique.

www.ingramcontent.com/pod-product-compliance
Lightning Source LLC
Chambersburg PA
CBHW011744290426
44113CB00017BA/2651